Strafbarkeit pränataler Einwirkungen mit postnatalen Folgen de lege ferenda – Kriminalisierung des Alkoholkonsums Schwangerer?

Europäische Hochschulschriften

European University Studies

Publications Universitaires Européennes

Reihe II **Rechtswissenschaft**

Series II Law

Série II Droit

Band/Volume **5987**

Lukas Wionzeck

Strafbarkeit pränataler Einwirkungen mit postnatalen Folgen de lege ferenda – Kriminalisierung des Alkoholkonsums Schwangerer?

PETER LANG

Bibliografische Information der Deutschen Nationalbibliothek
Die Deutsche Nationalbibliothek verzeichnet diese Publikation in der Deutschen Nationalbibliografie; detaillierte bibliografische Daten sind im Internet über http://dnb.d-nb.de abrufbar.

Zugl.: Köln, Univ., Diss., 2017

D 38
ISSN 0531-7312
ISBN 978-3-631-74379-9 (Print)
E-ISBN 978-3-631-74728-5 (E-PDF)
E-ISBN 978-3-631-74729-2 (EPUB)
E-ISBN 978-3-631-74730-8 (MOBI)
DOI 10.3726/b13353

Peter Lang – Berlin · Bern · Bruxelles · New York · Oxford · Warszawa · Wien

Diese Publikation wurde begutachtet.

www.peterlang.com

Vorwort

An erster Stelle gilt mein Dank meinem Doktorvater Herr Prof. Dr. Dr. h.c. Michael Kubiciel für seine wissenschaftliche und methodische Unterstützung während der gesamten Bearbeitungsphase meiner Dissertation. Durch sein Interesse an dem eher außergewöhnlichen Thema hat er den Weg zu der Arbeit geebnet. Seine ruhige, unaufgebrachte und stets hilfsbereite Art und seine zielführenden Hinweise haben entscheidend zum Erfolg der Dissertation beigetragen.

Außerdem gilt mein Dank Frau Jun.-Prof.'in Dr. Elisa Hoven für das zeitnahe Anfertigen des Zweitgutachtens und weitere hilfreiche Hinweise.

Mein Dank gilt auch den zahlreichen Hilfsbereiten, die mich mit fachfremden Informationen versorgten. Namentlich gilt mein Dank insbesondere Frau Dr. med. Heike Kramer von der Ärztlichen Gesellschaft für Gesundheitsförderung e.V. und Herrn Albert Kern aus dem Bundesgesundheitsministerium. Zu Dank bin ich auch den Journalistinnen Helene Bubrowski und Lucia Schmidt verpflichtet, denn sie haben mich mit ihrem Zeitungsartikel „Nikotinbaby" derart berührt, dass ich mich intensiver mit dem Thema befasste. Ihnen gebührt Dank dafür, dass sie versuchen, durch journalistische Arbeit bessere Aufklärungen zu erreichen.

Den Herren Caspar Kaut, Florian Simon, Julian Schumacher und Malte Seyffarth danke ich für die zahlreichen und unermüdlichen fachlichen Gespräche, Ratschläge und Anmerkungen, die mich auf dem Weg zur fertigen Arbeit immer wieder neue, auch interdisziplinäre Aspekte und Ansätze entdecken ließen. Auch die vielen nicht-wissenschaftlichen und motivierenden Gespräche haben meine Arbeit unterstützt. Insbesondere waren sie dafür verantwortlich, dass die anderen schönen Seiten des Lebens während dieser Zeit nicht in Vergessenheit gerieten.

Besonders möchte ich an dieser Stelle meinen Eltern und meiner Schwester für die unermüdliche Stärkung und Motivierung danken. Ohne ihre finanzielle als auch psychische Unterstützung wäre der erfolgreiche Abschluss des Studiums und dieser Arbeit wohl nicht gelungen. Ich hoffe, dass ich eines Tages das zurückgeben kann, was mir von ihnen geschenkt wurde.

Inhaltsverzeichnis

A. Einleitung

I. Problemstellung

„Christian geht noch nicht einmal auf die Hauptschule, sondern in eine Behindertenwerkstatt in Brandenburg. Seine Mutter hat in der Schwangerschaft jeden Tag zwei Flaschen Schnaps getrunken […]. Nun ist er 19 Jahre alt und 1,53 Meter groß. Er hat große Schwierigkeiten beim Rechnen und Lesen, sein Intelligenzquotient liegt bei 49, er leidet unter dem Fetalen Alkoholsyndrom, wie die besonders schwere Form der pränatalen Alkoholschädigung genannt wird. […] Er beteiligt sich an Aufklärungsarbeit. Jüngst war er mal wieder in einer Medizinvorlesung für Studenten im zweiten Studienjahr an der Charité in Berlin. […] Dann nahm sich Christian das Mikrofon: ‚Trinken Sie keinen Alkohol, sonst bekommen Sie ein Kind, das so aussieht wie ich'. Plötzlich herrschte Totenstille im Saal."[1]

Am 18.04. veröffentlichten zwei Journalistinnen den Artikel „Nikotinbaby" in der Wochenendausgabe der FAZ und warfen so ein in Deutschland recht unbekanntes Problem auf[2]. Schätzungen zufolge trinken rund 58 % der Schwangeren Alkohol[3]. Der wiederholte wissentliche Alkoholkonsum Schwangerer wird zwischen 14,4–30,0 % geschätzt und der exzessive bei einer Gelegenheit auf 1,2–3,5 %[4]. Zwischen 1985 und 2005 tranken schätzungsweise 13,5 % der Schwangeren Alkohol[5]. Eine daran anschließende Auswertung für die Jahre 2009, 2010 und 2012 schätze den Alkoholkonsum jeder fünften Schwangeren[6]. 35 % der Schwangeren meinen, dass ein gelegentliches Glas Sekt nicht schädlich sei[7]. 65 % der Angehörigen der freien Berufe und Selbstständigen schätzen Alkohol generell als unproblematisch ein[8]. Lediglich 56 % wussten, dass Alkoholkonsum in der Schwangerschaft zu lebenslangen Schädigungen führen kann[9].

---

1 FAZ, Samstag, 18.04.2015, S. 3.

2 Informationsbroschüre FAS der Drogenbeauftragten, S. 1.

3 *Spohr*, Das fetale Alkoholsyndrom, S. 104 m.w.N. auf eine 2002 durchgeführte Berliner Befragung mit 344 Frauen in gynäkologischen Praxen.

4 S3-Leitlinie Diagnostik FAS, Kurzfassung, S. 12.

5 Drogen- und Suchtbericht 2015, S. 18.

6 *Spohr*, Das fetale Alkoholsyndrom, S. 111.

7 Drogen- und Suchtbericht 2015, S. 17; BT-Drs. 18/3378, S. 13 Frage 28.

8 Drogen- und Suchtbericht 2015, S. 17; BT-Drs. 18/3378, S. 13 Frage 28.

9 Drogen- und Suchtbericht 2015, S. 18, 111.

Infolgedessen erkranken Kinder immer wieder an der sogenannten Fetalen Alkohol-Spektrum-Störung[10]. Dies ist der medizinische Oberbegriff für pränatale Schädigungen, die durch den Alkoholkonsum Schwangerer entstehen[11]. Die Krankheit ist unter anderen eine neuropsychiatrische Störung durch organische Hirnveränderungen und statische Enzephalopathie[12]. Letzteres meint eine ganzheitliche Schädigung des Gehirnes[13] – die Erkrankung ist vereinfacht eine Gehirnschädigung. Bei den Diagnosen werden Differenzierungen anhand der Grade der Störungen vorgenommen, sodass zwischen dem Fetalen Alkoholsyndrom als Vollbild und der partiellen Fetalen Alkohol-Spektrum-Störung als gradueller zu unterscheiden ist[14]. Bislang gibt es in Deutschland keine gesicherten statistischen Erhebungen über die Häufigkeit des Vorkommens[15]. Durch Vergleiche mit gesicherten Zahlen aus anderen Industrieländern und Schätzungen wurde 2008 jährlich von ca. 3.000–4.000 erkrankten Neugeborenen ausgegangen[16]. Dies entspricht einer Rate von 0,2–8,2 pro 1.000 Geburten[17]. Mittlerweile geht man von rund 10.000 betroffenen Neugeborenen mit gradueller Schädigung aus[18]. Etwa 2.000 Neugeborene erkranken an voll ausgeprägten FAS. Tatsächlich sollten die Zahlen höher liegen, da die Krankheit bisher defizitär diagnostiziert wird[19]. Dabei tritt das FAS verglichen mit anderen Gehirnerkrankungen wie zum Beispiel dem Down-Syndrom mit ca. 0,1–0,2 % recht häufig auf[20]. In den ersten Wochen der Schwangerschaft sind die Einwirkungen besonders schädlich, wobei eine Schädigung bei häufigem Alkoholkonsum umso wahrscheinlicher ist[21]. Bei alkoholkranken Frauen beträgt das Risiko schwerer Gesundheitsschäden Schätzungen zufolge

---

10 Im Folgenden wird zur Vereinfachung die Kurzform FAS für Fetale Alkohol-Spektrum-Störung verwendet.

11 Informationsbroschüre FAS der Drogenbeauftragten, S. 4.

12 S3-Leitlinie Diagnostik FAS, Kurzfassung, S. 4.

13 http://flexikon.doccheck.com/de/Enzephalopathie (zuletzt aufgerufen am 30.03.2016).

14 Informationsbroschüre FAS der Drogenbeauftragten, S. 4. Im Übrigen gestaltet sich die Diagnose schwierig. Sie kann nur gestellt werden, wenn andere diagnostische Kriterien, wie Minderwuchs, Untergewicht oder Gesichtsdysmorphien vorhanden sind. Folge des diagnostischen Defizits ist der Entwurf der S3-Leitlinie Diagnostik FAS im Jahr 2012.

15 *Spohr/Steinhausen*, DÄ 2008, 693, 694.

16 *Ebenda.*

17 S3-Leitlinie Diagnostik FAS, Kurzfassung, S. 12.

18 Dazu und im Folgenden *Spohr/Steinhausen*, DÄ 2008, 693, 694.

19 S3-Leitlinie Diagnostik FAS, Kurzfassung, S. 10.

20 Ebenda, S. 13.

21 BZgA, Alkohol in der Schwangerschaft, S. 46 m.w.N., 53; *Siedentopf/Nagel/Büscher/Dudenhausen*, DÄ 2004, 101, 102; Spohr, Das fetale Alkoholsyndrom, S. 105.

rund 30–40 %[22]. Schädigungen können indes auch bei einmaligem Konsum nicht ausgeschlossen werden[23]. Insbesondere wurde in Studien nicht zweifelsfrei belegt, dass es eine unschädliche Menge gibt[24]. Aufgrund der medizinischen Unsicherheiten über die unschädliche Trinkmenge empfehlen Mediziner mittlerweile daher überwiegend den gänzlichen Verzicht auf Alkohol[25]. Da rund die Hälfte der Bevölkerung nicht um die Folgen des pränatalen Alkoholkonsums weiß[26], die Erkrankung aber sogar häufiger vorkommt als andere bekanntere Gehirnerkrankungen (zum Beispiel das Down-Syndrom oder Epilepsie), besteht aktuell ein alarmierender Zustand, welcher zu einem Umdenken drängt.

Der Zustand erschreckt insbesondere vor dem Hintergrund der völligen Vermeidbarkeit der Erkrankung, sofern während der Schwangerschaft ganz auf Alkohol verzichtet wird.

Die Folgen des FAS sind weitreichend und unumkehrbar[27]. Zum einen schlägt sich die Krankheit äußerlich nieder, indem Kleinwuchs und verschiedene Fehlbildungen von Kopf und Gesicht auftreten[28], zum Beispiel zu kurze Lidspalten, zu schmale Oberlippen oder eine verstrichene Rinne zwischen Mund und Nase[29]. Zum anderen sind Herzfehler, skelettale Fehlbildungen und Nierenfehlbildungen häufige Folgen[30]. Zudem sind Funktionsbeeinträchtigungen des Gehirns die Folge, welche sich in Entwicklungsstörungen, intellektuellen Beeinträchtigungen, Störungen der Kognition und Störungen des Verhaltens äußern[31]. Die Betroffenen können zumeist weder sinnvoll planen noch aus Erfahrungen lernen[32].

---

22 BZgA, Alkohol in der Schwangerschaft, S. 55.

23 BZgA, Alkohol in der Schwangerschaft, S. 55; *Siedentopf/Nagel/Büscher/Dudenhausen*, DÄ 2004, 101, 102.

24 *Siedentopf/Nagel/Büscher/Dudenhausen*, DÄ 2004, 101, 102; *Spohr*, Das fetale Alkoholsyndrom, S. 110 f.; *Stoschek*, DÄ 2000, 1556.

25 *Siedentopf/Nagel/Büscher/Dudenhausen*, DÄ 2004, 101, 102; *Stoschek*, DÄ 2000, 1556; BZgA, Alkohol in der Schwangerschaft, S. 49, 78; zu den medizinischen Unsicherheiten BZgA, Alkohol in der Schwangerschaft, S. 44 ff. m.w.N., S. 53 ff. sowie *Spohr*, Das fetale Alkoholsyndrom, S. 108.

26 Drogen- und Suchtbericht 2015, S. 18, 111.

27 Ausführliche Darstellung bei *Landgraf/Nothacker/Kopp/Heinen*, DÄ 2013, 703, 703 ff. sowie Informationsbroschüre FAS der Drogenbeauftragten, S. 9; überblicksartig *Hall*, FS Schlick, S. 507 ff.

28 *Spohr/Steinhausen*, DÄ 2008, 693, 694.

29 S3-Leitlinie Diagnostik FAS, Kurzfassung, S. 22 ff.

30 Informationsbroschüre FAS der Drogenbeauftragten, S. 4.

31 Ebenda, S. 4.

32 Ebenda, S. 8, 16.

Sie sind ständig auf fremde Hilfe angewiesen und nehmen nur erschwert am Sozialleben teil[33]. Europäische Studien belegen die Berufsunfähigkeit von 86,5 % der Geschädigten, selbst wenn diese speziell und frühzeitig gefördert werden[34]. Die kognitiven und körperlichen Schädigungen halten ein Leben lang an[35].

Die moralischen Vorwürfe gegenüber Schwangeren, sie würden Unschuldige schädigen und diese seien lebenslang betroffen, sind rechtlich in Ausgleich zu bringen mit ihrem Selbstbestimmungsrecht. Die Verfassung in Form der allgemeinen Handlungsfreiheit in Art. 2 I GG garantiert unter anderem die Freiheit zur Selbstverletzung und sogar Selbsttötung[36]. Die allgemeine Handlungsfreiheit schützt subjektive Entscheidungen des Individuums, die objektiv nicht vernünftig sein müssen – daher ist die Freiheit zur Unvernunft garantiert. Art. 2 I GG ist somit ein bedeutender Grundwert der Verfassung und Ausdruck der Stärke dieser. Die Freiheit des Selbstverletzungsrechtes wird erst durch ein verfassungsmäßiges Gesetz und kollidierende Verfassungsgüter beschränkt. Bei Einwirkungen einer Schwangeren auf Ungeborene ist somit zu untersuchen, ob und falls ja, ab welchem Zeitpunkt ungeborenes Leben verfassungsrechtlich geschützt ist. Im Fall einer Kollision des Selbstverletzungsrechts Schwangerer mit dem möglichen Lebensrecht Ungeborener aus Art. 2 II 1 Fall 1 GG muss problematisiert werden, wie diese miteinander in Einklang zu bringen sind. Dem Gesetzgeber stehen dazu verschiedenste Mittel zur Verfügung. Neben präventiven staatlichen Maßnahmen im Rahmen der Gefahrenvorsorge kommt der Schutz durch das Strafrecht de lege lata in Betracht. Im Konflikt mit dem Selbstbestimmungsrecht Schwangerer, ist zu erörtern, ob Schwangere sich durch pränatale Einwirkungen – insbesondere durch den Alkoholkonsum – schon nach geltendem Recht strafbar machen. Falls dies nicht der Fall sein sollte, ist zu untersuchen, ob eine Kriminalisierung zur Problemlösung von Vorteil wäre oder ob andere Maßnahmen zur Problemlösung zu präferieren sind[37].

---

33 Ebenda, S. 8.

34 *Spohr/Steinhausen*, DÄ 2008, 693, 696.

35 *Spohr*, Das Fetale Alkoholsyndrom, S. 151, 160, 198.

36 Dreier, GG-KO-*Dreier*, Art. 2 I Rz. 29; s. vertiefend zum Kernbereich der privaten Lebensgestaltung *Dammann*, Kernbereich sowie zum allgemeinen Persönlichkeitsrecht Recht der Persönlichkeit – *Holzhauer/Hoppe/Jarass*, S. 51 ff., 73 ff., 89 ff.

37 Grundlegend zum Einsatz des Strafrechts als Präventionsstrafrecht jüngst die Untersuchung von *Kaspar*, Verhältnismäßigkeit und Grundrechtsschutz; grundlegend zum verfassungsrechtlichen Rahmen für den Einsatz des Strafrechts, *Appel*, Verfassung und Strafe; *Lagodny*, Strafrecht vor den Schranken der Grundrechte.

Die Untersuchung soll in zweifacher Hinsicht versuchen, die schwerwiegenden Folgen zu beschränken.

Knapp 50 % der Bevölkerung haben keine Kenntnis über die bleibenden Folgen des pränatalen Alkoholkonsums für Ungeborene[38]. Daher möchte die Arbeit zunächst bestehende informative Defizite bekämpfen, in dem das Problem mehr in das Blickfeld öffentlicher Debatten rückt.

Zum anderen liegt das Anliegen darin, verfassungsrechtliche und rechtspolitische Rahmenbedingungen zu erarbeiten, auf denen sodann konkrete Lösungen entwickelt werden können, mithilfe derer pränatale Einwirkungen eingeschränkt werden können und künftig bestenfalls der Vergangenheit angehören. Das Problem wurde vom Gesetzgeber bislang nicht erkannt. Zwar wurde ein neues Gesetz zur Stärkung der Gesundheitsförderung und der Prävention (PrävG) erlassen[39], jedoch bleibt das Gesetz hinsichtlich des Alkoholkonsums nach bisheriger Einschätzung oberflächlich, thematisiert das FAS nicht und bietet keine konkreten Besserungen, sodass noch keine effektiven Lösungen bestehen. Aus den Gesetzesmaterialien ergibt sich, dass eine strafrechtliche Normierung weder vom Gesundheits- noch vom Rechtsausschuss in Betracht gezogen wurde[40]. Ausgehend von der konkreten Handlung des pränatalen Alkoholkonsums Schwangerer mit postnatalen Folgen wird überprüft, ob die Leibesfrucht ausreichend vom Strafrecht gegen pränatale Einwirkungen mit postnatalen Folgen geschützt ist. Abstrahiert lautet die Frage, ob der strafrechtliche Schutz der Leibesfrucht gegen Verletzung ausreicht oder ob dieser lex ferenda ausgebessert werden muss.

Zudem äußerten sich zahlreiche Abgeordnete ablehnend gegen eine Lösung mithilfe des Strafrechtes[41]. Die politische Zurückhaltung könnte drei Gründe haben. Zum einen könnten zwar die rechtlichen Rahmenbedingungen zur strafrechtlichen Normierung bestehen, diese aber nicht politisch gewollt sein. Schließlich stellen Schwangere und die Alkoholindustrie einen großen Teil potenzieller Wählerinnen und Wähler dar. Zum anderen mag es daran liegen, dass die Abgeordneten Bedenken haben, ob das Persönlichkeitsrecht der Schwangeren infolgedessen in unverhältnismäßiger Weise eingeschränkt würde. Tragend könnte überdies der Gedanke sein, das Strafrecht nur als letztes Mittel zum Schutz von Rechten und Werten einzusetzen.

---

38 Drogen- und Suchtbericht 2015, S. 18, 111.

39 BT-Drs 18/4282. Am 18.06.2015 angenommen durch BR 282/15.

40 BT-Drs 18/4282; BR 282/15.

41 *Hubert Hüppe*, CDU/CSU, Mitglied des Ausschusses für Gesundheit; *Hilde Mattheis*, gesundheitspolitische Sprecherin der SPD-Bundestagsfraktion; DIE GRÜNEN, s. FAZ, Samstag, 18.04.2015, S. 1, 3.

Zudem könnte die ablehnende Haltung dadurch begründet werden, dass die Verfassung nicht zur strafrechtlichen Normierung zwingt, sondern diese nur in Betracht zieht. Grundrechtliche Abwehrfunktionen können sich positiv in staatliche Schutzpflichten wandeln, wenn Dritte verfassungsrechtlich geschützte Rechtsgüter gefährden[42]. Fraglich ist jedoch, wie weit diese Schutzpflicht reicht: Muss der Gesetzgeber irgendwie, präventiv oder repressiv, handeln? Oder muss er womöglich sogar bestmöglich handeln? Falls ja, wie beurteilt sich dies? Oder ist er sogar gezwungen, einem Problem mit den Mitteln des Strafrechtes zu begegnen? Falls ja, unter welchen Voraussetzungen?

Diese Unsicherheiten könnten jedenfalls zur ablehnenden Haltung geführt haben.

Das Anliegen, verfassungsrechtliche und rechtspolitische Rahmenbedingungen zu erarbeiten, auf denen sodann konkrete Lösungen entwickelt werden können, wurzelt zudem in einem weiteren Aspekt. Nach Sichtung der Literatur zum FAS fällt auf, dass zahlreiche medizinische Aufsätze und Studien existieren[43], die rechtliche Auseinandersetzung in den letzten Jahren jedoch rückläufig ist. Verfassungsrechtliche Publikationen behandeln zwar das Selbstbestimmungsrecht und den Lebensschutz, allerdings fehlen Ausführungen, wie mit dem FAS strafrechtlich umzugehen ist, fast vollständig. Lediglich *Hall* erkennt das Problem und plädiert zur Lösung für ein Alkoholverbot für Schwangere[44]. Beiträge, welche die Thematik abstrakt auf die Strafbarkeit pränataler Einwirkungen beschränken, sind in großer Zahl vorhanden, jedoch findet das FAS im Besonderen keine Berücksichtigung. In der höchstrichterlichen Rechtsprechung bestand nie die Gelegenheit, über die Anwendbarkeit der Körperverletzungsdelikte bei pränatalen Einwirkungen mit postnatalen Folgen zu entscheiden. Jedoch gab es Entscheidungen, welche den Zeitpunkt des Vorliegens des Tatobjekts zum Zeitpunkt der Einwirkung festlegten, sodass eine Strafbarkeit ausscheidet[45]. Einzig das LG Aachen entschied 1971 im Rahmen des Contergan-Prozesses, dass die pränatale Einwirkung durch Contergan eine Strafbarkeit nach § 223 I StGB begründe[46]. Die Entscheidung wurde vielfach besprochen und führte zu einer Reihe von

42 Vertiefend dazu HStR IX-*Isensee*, § 191 Rz. 1 ff.

43 Federführend ist momentan die S3-Leitlinie Diagnostik FAS *Landgraf/Nothacker/Kopp/Heinen*, DÄ 2013, 703, 703 ff; *Spohr/Steinhausen*, DÄ 2008, 693, 694.

44 Einzig zuletzt *Hall*, FS Schlick, S. 507 ff.

45 BGHSt. 31, 348, 352; BGH, NStZ 2008, 393, 394.

46 LG Aachen, JZ 1971, 507, 507, wobei das Verfahren allerdings eingestellt wurde wegen Geringfügigkeit gem. § 153 III StPO a.F.

Veröffentlichungen[47]. In den letzten Jahren behandelten zahlreiche Publikationen den embryonalen Schutz im Problemfeld der Präimplantationsdiagnostik und anderer rasant fortschreitender humanbiologischer Errungenschaften[48]. Der strafrechtliche Schutz von Embryonen gegen pränatale Einwirkungen Schwangerer ist unter anderem womöglich deswegen in den Hintergrund gerückt. Das überrascht, da sich die nur scheinbar abstrakte juristische Frage, wie pränatale Einwirkungen mit postnatalen Folgen zu behandeln sind, konkret im gesellschaftlichen Leben widerspiegelt[49]. Zudem ist der Alkoholkonsum Schwangerer aufgrund der hohen Zahl Unwissender hochaktuell und das Problem ungelöst.

Die Schwierigkeit konkrete Lösungen zu finden, verschärft sich durch teilweise fehlende und mangelhafte medizinische Daten[50]. Kumuliert werden die Schwierigkeiten durch den Umstand, dass die medizinischen Aufsätze hauptsächlich die Folgen des FAS und die defizitären Diagnosen thematisieren[51]. Vergleichbar ist diese fehlgeleitete Debatte mit der Frage, wie Mörder gefasst werden können. Sinnvoller wäre doch vielmehr die Frage, wie Morde überhaupt verhindert werden könnten. Insofern muss der Zeitpunkt der Diskussion auf präventive Vermeidungsstrategien vorverlagert werden.

---

47 *Kaufmann*, JZ 1971, 569 ff.; *Sigel*, Pränatale Einwirkungen; *Tepperwien*, Pränatale Einwirkungen.

48 Vertiefend dazu die umfangreichen Untersuchungen von *Duncker*, Lebensschutz; *Giwer*, Präimplantationsdiagnostik; *Haßmann*, Embryonenschutz; *Heinemann*, Frau und Fötus in der Prä- und Perinatalmedizin; *Heun*, JZ 2002, 517 ff.; *Ipsen*, JZ 2001, 989 ff.; *Kubiciel*, NStZ 2003, 382 ff.; *Merkel*, Früheuthanasie; *ders.*, Forschungsobjekt Embryo, *Schroth*, JZ 2002, 170 ff.; *Weschka*, Präimplantationsdiagnostik; *Wendtland*, Forschung mit menschlichen embryonalen Stammzellen.

49 Siehe bspw. den Fall des LG Siegen in NStZ 2010, 214 ff., indem eine Schwangere wiederholt und um die Schäden wissend Alkohol konsumierte und die Kinder direkt nach der Geburt verstarben. Der BGH bestätigte die Verurteilung wegen Totschlags durch Unterlassen, §§ 212 I, 13 StGB.

50 *Fröschl/Brunner-Ziegler/Wirl*, Prävention des Fetalen Alkoholsyndroms, S. 27 f.

51 *Landgraf/Nothacker/Kopp/Heinen*, DÄ 2013, 703, 703 ff.; *Spohr/Steinhausen*, DÄ 2008, 693, 694; S3-Leitlinie Diagnostik FAS, Kurzfassung; selbst die FASD-Fachtagungen 2013/14/15 behandelten keine Maßnahmen zur Vermeidung, s. http://fasd-deutschand.de/cms/upload/Betroffene/Downloads/flyer_und_broschueren/fascette_hp_2013.pdf (zuletzt aufgerufen am 30.03.2016); http://fasd-deutschland.de/cms/upload/Betrof fene/Downloads/flyer_und_broschueren/FASD_Deutschland_FAScette_2_2014.pdf (zuletzt aufgerufen am 30.03.2016); Informationsbroschüre FAS der Drogenbeauftragten, S. 1.

Wie eine Prävention bestmöglich gelingen kann, ist Untersuchungsgegenstand dieser Arbeit. Daher versteht sich die Arbeit als Beitrag zu einer rechtspolitischen Überlegung.

II. Untersuchungsgang

Die Untersuchung unterteilt sich in sechs Kapitel des Hauptteils und die anschließende Zusammenfassung in Thesen. Das Hauptanliegen der Untersuchung ist das Erarbeiten verfassungsrechtlicher und rechtspolitischer Rahmenbedingungen, auf denen sodann konkrete Lösungen entwickelt werden können zur Vermeidung des pränatalen Alkoholkonsums Schwangerer und die rechtswissenschaftliche Untersuchung der Lösungsmöglichkeiten. Insbesondere soll der Staat darauf hinwirken, den Alkoholkonsum Schwangerer zu minimieren. Die rechtliche Grundlage dafür könnte eine gegebenenfalls bestehende staatliche Handlungspflicht zum Schutze Ungeborener aus Art. 2 II 1 GG sein. Nach der Rechtsprechung des BVerfG besteht eine staatliche Handlungspflicht, wenn ein schützenswertes Grundrecht besteht, kein angemessener Schutz eines schützenswerten Grundrechts gewährleistet ist und die Belange einer etwaigen Schutzposition kollidierende Schutzpositionen überwiegen[52]. Die Untersuchung orientiert sich an den Voraussetzungen einer staatlichen Handlungspflicht. Zunächst wird geprüft, ob Ungeborene dem Schutz des Art. 2 II 1 GG unterfallen und falls ja, ab welchen Zeitpunkt sie geschützt sind (B.I.). Anschließend wird untersucht, ob ein gegebenenfalls bestehender grundrechtlicher Schutz Ungeborener aus Art. 2 II 1 GG wirksam gewährleistet wird. Dafür werden aktuelle staatliche Maßnahmen im Rahmen der präventiven Gefahrenvorsorge untersucht (B.II.). Da ein angemessener Schutz grundsätzlich auch durch das Strafrecht gewährleistet werden kann, erfolgt danach eine Prüfung der Strafbarkeit nach de lege lata (B.III.). Darauf aufbauend ist die dritte Voraussetzung einer staatlichen Handlungspflicht – Überwiegen der Belange einer etwaigen Schutzposition gegenüber kollidierenden Schutzpositionen Schwangerer – zu prüfen (B.IV.). Falls eine staatliche Handlungspflicht zu bejahen ist, ist in dem folgenden Kapitel zu untersuchen, ob das Strafrecht de lege ferenda den Schutz Ungeborener vor pränatalen Einwirkungen Schwangerer gewährleisten kann (B.V.). Zudem sind Maßnahmen im Rahmen der Gefahrenvorsorge de lege ferenda unter derselben Fragestellung zu untersuchen (B.VI.). Abschließend ist zu prüfen, ob eine gegebenenfalls bestehende staatliche Handlungspflicht zu einer staatlichen Pflicht zur Kriminalisierung führt. Die Untersuchung schließt mit der Formulierung von zehn Thesen und einem Ausblick ab (C.).

---

52 BVerfGE 88, 203, 254; 77, 170, 215.

B. Hauptteil

Das Hauptanliegen der Untersuchung ist das Erarbeiten verfassungsrechtlicher und rechtspolitischer Rahmenbedingungen zur Entwicklung konkreter Lösungsmöglichkeiten, um einen Rückgang pränataler Einwirkungen mit postnatalen Folgen zu erreichen. Insbesondere soll der Alkoholkonsum Schwangerer minimiert werden. Die rechtliche Grundlage dafür könnte aus einer verfassungsrechtlichen Handlungspflicht abgeleitet werden. Eine staatliche Handlungspflicht könnte lediglich bestehen, sofern kumulativ drei Voraussetzungen vorliegen. Nach der Rechtsprechung des BVerfG müsste erstens ein schützenswertes Grundrecht bestehen[53]. Zweitens müsste als Untergrenze kein angemessener Schutz eines schützenswerten Grundrechts vorliegen[54]. Staatliche Handlungen müssten dabei gar nicht vorliegen oder sich auf offensichtlich gänzlich ungeeignete oder völlig unzulängliche Maßnahmen beschränken[55]. Drittens müssten die Belange einer etwaigen Schutzposition kollidierende Schutzpositionen überwiegen[56].

I. Kapitel – Verfassungsrechtlicher Lebensschutz Ungeborener

An die erste Voraussetzung anknüpfend ist zu untersuchen, ob Ungeborene dem verfassungsrechtlichen Lebensschutz unterstehen. Anknüpfungspunkt für den möglichen Lebensschutz der Leibesfrucht ist Art. 2 II 1 GG. Die verfassungsrechtliche Normierung dessen im Bewusstsein und kurz nach dem nationalsozialistischen Regime scheint im ersten Moment eindeutig zu sein. So formulierten die Bonner Gründungsväter in Art. 2 II 1 GG plakativ: „*Jeder* hat das Recht auf Leben und körperliche Unversehrtheit“[57]. Unstrittig ist damit das Leben als biologisch-physische Existenz von der Geburt bis zum Lebensende geschützt[58]. Die Norm stößt jedoch an ihre Grenzen, wenn sich die Frage nach dem Schutz der Leibesfrucht stellt, da der Wortlaut diese nicht explizit erwähnt. Auf der unzureichenden Formulierung fußt daher eine Debatte, ob nur Geborene oder auch Ungeborene geschützt sind. Anders formuliert: Der zeitliche Beginn des Lebensschutzes ist hoch umstritten. In der Vergangenheit erlangte die Debatte

53 BVerfGE 88, 203, 254; 77, 170, 215.

54 BVerfGE 77, 170, 215.

55 BVerfGE 77, 170, 215; 92, 26, 46; 125, 39, 78 f.

56 BVerfGE 88, 203, 254.

57 Hervorhebung durch den Verfasser.

58 Dreier, GG-KO-*Schulze-Fielitz*, Art. 2 II Rz. 25.

durch die Abtreibungsproblematik Bedeutung[59]. Heute zwingen neue biotechnische Errungenschaften wie die In-vitro-Befruchtung, die intrazytoplasmatische Spermatozoeninjektion, die Forschung an embryonalen Stammzellen, der Embryonentransfer oder die stark umstrittene Präimplantationsdiagnostik zur Auseinandersetzung mit dieser Frage. Im Fall pränataler Einwirkungen durch Schwangere mit postnatalen Folgen ist die Frage ebenfalls relevant. Sollte der verfassungsrechtliche Schutz der Leibesfrucht verneint werden, bestünde keine Grundlage für eine etwaige staatliche Handlungspflicht.

1. Auslegung

Möglicherweise lässt sich die strittige Frage nach dem Beginn des Lebensschutzes bereits mithilfe der klassischen Auslegungskanons beantworten. Daher mag Art. 2 II 1 GG zunächst vor diesem Hintergrund untersucht werden.

a) Wortlaut

Anknüpfungspunkt der hermeneutischen Auslegung ist nur der Wortlaut der auszulegenden Norm, hier: „Jeder hat das Rechts auf Leben", Art. 2 II 1 GG. Die Norm enthält sowohl die Worte ‚Leben' als auch ‚jeder'. Allerdings beinhaltet der Wortlaut keine Aussage, wer ‚jeder' ist bzw. was ‚Leben' meint und ob die Leibesfrucht damit erfasst ist. ‚Jeder' könnte zum einen jeder geborene Mensch sein und zum anderen auch die Leibesfrucht. Im natürlichen Sprachgebrauch scheint die Formulierung eher mit Geborenen assoziiert zu werden. Zeitgleich wird der Begriff ‚jeder' oder ‚jeder Mensch' aber gewöhnlich auch für Ungeborene verwendet. Etwa erscheint die Formulierung „ungeborene Menschen verhalten sich im Leib der Mutter…" nicht alltagsuntauglich. Frühes vorgeburtliches Leben hingegen wird eher mit Begriffen wie „Embryo" oder „Fötus" bezeichnet. Im juristischen Sprachgebrauch im einfachgesetzlichen Recht wird teilweise zwischen Menschen und Ungeborenen unterschieden. Ausdrücklich wird das Rechtsgut ‚Mensch' etwa in § 212 I StGB erwähnt. Hingegen bezeichnen § 1912 II BGB und § 3 I MuSchG die Leibesfrucht bereits als ‚Kind'. Ein eindeutiger Schluss ergibt sich daraus jedoch nicht. Normierungen im einfachen Recht können im Übrigen kaum zur Auslegung der Verfassung herangezogen werden.

Der Wortlaut bietet zudem einen weiteren Auslegungsansatz. Die Frage nach dem Schutz der Leibesfrucht muss nicht zwangsläufig am Wortlaut ‚jeder' angeknüpft werden. Möglich erscheint ebenso eine Konzeption einer Schutzpflicht

59 BVerfGE 39, 1, 37 ff.; 88, 203 ff.

aus dem Wortlaut ‚Recht auf Leben'. Dies mündet in der Frage, ob die Leibesfrucht als Grundrechtssubjekt dem personellen Schutzbereich des Art. 2 II 1 GG unterfällt oder ob für diese eine objektive Schutzpflicht besteht[60]. Konkreter: Ist diese selbst Grundrechtsträger oder lediglich als gemeinschaftlicher Wert schützenswert? Eine Auslegung mithilfe der klassischen Auslegungsmethoden kann diese Frage nicht beantworten.

Im Ergebnis ist der Wortlaut ‚jeder' daher ebenso eine neutrale Formulierung wie ‚Leben'. Die Tatbestandsmerkmale lassen sich in prä- noch postnatale Kategorien einfügen, sodass der Wortlaut die Frage nach dem Lebensrecht Ungeborener nicht zu beantworten vermag.

b) Systematik

Im systematischen Vergleich wird die Leibesfrucht an keiner anderen Stelle in der Verfassung geschützt. Vielmehr schützen die meisten Grundrechte Geborene, etwa Art. 2 I, 4, 5, 6, 7, 8, 9, 10, 12, 16, 17. Art. 3 I GG nennt ausdrücklich das Wort ‚Mensch', ohne allerdings Ungeborene zu schützen[61]. Zudem nennt Art. 1 I GG den Begriff des ‚Menschen' ausdrücklich. In Art. 1 II GG bekennt sich das Deutsche Volk ferner zu den ‚Menschenrechten'. Jedoch setzt das aus Art. 1 i.V.m. 2 I GG abgeleitete allgemeine Persönlichkeitsrecht in der postmortalen Ausprägung gerade keinen lebenden Menschen voraus[62]. Daraus folgt, dass es keiner ausdrücklichen Nennung des Begriffes „Ungeborener" bedarf, um diese zu schützen. Gleichwohl schützt die Verfassung überwiegend nur Geborene. Allerdings folgt aus einer stärkeren Betonung des Schutzes Geborener jedoch nicht, dass Art. 2 II 1 GG nur Geborene erfasst. Vielmehr ist jedes Grundrecht gesondert zu betrachten, da die Grundrechte unterschiedliche Rechtsgüter schützen. Somit bietet auch die systematische Auslegung keine Beantwortung.

---

60 Vertiefend dazu BVerfGE 39, 1, 41; Sachs, GG-KO-*Murswiek*, Art. 2 Rz. 146; Jarass/Pieroth, GG-KO-*Jarass*, Art. 2 Rz. 85 m.w.N. Offenlassend, aber eher dazu tendierend, den Tatbestand Leben „als solches", d.h. den objektiven Wert der Rechtsgemeinschaft zu erfassen, *Kubiciel*, NStZ 2013, 382, 384.

61 Weder Dreier, GG-KO-*Heun*, Art. 3 I Rz. 44; Jarass/Pieroth, GG-KO-*Jarass*, Art. 3 I Rz. 4; Sachs, GG-KO-*Osterlohn/Nußberger*, Art. 3 Rz. 69; Schmidt/Bleibtreu, GG-KO-*Krieger*, Art. 3 Rz. 15; v. Mangold/Klein/Stark, GG-KO-*Starck*, Art. 3 I Rz. 231 noch HStR VIII-*Kirchhof*, § 181 Rz. 1 ff. behandeln die Frage, ob Ungeborene unter Art. 3 I GG fallen. Allgemein wird lediglich der Begriff ‚Mensch' verwendet.

62 Vertiefend dazu BVerfGE 30, 173, 194 ff.

c) *Historie*

Ausdrücklich ist der verfassungsrechtliche Schutz Geborener in Deutschland erst seit Einführung des Grundgesetzes normiert[63]. Ein ausdrücklicher Schutz der Leibesfrucht hat hingegen noch nie bestanden. Allerdings wurde der Schutz der Leibesfrucht in den parlamentarischen Beratungen zum Grundgesetz diskutiert[64]. Ein Abgeordneter beantragte den damaligen Art. 2 I GG wie folgt zu ergänzen: „Das keimende Leben wird geschützt". Der Gesetzesvorschlag setzte sich nach umfangreicher Debatte letztlich jedoch nicht durch und die heutige Formulierung wurde verabschiedet. Dies alleine zeigt, dass der Schutz der Leibesfrucht damals bereits Gegenstand erheblicher Kontroversen war. Daraus folgt jedoch kein Schluss, ob die Leibesfrucht nun geschützt ist. Der Antrag wurde vielmehr abgelehnt, sodass die historische Auslegung eher gegen einen Schutz der Leibesfrucht deutet. Letztlich ergibt die historische Auslegung kein eindeutiges Auslegungsergebnis.

d) *Telos*

Das Lebensrecht ist in Abkehr zu der totalitären Schreckensherrschaft der Nationalsozialisten entstanden. Der „Vernichtung lebensunwerten Lebens" sollte eine endgültige und eindeutige Absage erteilt werden[65]. Nach diesen Erfahrungen sollte das Lebensrecht nun garantiert werden[66]. Daraus folgt indes kein Schluss, ob sich das Lebensrecht auch auf Ungeborene erstrecken soll. Daher beantwortet der Telos nicht die strittige Frage.

Ergebnis der Auslegung:

Damit steht fest, dass sich die strittige Frage nach dem Beginn des Lebensschutzes nicht alleine mithilfe der klassischen Auslegungskanons beantworten lässt.

2. Rechtsprechung des Bundesverfassungsgerichts – Lebensschutz ab der Nidation

Nach der Feststellung, dass sich die strittige Frage nicht alleine mithilfe der klassischen Auslegungskanons beantworten lässt, mag die Rechtsprechung des BVerfG

63 HStR VII-*Müller-Terpitz*, § 147 Rz. 1.

64 Dazu und im Folgenden m.w.N. dazu *Müller-Terpitz*, Schutz des pränatalen Lebens, S. 137 ff., S. 139 Fn. 36.

65 v. Mangold/Klein/Stark, GG-KO-*Starck*, Art. 2 II Rz. 189.

66 Dazu und im Folgenden HStR VII-*Müller-Terpitz*, § 147 Rz. 2.

dazu betrachtet werden. Dieses begründet seine Argumentation gleichwohl mithilfe der klassischen Auslegungskanons als auch einer kontextueller Auslegung[67]. Nach dem BVerfG beginnt das Lebensrecht ab der Nidation[68]. Dies ist medizinisch der Begriff für Einnistung der befruchteten Eizelle in die Gebärmutter[69]. Das BVerfG entschied die Frage in den beiden Schwangerschaftsabbruchsentscheidungen. Zunächst stellte es im 1. Abtreibungsurteil im Jahr 1975 fest, dass das sich im Mutterleib entwickelnde Leben ein selbstständiges Rechtsgut im Sinne des Art. 2 II 1 GG sei[70]. Nach dieser Entscheidung wurde die sog. Fristenlösung erlassen, wonach Schwangerschaftsabbrüche nach zwölf Wochen immer strafbar waren[71]. Im Jahr 1993 bestätige das BVerfG die 1. Abtreibungsentscheidung in der 2. Abtreibungsentscheidung. Es befasste sich mit der Indikationslösung, wonach Schwangerschaftsabbrüche generell nicht strafbar waren, wenn ein Indikationstatbestand vorlag[72]. Das BVerfG stellte die Unvereinbarkeit der Norm mit den Grundrechten fest[73] und bestätigte den Beginn des Lebensschutzes jedenfalls ab der Nidation. Dabei bemühte das BVerfG sowohl klassische Auslegungskanons als auch eine kontextuelle Auslegung. Nach dem BVerfG meine ‚jeder' meine „jeder Lebende", sodass jedes Leben menschliches Individuum besäße und so auch Ungeborene geschützt seien[74]. Ferner bemühte das BVerfG das Kontinuitätsargument[75]. Ab der Nidation bestünde ein Entwicklungsprozess als kontinuierlicher Vorgang, welcher keine genaue Abgrenzung der Entwicklungsstufen zulasse. Die Entwicklung sei nicht mit der Geburt vollendet, das Bewusstsein würde bspw. erst nach der Geburt gebildet. Da die Entwicklung vor und nach der Geburt nicht abgeschlossen sei, könne kein Unterschied zwischen diesen Stadien gemacht werden. Eine Aufteilung sei willkürlich und die Nidation stelle den Beginn der kontinuierlichen Entwicklung dar, sodass auf diese abzustellen sei. Überdies ergäbe sich ein Abstellen auf diesen Zeitpunkt aus der Entstehungsgeschichte. Eine befürwortende Diskussion der Abgeordneten, ob auch das „keimende" Leben geschützt werden solle,

---

67 Eine kontextuelle Auslegung orientiert sich am außerrechtlichen Kontext der Norm und berücksichtigt moralische, sittliche sowie religiöse Normen und Tatsachen, *Reimer*, Juristische Methodenlehre, S. 196.

68 BVerfGE 39, 1, 37; 88, 203, 251.

69 *Bommas-Ebert/Teubner/Voß*, Anatomie, S. 34.

70 Dazu und im Folgenden BVerfGE 39, 1, 37.

71 LPK-StGB, Vor §§ 218–219b Rz. 2.

72 § 218a StGB in der Fassung vom 27.07.1992.

73 BVerfGE 88, 203, 203 ff.

74 Dazu und im Folgenden BVerfGE 39, 1, 37.

75 Dazu und im Folgenden BVerfGE 39, 1, 37; 88, 203, 251 f.

deute auf einen Schutz des ungeborenen Lebens hin[76]. Zusätzlich wird das Identitätsargument vorgetragen. Ab der Nidation handele es sich „um individuelles, in seiner genetischen Identität und damit in seiner Einmaligkeit und Unverwechselbarkeit nicht mehr teilbares Leben, das sich nicht erst zum Menschen, sondern als Mensch entwickelt"[77]. Dieses nicht mehr teilbare Leben, sei mit dem später Geborenen identisch, sodass der Schutz des Art. 2 II 1 GG vor zu verlagern sei.

Darüber hinaus wurde das Potenzialitätsargument bemüht, wonach die von Anfang an angelegten potenziellen Fähigkeiten genügen würden, um die Menschenwürde zu begründen[78]. Dieses Potenzial bestünde ab der Nidation.

Zudem begründe der Telos der umfassenden Schutzfunktion eine Einbeziehung Ungeborener[79]. Zudem hat das BVerfG Ungeborene in den vorbezeichneten Entscheidungen zusätzlich dem Schutz der Menschenwürde zugestanden[80]. Daher sind diese vor einer Behandlung „als Objekt, zu einem bloßen Mittel" geschützt[81].

3. Literarische Auffassungen zum Lebensschutz ab der Nidation

Teile der Literatur schließen sich der Auffassung des BVerfG an[82]. Dabei wird der Lebensschutz ab dem Zeitpunkt der Nidation nicht mithilfe der klassischen Auslegungskanons begründet. Vielmehr wird das Lebensrecht Ungeborener durch die (bio-)ethische Argumenten der natürlichen Selektion sowie der biologischen Abhängigkeit begründet. Nach ersterem reduziere sich das Verlustrisiko Ungeborener im ersten Schwangerschaftsdrittel von knapp 75 auf 10 %[83]. Die Schwangerschaft führe nun im Regelfall zur Geburt, sodass die Entwicklung gewährleistet sei. Ab der Nidation bestünde also eine höhere statistische Überlebenswahrscheinlichkeit, sodass Embryonen schützenswert seien. Nach dem Argument der biologischen Unabhängigkeit besäßen Embryonen ab der Nidation ein autonomes Entwicklungspotenzial, sodass sie nicht mehr biologisch abhängig

76 BVerfGE 39, 1, 37.

77 Dazu und im Folgenden BVerfGE 88, 203, 251 f.

78 Dazu und im Folgenden BVerfGE 39, 1, 41.

79 BVerfGE 39, 1, 37.

80 BVerfGE 39, 1, 41; 88, 203, 251 f.

81 BVerfGE 45, 187, 228.

82 Dazu im und Folgenden *Dederer,* AöR 2002, 1, 14 f., 16; *Haßmann,* Embryonenschutz, S. 94 f., 102 f.; Sachs, GG-KO-*Murswiek*, Art. 2 Rz. 145a.

83 Dazu und im Folgenden Maunz/Düring, GG-KO-*Di Fabio*, Art. 2 II Rz. 25; Sachs, GG-KO-*Murswiek*, Art. 2 Rz. 145a.

seien[84]. Daraus folge der Beginn des Schutzes. Ferner wird wiederum das Identitätsargument bemüht[85].

4. Stellungnahme zum Zeitpunkt der Nidation

Im Folgenden werden die Argumente des BVerfG untersucht sowie weitere Argumente seitens der Literatur, aus denen der Zeitpunkt der Nidation gefolgert wird.

a) Klassische Auslegungskanons

Das BVerfG bemüht zunächst den Wortlaut des Art. 2 II 1 GG, welcher auch Ungeborene erfasse[86]. Die zuvor bemühte Auslegung ergibt jedoch, dass kein Schluss daraus möglich ist. Ebenso lässt die systematische Auslegung keine Erkenntnis zu. Dasselbe gilt bei dem historischen Argument. Die Debatte der Abgeordneten führte im Ergebnis nicht zum Schutz der Leibesfrucht, sodass die Auslegung sogar eher gegen einen Schutz spricht. Überdies folgt aus dem Telos kein Schluss auf den Schutz Ungeborener. Gleichwohl wird vorgetragen, dieser begründe eine umfassende Schutzfunktion und somit den Schutz Ungeborener[87]. Der Schutzbereich bedürfte einer weiten Auslegung, um die Schutzpositionen effektiv zu schützen. Das Argument der weiten Auslegung des Schutzbereiches aus Gründen der Grundrechtseffektivität ist jedoch verfehlt[88]. Zum einen ergibt sich aus einer weiten Auslegung kein exakter Zeitpunkt des Beginns des Lebensrechts. Zudem ist das Argument inhaltslos. Es bietet für die strittige Frage keine konkrete Auslegungshilfe. Ferner ist das Argument maßlos. Es könnte immer wieder erfolgreich vorgetragen werden ohne inhaltliche Konkretisierungen zu enthalten. Selbst berechtigen Zweifeln könnte das Argument entgegengehalten werden, da der Telos eines Grundrechts bei der Auslegung stets zu beachten ist. Argumentationen über weite Auslegungen aus Gründen der teleologischen

84 Dazu und im Folgenden *Dederer*, AöR 2002, 1, 14 f., 16; *Haßmann*, Embryonenschutz, S. 94 f., 102 f.; Maunz/Düring, GG-KO-*Di Fabio*, Art. 2 II Rz. 25; Sachs, GG-KO-*Murswiek*, Art. 2 Rz. 145a.

85 v. Mangold/Klein/Stark, GG-KO-*Starck*, Art. 2 II Rz. 189.

86 Dazu und im Folgenden BVerfGE 39, 1, 37.

87 Dazu und im Folgenden BVerfGE 39, 1, 37.

88 *Merkel* hält das Argument ebenso für untauglich, begründet dies aber mit der zeitlichen Reihenfolge. Zuerst müsse die Auslegung zu einem Ergebnis führen und dann könne ein Grundrecht weit ausgelegt werden, Forschungsobjekt Embryo, S. 33 f.

Grundrechtseffektivität können kaum entkräftet werden. Insoweit ist die Argumentation maßlos und abzulehnen.

b) Kontinuitätsargument

Durch eine kontextuelle Auslegung versucht das BVerfG seine Argumentation zu stärken. Dazu stützt das BVerfG seine Entscheidungen auf das Kontinuitätsargument[89]. Ab der Nidation bestünde nämlich ein kontinuierlicher Entwicklungsprozess, welcher keine genaue Abgrenzung der Entwicklungsstufen zulasse. Die Entwicklung sei nicht mit der Geburt vollendet, das Bewusstsein würde bspw. erst postnatal gebildet. Da die Entwicklung vor und nach der Geburt nicht abgeschlossen sei, könne kein Unterschied zwischen diesen Stadien gemacht werden. Eine Aufteilung sei willkürlich und die Nidation stelle den Beginn der nicht abgrenzbaren Entwicklung dar, sodass auf diese abzustellen sei.

Jedoch ist bereits die Grundannahme, dass der biologische Prozess keine festen Einschnitte vorweise, nicht korrekt. Biologisch kann zwischen dem Eindringen des Spermiums in die Eizelle, dem Vorkernstadium, der Kernverschmelzung, Nidation, Implantation und den weiteren Errungenschaften während der Schwangerschaft unterschieden werden[90]. Eine Aufteilung ist demnach nicht willkürlich.

Zudem ist die gesamte embryonale Entwicklung stets ein kontinuierlicher Vorgang. Nach der Geburt entwickeln sich Neugeborene in ihren biologischen Fähigkeiten ebenso fort. Zudem gibt es im Leben einen Wendepunkt in der Entwicklung, ab dem sich die körperlichen Funktionen bis zum Tod zurückbilden. Selbst nach diesem findet im Verwesungsstadium eine kontinuierliche Entwicklung bis zur Zersetzung statt. Somit ist das gesamte menschliche Leben durch eine kontinuierliche Entwicklung geprägt. Überdies beginnt die kontinuierliche Entwicklung früher als zum Zeitpunkt der Nidation. Betrachtet man den Vorgang des Sexualaktes bis hin zur Befruchtung, dann sind diese schon kontinuierlich. Aus der kontinuierlichen Entwicklung ergibt sich aber keine Folge für den Beginn des Lebensschutzes. Von der Kontinuität einer Entwicklung lässt sich nicht auf einen Zeitpunkt schließen[91].

Darüber hinaus ist die biologische Entwicklung nur zum Teil kontinuierlich. Der Beginn der Befruchtung bis zur Nidation als Abschluss der Befruchtung ist etwa diskontinuierlich[92].

---

89 Dazu und im Folgenden BVerfGE 39, 1, 37; 88, 203, 251 f.

90 *Hinrichsen*, Humanembryologie, S. 78.

91 Ebenso *Merkel*, Früheuthanasie, S. 476; *Schroth* JZ 2002, 170, 176.

92 *Nüsslein-Vollhard*, Das Werden des Lebens, S. 190.

Das Argument ist letztlich nur eine zutreffende Feststellung naturwissenschaftlicher Vorgänge und enthält keine These zum Beginn des Lebensschutzes[93].

Das Kontinuitätsargument kann im Ergebnis daher nicht zur Begründung des Lebensschutzes herangezogen werden.

c) Identitätsargument

Zudem wird der Zeitpunkt der Nidation mit dem Identitätsargument begründet[94]. Ab der Nidation handele es sich „um individuelles, in seiner genetischen Identität und damit in seiner Einmaligkeit und Unverwechselbarkeit nicht mehr teilbares Leben, das sich nicht erst zum Menschen, sondern als Mensch entwickelt". Dieses nicht mehr teilbare Leben, sei mit dem später Geborenen identisch, sodass der Schutz des Art. 2 II 1 GG vor zu verlagern sei.

Das Identitätsargument beinhaltet allerdings einen Widerspruch bei eineiigen Zwillingen. Es setzt nämlich voraus, dass das Lebensrecht von unterschiedlicher Genetik abhänge. Wenn eine Zelle so weit entwickelt sei, dass erstmalig eine unverwechselbare, individuelle Genetik vorläge, dann beginne der Lebensschutz. Die Genetik von eineiigen Zwillingen ist aber identisch[95]. In der Konsequenz müsste das Lebensrecht infolgedessen für beide Geborenen versagt werden. Tatsächlich unterfallen eineiige Zwillinge jedoch unstrittig dem Schutzbereich des Art. 2 II 1 GG[96]. Somit kann der Beginn des Lebensschutzes nicht durch ein Abstellen auf die Genetik begründet werden[97].

Ferner widerspricht die Maßgeblichkeit der identischen Genetik dem entstehungsgeschichtlichen und teleologischen Charakter der Grundrechte als Abwehrgrundrechte zur Abkehr zu den Forderungen nach der „Vernichtung lebensunwerten Lebens". Das Grundgesetz betont nicht die genetische Identität, sondern den Schutz von Individuen besonders[98]. Nicht nur das Rechtsgut Leben, sondern fast alle Grundrechte zielen auf den Schutz von Individuen[99]. Grundrechte verbürgen gerichtlich durchsetzbare subjektive Rechte eines Individuums

---

93 Der moralische Status menschlicher Embryonen-*Damschken/Schönecker*, S. 214 f.

94 Dazu und im Folgenden BVerfGE 88, 203, 251 f.; v. Mangold/Klein/Stark, GG-KO-*Starck*, Art. 2 II Rz. 189.

95 Embryologie des Menschen-*Bergmann*, S. 91.

96 *Markl*, Schöner neuer Mensch?, S. 124.

97 Im Ergebnis ebenso *Müller-Terpitz*, Schutz des pränatalen Lebens, S. 253.

98 Dreier, GG-KO-*Dreier*, Vorb. Rz. 1, Art. 2 I Rz. 1.

99 Nach *Zaczyk*, Modernes Strafrecht und ultima-ratio-Prinzip, S. 121 f. ist der Sinn des Rechts, der Schutz des sich selbst bestimmenden Einzelnen.

als Auswirkung der Aufklärung[100]. Aus dem geschichtlichen Anlass leitet sich der besondere Schutz des Individuums ab. Gedanklich besteht eine Brücke über die Funktion der Grundrechte als Abwehrrechte zum Schutze von Individuen. Dies ist die einzige rechtsdogmatische Anknüpfungsmöglichkeit für die Begründung des Lebensschutzes. Die anderen Argumente beruhen auf einer kontextuellen Auslegung, denen diese Anknüpfung fehlt. Daher ist der Grundrechtsschutz auf den Zeitpunkt der Entstehung von Individuen zu erstrecken. Individuum meint ein Einzelwesen, ein einzelnes Lebewesen und das Unteilbare[101]. Es zeichnet sich durch seine Unverwechselbarkeit aus. Die DNA als Information über das Erbgut ist eine wichtige Komponente des Individuums. Die alleinige Bildung der DNA reicht jedoch nicht aus, um das Vorliegen eines Individuums zu erfüllen. Die genetische Erbinformation beinhaltet zwar das individuelle Wesensmerkmal des Unverwechselbaren, berührt aber nicht das Merkmal der Unteilbarkeit. Die Individualität muss jedoch zweifelsfrei feststehen. Insofern liegt bei der Bildung der DNA noch kein Individuum vor, sodass die Nidation nicht der entscheidende Zeitpunkt ist. Da noch kein Individuum vorliegt, widerspricht das Abstellen auf die genetische Identität dem Charakter der Grundrechte als Abwehrrechte.

Müller-Terpitz lehnt das Identitätsargument aus anderen Gründen ab. Wenn das Argument an biologische Kriterien anknüpfe, dann müsse der Begriff der identischen Genetik auch biologisch verstanden werden. Biologisch existiere trotz des Potenzials zur Mehrlingsbildung eine biologisch unverwechselbare und ungeteilte funktionelle Entität[102]. Dabei übersieht er, dass die Möglichkeit der Teilung der Zellen bis zur Individuation besteht[103]. Somit trifft bereits die Grundannahme der Kritik nicht zu, da die genetische Identität erst ab der Individuation feststeht.

Gleichwohl bleibt das Identitätsargument verfehlt. Selbst wenn die Grundannahme einer genetischen Identität zwischen Embryonen und Geborenen zuträfe, folgt daraus nämlich nicht, dass die Genetik der maßgebliche Punkt für die Anknüpfung an den Lebensschutz ist. Vielmehr führt das Abstellen auf die Genetik zu Problemen[104].

Gegen das Identitätsargument wird zudem der Einwand der Widersprüchlichkeit erhoben. *Schroth* führt an, dass Tote dieselbe Identität wie vorher Lebende

---

100 HStR IX-*Iseensee*, § 191 Rz. 12; Sachs, GG-KO-*Sachs*, Vor Art. 1 Rz. 39.

101 http://www.duden.de/rechtschreibung/Individuum (zuletzt aufgerufen am 30.03.2016); ebenso auf das Unteilbare abstellend Dreier, GG-KO-*Murswiek*, Art. 2 I Rz. 145a.

102 *Müller-Terpitz*, Schutz des pränatalen Lebens, S. 192.

103 *Hinrichsen*, Humanembryologie, S. 33.

104 Siehe B.I.4.c).

haben. Wenn die Identität entscheidend sei, dann müssten Tote, weil identisch, auch dem Lebensrecht unterstehen[105]. In dieser Konsequenz erscheint das Argument tatsächlich widersprüchlich. Allerdings ist der Einwand unzutreffend, da die Situation Ungeborener nicht mit der von Toten vergleichbar ist. Ein Toter ist unumkehrbar nicht mehr lebensfähig im Gegensatz zum werdenden Leben, sodass ein struktureller Unterschied zwischen den pränatalen und postmortalen Stadien besteht. *Schroth* betrachtet Umstände nach dem Lebensende, obwohl der Schutz des Lebensbeginnes begründet wird. Die Umstände nach dem Tod sind wegen der Divergenzen letztlich nicht übertragbar.

Die hiesige Replik steht nicht im Widerspruch zur Argumentation beim Kontinuitätsargument. Dort wird dieses unter anderen deswegen abgelehnt, weil auch nach dem Tod eine kontinuierliche Entwicklung vorliegt. Das jetzige Argument kritisiert, dass strukturellen Unterschiede verkannt werden und das andere Argument gegen das Kontinuitätsargument bezieht sich auf die kontinuierliche Entwicklung.

Zusammengefasst: Das Identitätsargument begründet keine für eine staatliche Handlungspflicht notwendige Schutzposition.

d) Potenzialitätsargument

Darüber hinaus bemüht das BVerfG das Potenzialitätsargument[106]. Die von Anfang an angelegten potenziellen menschlichen Fähigkeiten genügten, um die Menschenwürde zu begründen und das Potenzial bestünde ab der Nidation. Da Ungeborene später zu schützen sind, dürfe diesen nicht das Potenzial des späteren Schutzes vorenthalten werden[107]. Daher sei schon das Potenzial zur Entwicklung zum geschützten Rechtsobjekt schützenswert.

Das Argument leidet jedoch am selben Mangel wie das Kontinuitätsargument. Genauso wie das menschliche Leben stets eine Entwicklung ist, hat ein biologischer Vorgang stets Potenzial zur Fortentwicklung. Der Geschlechtsakt hat das Potenzial zur Imprägnation zu führen, diese zur Kernverschmelzung, vorgenannte zum Abschluss der Befruchtung, zur Geburt und Neugeborene haben das Potenzial erwachsen zu werden[108]. Das reine Potenzial zur Entwicklung besteht folglich

---

105 *Schroth*, JZ 2002, 170, 176.

106 Dazu und im Folgenden BVerfGE 39, 1, 41.

107 BVerfGE 39, 1, 41; dargestellt in Der moralische Status menschlicher Embryonen-*Damschken/Schönecker*, S. 5.

108 Ähnlich *Joerden*, JuS 2003, 1051, 1051.

immer. Alleine daraus lässt sich jedoch kein Schluss auf den Zeitpunkt des Lebensbeginns folgern.

Die grundlegende Überlegung trifft indes zu. Den Schutz von einem geschützten Rechtsgut auf die Vorstufe zu erstrecken, weil diesem das Entwicklungspotenzial des späteren Rechtsguts innewohnt, überzeugt. Das bloße Potenzial alleine reicht jedoch nicht aus, da es die Gefahr des Grenzenlosen impliziert. Ansonsten müsste jeder Zustand mit dem kleinsten Potenzial geschützt werden. Ein Potenzial besteht indes fast immer. Insoweit würde der Schutzbereich grenzenlos gesprengt. Im Fall der Lebensbegründung müssten nach dem Argument bereits Millionen Spermien dem Lebensschutz unterfallen. So bestehen beim Geschlechtsakt etwa 200–600 Millionen Spermien, von denen nur 300–600 die Eizelle zur Befruchtung erreichen[109]. Nur 1 % der Spermien, die die Eizelle erreichen, treten in die Gebärmutter ein[110] und nur jede dritte Eizelle erreicht überhaupt die Nidation[111]. Zudem wird die Grenzenlosigkeit dadurch verstärkt, dass einer potenziellen Position das gleiche Recht wie einer schon bestehenden Position eingeräumt wird. Jedoch haben potenziell Geschützte ansonsten auch in sonstigen Situationen nicht die gleichen Rechte wie Geschützte. Bspw. hat ein Kronprinz nicht die Rechte wie ein König oder ein Minderjähriger hat kein aktives Wahlrecht[112]. Daraus folgt somit keine eigene Schutzposition.

Selbst wenn das Potenzialitätsargument in seiner Grundform zuträfe, folgt daraus kein eindeutiges Abstellen auf einen Zeitpunkt für den Beginn des Lebensschutzes.

Zudem widerspricht das Potenzialitätsargument letztlich dem entstehungsgeschichtlichen und teleologischen Charakter der Grundrechte als Abwehrgrundrechte zur Abkehr zu den Forderungen nach der „Vernichtung lebensunwerten Lebens“, da es den besonderen Schutz des Individuums nicht beachtet. Im Ergebnis überzeugt das Potenzialitätsargument mithin nicht.

---

109 *Bommas-Ebert/Teubner/Voß*, Anatomie, S. 34.

110 *Sadler*, Medizinische Embryologie, S. 50.

111 *Hinrichsen*, Humanembryologie, S. 32; *Issensee*, FS Hollerbach, S. 243, 252.

112 Ebenso Der moralische Status menschlicher Embryonen-*Schöne-Seifert*, S. 175; Medizin und Ethik-*Singer*, S. 155.

e) *Argument der natürlichen Selektion*

Zudem wird in der Literatur das Argument der natürlichen Selektion für die Nidation bemüht[113]. Dieses besagt, dass ab der Nidation eine höhere statistische Überlebenswahrscheinlichkeit bestünde, sodass Embryonen schützenswert seien. Die Nidation reduziere das Verlustrisiko Ungeborener im ersten Schwangerschaftsdrittel von knapp 75 % auf 10 %. Die Schwangerschaft führe nun im Regelfall zur Geburt. Daher beginne der Lebensschutz des Art. 2 II 1 GG ab der Nidation.

Das Argument ist eine andere Formulierung des Potenzialitätsarguments, indem es eine höhere statistische Überlebenswahrscheinlichkeit betont. Die Grundannahme trifft aus den gleichen Gründen wie oben nicht zu[114].

Müller-Terpitz untersucht einen weiteren Aspekt. Er hinterfragt, ob aus der höheren statistischen Überlebenswahrscheinlichkeit der Beginn des Lebensschutzes folgt, da der Wortlaut des Art. 2 II 1 GG keine erhöhte statistische Überlebenswahrscheinlichkeit voraussetze[115]. Die Aussage *Müller-Terpitz's* trifft zu; tatsächlich setzt der Wortlaut diese nicht voraus. Gleichwohl ist in der Debatte von Vorneherein klar, dass der Wortlaut spärlich ist. Daraus zu folgern, dass die Statistik nicht maßgeblich sein kann, überzeugt nicht und widerlegt nicht das Argument der natürlichen Selektion.

Jedoch ist das Argument aus anderen Gründen zweifelhaft. Es würde in der Konsequenz Neugeborene mit marginalen Überlebenschancen nicht schützen, obwohl solche Neugeborene als natürliche Personen unstrittig dem Lebensgrundrecht unterfallen[116]. Infolgedessen können statistische Werte nicht entscheidend sein, da Neugeborenen ansonsten ebenso das Lebensrecht versagt bleiben müsste, was jedoch nicht der Fall ist.

Das Argument ist endgültig zu verwerfen, da es die Stellung des Individuums nicht berücksichtigt[117].

Somit überzeugt das Argument der natürlichen Selektion nicht.

---

113 Dazu und im Folgenden Maunz/Düring, GG-KO-*Di Fabio*, Art. 2 II Rz. 25; Sachs, GG-KO-*Murswiek*, Art. 2 Rz. 145a.

114 Siehe B.I.4.d).

115 *Müller-Terpitz*, Schutz des pränatalen Lebens, S. 202.

116 Schmidt/Bleibtreu, GG-KO-*Hofmann*, Art. 2 Rz. 3; v. Mangold/Klein/Stark, GG-KO-*Starck*, Art. 2 I Rz. 43 m.w.N.

117 Siehe B.I.1.d).

f) Argument der biologischen Unabhängigkeit

Nach anderen beruht das Abstellen auf die Nidation auf einer biologischen Unabhängigkeit. Ab der Nidation besäßen Embryonen ein autonomes Entwicklungspotenzial, sodass sie nicht mehr biologisch abhängig seien. Daraus folge der Beginn des Schutzes[118].

Dabei trifft der Begriff des autonomen Entwicklungspotenzials bereits nicht auf die Nidation zu. Schon ein Samen hat ein solches. Autonom meint unabhängig, eigenständig und selbstständig[119]. Selbstständigkeit ist die Unabhängigkeit von äußeren Eingriffen Dritter[120]. Die Vorgänge vor der Nidation laufen etwa ohne äußere Steuerung ab, sodass auch sie autonom sind, etwa die Imprägnation, das Bilden der Vorkerne und die Verschmelzung der Kerne. Daher ergibt sich durch die Einnistung keine qualitative Änderung der autonomen Entwicklung. Zudem wird das autonome Element mit dem Element des Entwicklungspotenzials vorgetragen. Allerdings folgt aus dem Entwicklungspotenzial keine Schutzposition[121].

Überdies sind Embryonen biologisch nur zum Teil unabhängig. Sie sind zwar nicht auf eine äußere Steuerung in dem Sinne, dass Dritte eingreifen müssten angewiesen, wohl aber auf eine Entwicklung in Schwangeren. Zudem sind sie weiterhin physisch mit Schwangeren verbunden. Ohne die Mithilfe der körperlichen Funktionen der Schwangeren könnten sie sich kaum weiter entwickeln[122]. Das werdende Leben ist von seiner Existenz unteilbar an Schwangere geknüpft – mit dem BVerfG metaphorisch eine „Zweiheit in Einheit“[123]. Grundsätzlich sind Embryonen frühestens ab der 28. Schwangerschaftswoche außerhalb des Mutterleibes überlebensfähig[124]. Mithin sind sie nicht biologisch unabhängig.

Darüber hinaus leitet sich aus dem Umstand, dass ein autonomes Entwicklungspotenzial besteht, kein Zeitpunkt für den Beginn des Lebensschutzes ab. Die Formulierung des autonomen Entwicklungspotenzials beinhaltet das gleiche Argument wie das Potenzialitätsargument. Das alleine reicht jedoch nicht

---

118 *Dederer*, AöR 2002, 1, 14 f., 16; *Haßmann*, Embryonenschutz, S. 94 f., 102 f.; Sachs, GG-KO-*Murswiek*, Art. 2 145a.

119 http://www.duden.de/rechtschreibung/autonom (zuletzt aufgerufen am 22.07.2017).

120 http://www.duden.de/rechtschreibung/selbststaendig (zuletzt aufgerufen am 22.07.2017).

121 Siehe B.I.4.b).

122 Die Überlebensfähigkeit bei Frühgeburten kann erst ab der 28. Schwangerschaftswoche bestehen, BZgA, Alkohol in der Schwangerschaft, S. 52.

123 So die bildhafte Formulierung des BVerfG in BVerfGE 88, 203, 253.

124 *Sadler*, Medizinische Embryologie, S. 125.

zur Begründung des Beginns des Lebensschutzes aus[125]. Letztlich ist das Argument der biologischen Abhängigkeit verfehlt.

Ergebnis zur Rechtsprechung des BVerfG und Teilen der Literatur – Beginn des Lebensschutzes ab der Nidation:

Die Argumentation des BVerfG und der Literatur zum Beginn des Lebensschutzes zum Zeitpunkt der Nidation verfängt nicht. Weder der Wortlaut, die Systematik, die Historie oder der Telos streiten für ein Abstellen auf den Zeitpunkt der Nidation. Das Kontinuitäts-, Identitäts- sowie das Potenzialitätsargument überzeugen ebenso nicht wie die Argumente der natürlichen Selektion sowie biologischen Unabhängigkeit.

5. Kern der Debatte – Grundgedanken zum Beginn des Lebensschutzes

Aus der vorstehenden Untersuchung ergibt sich, dass die Nidation nicht der richtige Zeitpunkt für den Beginn des Lebensschutzes ist. Die Debatte muss im Ergebnis aber zur Festlegung eines bestimmten Zeitpunkts führen. Da das exakte Festlegen eines Zeitpunkts für die Praxis immens wichtig ist – wie könnte anders Rechtssicherheit erreicht werden? –, ist im Ergebnis ein bestimmter Zeitpunkt für den Beginn des Lebensschutzes zu entwickeln. Die Festlegung eines exakten Zeitpunkts kann jedoch nur aus bestimmten Grundgedanken abgeleitet werden. Die divergierenden Zeitpunkte sind letztlich lediglich Konsequenz unterschiedlicher Grundgedanken. Der Kern der Debatte wurzelt daher tiefer. Konträr zueinander lassen sich interessensgeleitete, soziologisch-orientierte, objektiv-rechtlichte und biologisch-medizinische Grundgedanken zum Beginn des Lebensschutzes differenzieren. Um im Ergebnis einen maßgeblichen Zeitpunkt für den Beginn des Lebensschutzes entwickeln zu können, müssen zunächst diese Grundgedanken untersucht werden. An die Grundgedanken anknüpfend wird anschließend untersucht, ob sich aus diesen ein maßgeblicher Zeitpunkt folgern lässt.

a) *Interessensorientierte Ansätze*

Der Schutz der Leibesfrucht wird aus interessensorientierten Ansätzen teils bejaht und teils verneint. Interessensorientiert argumentieren hauptsächlich *Hoerster* und *Merkel*.

---

125 Siehe B.I.4.d).

Letzterer bemüht eine Argumentation, wonach subjektive Rechte subjektive Schutzinteressen voraussetzen würden[126]. Grund dafür sei der Unterschied zwischen Menschen und anderen Lebenswesen durch empfindsame Eigenschaften. Nur Menschen könnten empfinden. Zum anderen ergebe sich das subjektive Kriterium aus einem Vergleich mit Hirntoten. Obwohl diese biologisch noch leben, bestünde bei einer Organentnahme kein moralischer Vorwurf, da ein Verletzungsinteresse fehle. Daraus zeige sich die Notwendigkeit eines Interesses am Lebensschutz als Voraussetzung für subjektive Rechte[127]. Das Schutzinteresse wiederum setze eine subjektive Erlebens- und Empfindungsfähigkeit, das „Ichbewusstsein" voraus[128]. Vereinfacht: Subjektive Rechte bestünden nur bei subjektiven Schutzinteresse und dieses setze Erlebensfähigkeit voraus. Frühe Embryonen hingegen seien erlebensunfähig, also bestünde kein Schutzinteresse, ergo kein Lebensschutz[129]. Dabei versagen die Ausführungen Embryonen nicht generell das Lebensrecht, sondern beziehen sich nur auf *frühe* Embryonen[130].

Der andere maßgebende Vertreter der interessensorientierten Ansätze, *Nobert Hoerster*, argumentiert ähnlich. Nach ihm setze das Lebensrecht ein subjektives Interesse am Leben voraus. Dieses Interesse verlange wiederum die Fähigkeit zum „Ichbewusstsein". Embryonen fehle diese Fähigkeit[131], sodass sie kein Überlebensinteresse, ergo kein Lebensrecht hätten[132].

Die Kriterien des „Ichbewusstseins" und der Erlebens- und Empfindungsfähigkeit sind allerdings wegen mangelnder Rechtssicherheit problematisch. Die Bestimmung des Vorliegens des „Ichbewusstseins" bereitet ebenso Schwierigkeiten wie die Bestimmung der Erlebens- und Empfindungsfähigkeit. Die Begriffe sind Wortschöpfungen, wobei das medizinische Vorliegen im konkreten Fall nicht klar nachweisbar ist[133]. Überdies können sie bei jedem Individuum zu unterschiedlichen Zeitpunkten bestehen. Ferner fehlt ihnen eine äußerliche Manifestation, sodass Dritte den Zeitpunkt des Lebensschutzes nicht erkennen können. Dieser Zeitpunkt bedarf aber einer erkennbaren Grenze, da sonst eine

126 Dazu und im Folgenden *Merkel,* Früheuthanasie, S. 444.

127 *Merkel*, Forschungsobjekt Embryo, S. 137.

128 *Ebenda*, S. 135 f., 139; ders. S. 447, 461 f.

129 Ebenso *Merkel*, Forschungsobjekt Embryo, S. 137 f., 139 f.

130 Hervorhebung durch den Verfasser.

131 *Hoerster*, Abtreibung, S. 80, 144; *ders*., Neugeborene, S. 14.

132 *Hoerster*, Abtreibung, S. 100; *ders*., Neugeborene, S. 12; *Merkel,* FS Müller-Dietz, S. 493, 512.

133 Zu den medizinischen Unklarheiten *Wissenschaftlicher Beirat BÄK*, DÄ 1991, 4157, 4165.

Missbrauchsgefahr droht. Damit einher geht eine schleichende Verschiebung der Lebensgrenze. Das Lebensrecht wäre immer mehr einer Entwertung ausgesetzt.

Ferner ist die Ansicht in ihrer Konsequenz widersprüchlich. Nach *Hoerster* müsste die Fähigkeit zum „Ichbewusstsein" vorliegen, damit das Lebensrecht begründet werden kann. Da Neugeborenen jedenfalls bereits die Fähigkeit zur bewussten Wahrnehmung von Schmerzen fehlt[134], also daher auch zur bewussten Wahrnehmung des Erlebens, müsste der Lebensschutz Neugeborener konsequenterweise verneint werden. Dieser wird allerdings unstrittig anerkannt.

Hoerster weist selbst auf den Widerspruch hin[135]. Diesen bemerkend, datiert er den Schutzbeginn auf die Geburt zurück, da Neugeborene zumindest kurzfristige Überlebensinteressen besäßen. Der andere Teil der Begründung überrascht: Die Geburt sei wegen der äußeren *Erkennbarkeit* als manifestierender Akt maßgeblich[136]. Unbewusst betont er damit einen Nachteil der interessensorientierten Ansätze: das Abstellen auf diese ist nicht rechtssicher. Die biologischen Ansätze vermögen der Rechtssicherheit hingegen mehr zu dienen, da sie sich durch nach außen klar erkennbare Vorgänge auszeichnen[137].

Ferner sind die interessengeleiteten Ansätze widersprüchlich in Bezug auf Menschen, die kein Interesse mehr am Weiterleben haben. Beispielsweise haben Geistes-, Todkranke oder anenzephale Kinder[138] ein solches Interesse zum Teil nicht mehr. Konsequenterweise müsste der Lebensschutz nun verneint werden, da sie kein Überlebungsinteresse haben. Der Staat könnte sie töten, ohne Art. 2 II 1 GG zu verletzten. Dabei ist aber unstrittig, dass Geistes- oder Todkranke dem Schutz des Art. 2 II 1 GG unterfallen[139].

Zudem ist der Verweis auf die fehlende Fähigkeit zur Selbstbestimmung von Embryonen nicht zielführend. Einem geistig-behinderten, komatösen oder sterbenskranken Geborenen kommt der Schutz des Art. 2 II 1 GG unstrittig zu Gute[140], obwohl ihnen die Fähigkeit zur Selbstbestimmung ebenso fehlt. Embryonen müssen im Vergleich auch geschützt sein. *Merkel* begegnet dem, indem

---

134 *Wissenschaftlichen Beirat BÄK*, DÄ 1991, 4157, 4165.

135 Dazu und im Folgenden *Hoerster*, Neugeborene, S. 14; *ders.*, Abtreibung, S. 80, 144.

136 Hervorhebungen durch den Verfasser; *Hoerster*, Neugeborene, S. 16, 22 ff., 25 f.

137 Siehe B.I.5.d).

138 Geborene mit einer geöffneten Schädeldecke, die meist wenige Tage nach der Geburt versterben, Spickhoff-*Spickhoff*, § 1 BGB Rz. 9.

139 Schmidt/Bleibtreu, GG-KO-*Hofmann*, Art. 2 Rz. 3; v. Mangold/Klein/Stark, GG-KO-*Starck*, Art. 2 I Rz. 43 m.w.N.

140 Schmidt/Bleibtreu, GG-KO-*Hofmann*, Art. 2 Rz. 3; v. Mangold/Klein/Stark, GG-KO-*Starck*, Art. 2 I Rz. 43 m.w.N.

er die Konsequenz der Schutzlosigkeit verneint. Trotz mangelnden Überlebensinteresses würden Todkranke dem Lebensschutz unterfallen, da alle einmal geborenen Menschen den gleichen Schutz genießen würden[141]. Zudem korrigiert er den Begriff der Erlebensfähigkeit in eine potenzielle Erlebensfähigkeit. Diese müsse nicht aktuell ausgeübt werden, sodass Todkranke diese besäßen[142]. Der Ansatz ist freilich zweifelhaft, da Todkranke möglicherweise keine potenzielle Erlebensfähigkeit besitzen. Todkranke sind unumkehrbar krank, d.h. teilweise auch potenziell nicht mehr in der Lage, etwas zu erleben. Zuzustimmen ist *Merkel* insoweit, dass ein Unterschied zwischen Embryonen und Geborenen besteht, da erstere nie eine Erlebensfähigkeit besessen haben.

Ferner darf bezweifelt werden, ob Embryonen tatsächlich kein subjektives Schutzinteresse haben. So reagieren sie etwa auf akustische oder sensorische Erlebnisse[143]. Wenn der Bauch Schwangerer berührt wird, sind embryonale Bewegungen spürbar[144]. Zumindest fortgeschrittene Embryonen haben ein unbewusstes Schutzinteresse[145], welches sie nur nicht hörbar äußern können. Menschen, die ihr Interesse nicht so äußern können, kann nicht deswegen das Lebensrecht abgesprochen werden. Anderenfalls würden Widersprüche zu Kranken, Behinderten und aktuell nicht äußerungsfähigen Menschen bestehen.

Gegen den Interessenansatz spricht im Übrigen ein Denkspiel aus dem Haushaltsalltag. Ein Eigentümer vergisst oder verlegt einen Gegenstand zu Hause. Er hat aktuell kein Schutzinteresse und wird es auch künftig nicht mehr haben. Wenn ein Dritter den Gegenstand zerstört, dann besteht trotzdem der Schutz des Art. 14 I GG, da dieser auch das Recht, den Eigentumsgegenstand nicht zu nutzen oder nicht darüber zu verfügen schützt[146]. Daher setzt ein subjektives Recht oder ein Schutz durch ein Recht kein Schutzinteresse voraus.

---

141 *Merkel*, FS Müller-Dietz, 2001, S. 493, 515, 518 f.

142 *Merkel*, Forschungsobjekt Embryo, S. 138.

143 *Wissenschaftlicher Beirat BÄK*, DÄ 1991, 4157, 4165.

144 Kindsbewegungen werden ab dem 5. Schwangerschaftsmonat deutlich wahrgenommen, *Salder*, Medizinische Embryologie, S. 123 f.

145 *Wagner-Westerhausen*, ZFME 2008, 6, 11; nach dem *Wissenschaftlichen Beirat BÄK*, DÄ 1991, 4157, 4165 ist bei der Schmerzempfindung von Embryonen nach verschiedenen Stadien zu differenzieren. Vor der 8. SSW kann das Schmerzempfinden mit an Sicherheit grenzender Wahrscheinlichkeit ausgeschlossen werden. Spätestens ab der 28. SSW liegt das Schmerzempfinden mit an Sicherheit grenzender Wahrscheinlichkeit vor.

146 Jarass/Pieroth, GG-KO-*Jarass*, Art. 14 Rz. 16.

Zudem überzeugt die Begründung *Merkels* nicht vollumfänglich. Er stellt wegen des Unterschieds zwischen Menschen und Tieren auf Interessen ab[147]. Allerdings haben Tiere jedoch genauso ein Schutzinteresse. Beispielsweise würde ein Hund bei Angriffen gegen ihn aufjaulen oder selbst angreifen.

Letztlich verbietet der Anlass der Entstehung des Grundrechts das Abstellen auf vorherige Ansätze. Das Lebensrecht ist in Abkehr zu der totalitären Schreckensherrschaft der Nationalsozialisten entstanden. Der „Vernichtung lebensunwerten Lebens" sollte eine endgültige und eindeutige Absage erteilt werden[148]. Das „Dritte Reich" vermochte seinen Schrecken unter anderem durch willkürliche Entscheidungen verbreiten. Kennzeichnend und erschreckend war der Umstand, dass das Lebensrecht in Hände Dritter gelegt wurde. Künftig sollte das Grundrecht willkürliche, von Dritten abhängige Entscheidungen verhindern. Die interessensorientierten Ansätze können sich indes nicht von einer gewissen Willkür freizeichnen. Die Feststellung des Überlebensinteresses und der Empfindsamkeit erfolgt durch subjektive Einschätzungen Dritter und nicht anhand von objektiven Kriterien. Somit wäre der Beginn des Grundrechtsschutzes nicht klar festgelegt und durch subjektive Entscheidungen geprägt und so auch verschiebbar. Der Grundrechtsschutz wäre wiederum in Hände Dritter gelegt. Daraus folgen erhebliche Missbrauchsgefahren, die durch das Grundrecht verhindert werden sollten. Durch eine Fremdbestimmungsmöglichkeit Dritter wird der entstehungsgeschichtliche Telos konterkariert[149].

Zusammengefasst: Die interessensorientierten Ansätze überzeugen nicht[150], sodass sich daraus auch keine für die staatliche Handlungspflicht notwendige Schutzposition folgern lässt.

b) Soziologische Ansätze

Zudem wird der Beginn des Lebensschutzes aus soziologischen Ansätzen gefolgert. Danach beginne das Lebensrecht mit einem Aufnahmeakt in die Gesellschaft[151]. Begründet wird dies mit den verfassungsrechtlichen Rechtssätzen,

---

147 *Merkel,* Früheuthanasie, S. 444.

148 v. Mangold/Klein/Stark, GG-KO-*Starck*, Art. 2 II Rz. 189.

149 Die besondere Bedeutung der Freiheit von Willkür für die Entstehung des Lebens mit Verweis auf *Hobbes* hervorhebend etwa *Kubiciel*, NStZ 2013, 382, 384. *Kubiciel* positioniert sich dabei nicht ausdrücklich für eine der Kernauffassungen, sondern deutet lediglich an, dass dem Kriterium der Willkürfreiheit eine entscheidende Rolle zukomme.

150 Ebenso *Müller-Terpitz,* Schutz des pränatalen Lebens, S. 222.

151 Dazu und im Folgenden *Rüpke,* ZPR 1974, 73, 74 f.

welche eine gesellschaftliche Schöpfung seien. Daraus folge, dass die Auslegung der Verfassung anhand gesellschaftlicher und sozialer Kriterien zu erfolgen habe.

Das Kriterium des Aufnahmeaktes ist ebenso rechtsunsicher. Bereits die wörtliche Auslegung bereitet Schwierigkeiten. Unter einem Aufnahmeakt könnten die Geburt, als auch die ersten Worte des Kindes oder auch die erste Nacht zu Hause nach dem Krankenhausaufenthalt verstanden werden. Nur anhand der weiteren Erläuterungen wird deutlich, dass die Geburt gemeint ist. Ferner ist der Zeitpunkt des Aufnahmeaktes nicht klar bestimmbar und führt zu subjektiven Einschätzungen Einzelner[152]. Daher steht den soziologischen Ansätzen der entstehungsgeschichtliche Telos des Art. 2 II 1 GG entgegen. Der soziologische Ansatz ist ebenso ein Einfallstor für willkürliche, subjektive Drittentscheidungen, sodass der Anlass der Entstehung des Lebensrechts konterkariert würde.

Zudem ist der Ansatz nicht zeitgemäß. Schon während der Schwangerschaft zeigt sich die soziale Bedeutung der später Geborenen. Der Schwangerschaftsprozess kann heute durch Ultraschallbilder sowie andere Untersuchungen sichtbar werden, sodass bereits eine Integration in die Gesellschaft erfolgen kann. Üblicherweise zeigen Schwangere ihre Ultraschallbilder und sorgen bereits für gesellschaftliche Akzeptanz. Die soziale Aufnahme wird durch die Mitteilungsmöglichkeit des Geschlechts sowie von Krankheiten und der Namensfestlegung bereits während der Schwangerschaft verstärkt. *Rüpke* erkennt dies selbst und hält dagegen, dass die Geburt ein für alle feststellbares äußerliches Ereignis sei, welche die vorherige alleinige innere Mutter-Kind-Beziehung überwinde[153]. Die Begründung überrascht, da er den Einwänden letztlich mit einem für die biologische Ansicht sprechenden Argument entgegnet. Das Abstellen auf ein für alle *feststellbares* äußerliches Ereignis, ergo objektive Maßstäbe, ist rechtssicherer. Somit führt er selbst das entscheidende Argument gegen die soziologischen Ansätze an.

Überdies begründet die Verfassung Schutzpositionen in der Regel nicht soziologisch. Im systematischen Vergleich sind Grundrechte an keiner anderen Stelle von sozialer Aufnahme abhängig. Lediglich bei der Eröffnung des Schutzbereiches des Art. 12 I GG ist strittig, ob eine sozial- oder gemeinschädliche Tätigkeit diesem unterfällt[154]. Ein Abstellen auf soziale Anerkennung bei Art. 2 II 1 GG wäre ein Einfallstor für rechtsstaatswidrigen Missbrauch, Fremdbestimmung

---

152 Ebenso HStR IX-*Müller-Terpitz*, § 147 Rz. 19; *ders.*, Schutz des pränatalen Lebens, S. 148.

153 *Rüpke*, ZPR 1974, 73, 75.

154 Offenlassend BVerfGE 117, 126, 137; Jarass/Pieroth, GG-KO-*Jarass*, Art. 12 Rz. 8; Dreier, GG-KO-*Wieland*, Art. 13 Rz. 43.

und Willkür. Sozial weniger akzeptierte, gerade besonders schutzwürdige Persönlichkeiten würden umso schutzloser sein. Das Lebensrecht würde von Stimmungslagen der Gesellschaft abhängig sein. Der historische Vergleich zum Nationalsozialismus zeigt, dass das Überleben der jüdischen Minderheit nicht von der sozialen Aufnahme gedeckt war und welche Folgen dies hatte. Infolge der Abhängigkeit von sozialer Anerkennung wäre die Versagung des Lebensrechts für Minderheiten die Konsequenz, ergo eine völlige Schutzlosigkeit. Das Kriterium eröffnet daher ein politisches Machtinstrument, vermöge dessen man unliebsame Gegner und Minderheiten beseitigen kann. Somit ist der soziologische Ansatz im Ergebnis abzulehnen. Daher ergibt sich aus ihnen ebenso keine für die staatliche Handlungspflicht notwendige Schutzposition.

c) *Objektiv-rechtliche Ansätze*

Darüber hinaus wird der Schutz der Leibesfrucht aus objektiv-rechtlichen Ansätzen gefolgert. Unter Bezugnahme auf das Lüth-Urteil des BVerfG[155] wirke die im Lebensrecht verkörperte objektive Werteentscheidung des Lebensgrundrechts auf die subjektive Bestimmung des Grundrechtsträgers vor bzw. ausstrahlt[156].

Zunächst fällt auf, dass die Ansätze nur eine abstrakte Formel umschreiben. Unklar bleibt, wie von dieser auf einen bestimmten Zeitpunkt geschlossen werden kann. Unklar bleibt überdies, ab welchen Zeitpunkt das Lebensrecht beginnen soll.

Gleichwohl könnte für diese Ansätze eine parallele Anerkennung einer Nachwirkung des postmortalen Persönlichkeitsrechtes streiten[157]. Dieses wird aus Art. 2 I i.V.m. Art 1 I GG abgeleitet. Danach wirkt das Grundrecht nach dem physischen Ende des Lebens nach dem Tode fort. Wenn das Persönlichkeitsrecht nach dem Tode fortwirkt, könnte es ebenso auf den Zeitraum vor der Geburt vorwirken. Der Grund für das postmortale Persönlichkeitsrecht ist indes das Fortwirken der im Leben entstanden Persönlichkeit und ein würdiger Umgang mit dem Lebenswerk[158]. Jedoch haben Ungeborene vor der Geburt weder eine Persönlichkeit gebildet noch eine Lebensleistung vollbracht, sodass der Grund des Schutzes nicht übertragbar ist. Somit ist kein Schluss von einer postmortalen Nachwirkung auf eine pränatale Vorwirkung möglich.

Ferner ist zu bemängeln, dass die Ansätze den objektiv-rechtlichen Gehalt eines Grundrechts mit dem konkreten verwechseln. Ob das Leben ab wann geschützt

---

155 BVerfGE 7, 198, 205.

156 *Dederer*, AöR 2002, 1, 7 ff.; *Jerouscheck*, JZ 1989, 279, 284 f.

157 Dazu und im Folgenden BVerfGE 30, 173, 194.

158 Dreier, GG-KO-*Dreier*, Art. 1 I Rz. 75 ff.

wird, ist eine Frage des Schutzbereiches, die chronologisch zuerst zu lösen ist, bevor sich nachfolgend der objektive Gehalt auf eine subjektive Frage auswirken kann[159]. Der objektiv-rechtliche Gehalt eines Grundrechtes kann sich demnach erst auswirken, wenn der persönliche und sachliche Schutzbereich feststeht.

Zudem verkennen die Ansätze den Grundgedanken der Grundrechte. Primär sind sie Abwehrrechte eines Individuums gegen den Staat, sodass sie auf konkrete subjektive Rechtspositionen abzielen. Der objektiv-rechtliche Schutzgehalt strahlt jedoch nur die objektive Wirkung des Grundrechts aus und verkennt den subjektiven Schutz des Individuums. Zugleich missverstehen die Ansätze, dass Art. 2 II 1 GG nicht abstrakt menschliches Leben schützt, sondern konkret[160]. Folglich sind die objektiv-rechtlichen Ansätze letztlich abzulehnen. Im Ergebnis vermögen sie keine für die staatliche Handlungspflicht notwendige Schutzposition zu begründen.

d) Biologische Ansätze

Zudem wird der Schutz Ungeborener durch biologische Ansätze begründet[161]. Demnach bestünde der grundrechtliche Lebensschutz ab dem Zeitpunkt, ab dem biologisch-physisch Leben bestünde. Begründet wird dies damit, dass der Telos des Lebensrechts eine objektive Bestimmung des Grundrechtsschutzes verlange und die biologischen Ansätze die einzigen seien, denen keine subjektive Fremdbestimmung Dritter immanent sei[162].

Problematisch ist, dass auch diese im Ergebnis keine endgültige zeitliche Rechtssicherheit gewähren[163]. So schwanken schon die Zeitangaben der Nidation zwischen dem 6.[164], 6.–7.[165], 11.–12.[166] oder 14. Tag nach der Befruchtung[167].

---

159 So Ähnlich HStR IX-*Müller-Terpitz,* § 147 Rz. 20; *ders.*, Schutz des pränatalen Lebens, S. 153 ff.

160 *Müller-Terpitz,* Schutz des pränatalen Lebens, S. 153.

161 Siehe bspw. HStR IX-*Müller-Terpitz,* § 147 Rz. 16; *Isensee,* FS Hollerbach, 2001, S. 243, 252 f.; Der moralische Status menschlicher Embryonen-*Schockenhoff,* S. 11, 25; Dreier, GG-KO-*Schulze-Fielitz,* Art. 2 II Rz. 29. Vertiefend dazu die Fußnoten zu den jeweiligen biologischen Zeitpunkten.

162 *Müller-Terpitz,* Schutz des pränatalen Lebens, S. 242 f.

163 Diese Unsicherheit ähnlich kritisierend, obwohl er ein Vertreter dieser Auffassung ist, *Müller-Terpitz,* Schutz des pränatalen Lebens, S. 197, 200.

164 *Bommas-Ebert/Teubner/Voß,* Anatomie, S. 37.

165 Embryologie des Menschen-*Bergmann,* S. 69 ff.

166 *Sadler,* Medizinische Embryologie, S. 68.

167 *Hinrichsen,* Humanembryologie, S. 32.

Zugleich wird auf den Zeitpunkt der Hirnaktivität abgestellt[168]. Der Beginn der Hirnaktivität wird medizinisch ebenso kontrovers diskutiert[169] und verhindert damit eine eindeutige Bestimmung. Wenn die normative Frage des Beginns des Lebensschutzes gleichwohl an biologische Kriterien angeknüpft würde, diese aber zum Teil nicht einheitlich bewertet werden, dann wäre dies ebenso rechtsunsicher.

Die Frage nach dem Beginn des Lebensschutzes kann indes nicht offen bleiben. Eine notwendige Zensur muss gefunden werden. Auch wenn Probleme bei der medizinischen Bestimmung der Zeitpunkte bestehen, vermögen die biologischen Kriterien klarere und nachweisbarere Grenzen zu ziehen als die anderen Ansätze. Diese sind von noch größeren Zweifeln geprägt und abzulehnen. Die medizinischen Einschnitte sind für Forschende erkennbar[170]. Es ist ersichtlich, ob sich Zellen im Befruchtungsstadium befinden oder bereits in der Nidation. Am ehesten können Zeitpunkte daher durch biologische Kriterien gefunden werden. Trotzdem besteht durch die medizinischen Streitigkeiten letztlich eine gewisse Unsicherheit.

Jedoch drängt ein Aspekt trotz der Unklarheiten zur Anwendung biologischer Kriterien: der entstehungsgeschichtliche Telos. Das Grundrecht ist in Abkehr zu der totalitären Schreckensherrschaft der Nationalsozialisten entstanden[171]. Das „Dritte Reich" vermochte seinen Schrecken erst durch seine Willkür und Drittentscheidungsbefugnisse verbreiten. Zukünftig sollte das Grundrecht willkürliche, von Dritten abhängige Entscheidungen verhindern. Dieser Telos drängt dazu, das Lebensrecht aus Kriterien zu entwickeln, die frei von subjektiven Drittentscheidungen sind[172]. Die biologischen Kriterien sind die einzigen, denen keine subjektive Fremdbestimmung Dritter immanent ist[173]. Sie sind feststellbar und rechtssicherer als andere Kriterien. Welcher biologische Zeitpunkt sich als der treffendste manifestiert, ist zweitrangig und folgend zu untersuchen. Somit ist den biologischen Ansätzen grundsätzlich zuzustimmen. Daher bilden diese

---

168 *Joerden*, JuS 2003, 1051, 1053; Medizin und Ethik-*Sass*, S. 173, 181; andeutend *Spickhoff*, NJW 2003, 1701, 1710; *Wendtland*, Forschung mit menschlichen embryonalen Stammzellen, S. 139 ff., 195.

169 Am 32. Tag treten die Großhirnanlagen auf, die Hirnrinde bildet sich erstmals um den 54. Tag und synaptische Verschaltungen entstehen zwischen dem 70.–80. Tag, *Hinrichsen*, Humanembryologie, S. 33.

170 Dazu und im Folgenden etwa die Einteilung in verschiedene Stadien, siehe *Bommas-Ebert/Teubner/Voß*, Anatomie, S. 29 ff.

171 v. Mangold/Klein/Stark, GG-KO-*Starck*, Art. 2 II Rz. 189.

172 Ebenso HStR IX-*Müller-Terpitz*, § 147 Rz. 25.

173 Ebenso *Müller-Terpitz*, Schutz des pränatalen Lebens, S. 242 f.

die Grundlage, um eine für eine staatliche Handlungspflicht notwendige Schutzposition entwickeln zu können.

Ergebnis des Kerns der Debatte – Grundgedanken zum Beginn des Lebensschutzes:

Die Untersuchung der Kerndebatte ergibt, dass für die Bestimmung des Zeitpunktes des Beginns des Lebensschutzes auf biologische Kriterien abzustellen ist. Daher bilden diese die Grundlage, um eine für eine staatliche Handlungspflicht notwendige Schutzposition entwickeln zu können.

6. Folgerung aus dem Kern der Debatte – alternative Zeitpunkte für den Beginn des Lebensschutzes

Der vorherige Untersuchungspunkt gelangte zur Erkenntnis, dass das Lebensrecht im Kern auf biologischen Ansätzen beruht. Daher sind divergierende Zeitpunkte aus den biologischen Ansätzen abzuleiten. Im Folgenden sind diese Zeitpunkte darzustellen und ihre Begründung zu untersuchen. Insbesondere wird analysiert, ob sie zum Abstellen auf einen der vorherigen Zeitpunkte führen. Sollte dies nicht der Fall sein, müsste ein weiterer Zeitpunkt entwickelt werden. Teilweise wird das Abstellen auf die Zeitpunkte durch das Kontinuitäts-, Identitäts- und Potenzialitätsargument begründet. Da oben bereits ihre Schwächen dargelegt wurden[174], wird auf die Argumente nicht mehr vertieft eingegangen. Gleiches gilt für die Argumente der natürlichen Selektion und der biologischen Unabhängigkeit.

a) Fertilisation

Als frühester Ansatzpunkt kommt die Befruchtung der Eizelle durch Spermien in Betracht. Dies ist medizinisch der Oberbegriff für den gesamten Befruchtungsprozess[175], welcher in drei Phasen unterteilt wird. Zu unterscheiden sind die Imprägnation (Eindringen des Spermiums in die Eizelle[176]), das Pronukleusstadium (Bildung des männlichen und weiblichen Vorkernes[177]) und die Syngamie (Kernschmelzung[178]).

---

174 Siehe B.I.4.
175 *Müller-Terpitz*, Schutz des pränatalen Lebens, S. 214.
176 *Hinrichsen*, Humanembryologie, S. 78.
177 *Hinrichsen*, Humanembryologie, S. 80.
178 Embryologie des Menschen-*Sinowatz*, S. 63.

aa) Imprägnation

Mit dem Eindringen des Spermiums in die Eizelle beginnt die Befruchtung[179]. In der juristischen Literatur wird dies nicht als maßgeblicher Zeitpunkt vertreten[180]. Der Zeitpunkt wird lediglich der Vollständigkeit halber dargestellt.

bb) Pronukleusstadium

Im Pronukleusstadium bilden sich männliche und weibliche Vorkerne zur Vorbereitung der Kernverschmelzung[181]. Dabei findet die zweite Reifeteilung der Eizelle statt[182]. Teilweise wird auf diesen Zeitpunkt abgestellt, da das einzigartige menschliche Gen in seinem Informationsgehalt schon zu diesem Zeitpunkt feststehe[183]. Allerdings trifft bereits die Grundaussage nicht zu, da das Gen erst später zum Zeitpunkt der Kernschmelzung entsteht[184], sodass der Zeitpunkt verfehlt ist.

cc) Kernverschmelzung

Die Kernverschmelzung der Ei- und Samenzelle mittels einer Fusion der Zellmembranen ist das Ende der Befruchtung[185]. Juristisch wird dieser Zeitpunkt vielfach als maßgeblich erachtet[186]. Dies ergäbe sich aus dem genetischen Ausschluss der Mehrlingsbildung und dem jetzigen Bestehen als Individuum[187]. Darauf fußt das Identitätsargument[188]. Ab dem Moment, in dem die genetische Identität Ungeborener mit dem später Geborenen feststehe, seien Ungeborene genauso schutzwürdig wie Geborene. Bedeutend sei die Entstehung der genetischen Information,

---

179 *Hinrichsen*, Humanembryologie, S. 79.

180 *Müller-Terpitz*, Schutz des pränatalen Lebens, S. 251 m.w.N.

181 *Hinrichsen*, Humanembryologie, S. 80.

182 *Hinrichsen*, Humanembryologie, S. 80.

183 Beginn, Personalität und Würde des Menschen-*Bodden-Heidrich*, S. 15, 77.

184 *Hinrichsen*, Humanembryologie, S. 80; *Sadler*, Medizinische Embryologie, S. 53.

185 *Salder*, Medizinische Embryologie, S. 53.

186 *Belling*, MedR 1995, 184, 185; *Bröhm*, JuS 1998, 197, 201; *Geiger*, FS Tröndle, 1989, S. 647, 653; Giwer, Präimplantationsdiagnostik, S. 78, 83; HStR IX-*Müller-Terpitz*, § 147 Rz. 16; *Isensee*, FS Hollerbach, 2001, S. 243, 252 f.; Stern, GG-KO IV-*Stern*, § 97 II 4 S. 35; v. Mangold/Klein/Stark, GG-KO-*Starck*, Art. 1 I Rz. 18 (jedoch nur zur Menschenwürde); *Müller-Terpitz*, Schutz des pränatalen Lebens, S. 216, 245, 249 ff.; *Vitzthum*, MedR 1985, 249, 252 f.; Der moralische Status menschlicher Embryonen-*Schockenhoff*, S. 11, 25.

187 *Isensee*, FS Hollerbach, 2001, S. 243, 252 f.

188 *Heun*, JZ 2002, 517, 520 f.

der „genetische Code“[189], welche als Anlage zum späteren Individuum maßgeblich sei[190]. Jedoch überzeugt das Identitätsargument nicht[191]. Zum Teil wird zudem wiederum das Kontinuitätsargument zur Begründung herangezogen[192]. Ab diesem Zeitpunkt läge ein kontinuierlicher Prozess vor, der keine festen Einschnitte vorweise und eine Aufteilung daher willkürlich sei. Das Argument überzeugt nicht ebenso nicht[193].

Zudem wird das Grundsteinargument für die Kernverschmelzung bemüht. Das Grundsteinargument oder synonym das Initialzündungsargument wurde vorher noch nie als solches bezeichnet. Die Untersuchung des Arguments drängt sich insbesondere auf, da *Müller-Terpitz* seine These von der Maßgeblichkeit der Kernverschmelzung überwiegend auf dieses Argument stützt. Die Kernverschmelzung sei der „Grundstein“ für die menschliche Entwicklung und wirke als „Initialzündung“ für die Entstehung eines entwicklungsfähigen Menschen im biologisch-physiologischen Sinne. Keine andere Stufe sei in Ausmaß und Bedeutung qualitativ vergleichbar[194]. Die Kernverschmelzung sei die Grundlage für die Fortführung des nun angelegten Programms, welches sich nun kontinuierlich fortentwickele[195]. Dabei trifft zu, dass die Kernverschmelzung biologisch qualitativ unvergleichbar ist, da immense biologische Entwicklungen beginnen. So wird hier die Embryogenese aktiviert, d.h. die körperliche Formung der Embryonen mithilfe des Spindelapparates beginnt[196]. Vor allem die Entstehung der DNA als Teil des Individuums ist bedeutend[197]. Die Begriffe des „Grundsteins“ und der „Initialzündung“ beschreiben daher die biologischen Vorgänge treffend und anschaulich. Problematisch ist jedoch, dass *Müller-Terpitz* für die Bildung des Individuums darauf abstellt, dass bereits ab dieser Entwicklungsstufe eine Entität zur Entstehung gelange[198]. Diese lässt jedoch einen Teil der Komponente von Individuen außer Betracht. Voraussetzung für Individuen ist die Unteilbarkeit[199], sodass dies den Ausschluss der Mehrlingsbildung voraussetzt. Mehrlingsbildungen sind indes noch bis zum 16. Tag

---

189 *Vitzthum,* MedR 1985, 249, 252.
190 *Hinrichsen*, Humanembryologie, S. 4.
191 Siehe B.I.4.c).
192 Dazu und im Folgenden HStR IX-*Müller-Terpitz,* § 147 Rz. 16.
193 Siehe B.I.4.b).
194 *Müller-Terpitz,* Schutz des pränatalen Lebens, S. 216 f.
195 *Ebenda*, S. 212.
196 Embryologie des Menschen-*Sinowatz*, S. 63; *Neidert*, DÄ 2000, 50, 51.
197 *Sadler*, Medizinische Embryologie, S. 53; Embryologie des Menschen-*Sinowatz,* S. 63.
198 *Müller-Terpitz,* Schutz des pränatalen Lebens, S. 215 f.
199 Siehe B.I.4.c).

nach der Befruchtung möglich[200]. Die Kernverschmelzung findet jedoch vor der Kernverschmelzung statt[201].

Überdies wird das Speziesargument angeführt. Danach müssten Embryonen geschützt werden, da sie zur Spezies Homo sapiens gehören[202]. Allen Angehörigen der Spezies stehe der Lebensschutz zu, sodass Embryonen dieses wegen der Gleichbehandlung durch die Einordnung in diese Spezies auch zustehen müsse. Dabei wird allerdings der Ausgangspunkt des Streites verkannt. Die Argumentation mithilfe der Gleichbehandlung könnte nur gelingen, wenn die Zugehörigkeit von Embryonen zur Spezies Homo sapiens feststünde. Es ist jedoch gerade strittig, ob Embryonen bereits der geschützten Spezies zugehörig sind. Zudem ist die Frage nach dem Beginn des Lebensschutzes ist zeitlich vorgelagert zu beantworten, sodass nur bei einer Bejahung des Lebensschutzes für Embryonen auf oben genannte Argumente zurückgegriffen werden könnte[203]. Letztlich wiederholt das Argument lediglich die Ausgangsfrage und beinhaltet keine moralische und rechtliche Anbindung[204]. Ob Embryonen zur Spezies Homo sapiens gehören, ist eine andere Formulierung für die Frage nach dem Bestehen bzw. Beginn des Lebensschutzes. Somit missachtet das Argument die denklogische chronologische Reihenfolge und ist ein Zirkelschluss.

Zudem wird der Sinn der Grundrechte zum Schutze von Individuen übersehen. Grundrechte stehen Menschen nicht zu, weil sie zu einer biologischen Spezies gehören. Aus der alleinigen Zugehörigkeit zu einer Gattung folgt kein Recht. Bedeutend sind vielmehr deren individuelle Eigenschaften[205]. Darüber hinaus wird vom Tatsächlichen der Gattungszugehörigkeit auf eine normative Wertung geschlossen. Aus der Aussage folgt kein Recht, sodass ein Fehlschluss vorliegt[206]. Im Ergebnis ist der Lebensschutz von Embryonen somit nicht mit dem Speziesargument begründbar.

---

200 *Hinrichsen*, Humanembryologie, S. 33.

201 Siehe *Bommas-Ebert/Teubner/Voß*, Anatomie, S. 29 ff.

202 Dazu und im Folgenden Der moralische Status menschlicher Embryonen-*Schockenhoff*, S. 11.

203 Ebenso, *Merkel*, Forschungsobjekt Embryo, S. 131.

204 *Merkel*, Früheuthanasie, S. 468.

205 Siehe B.I.1.d); ebenso *Merkel*, Forschungsobjekt Embryo, S. 132; Der moralische Status menschlicher Embryonen-*ders.*, S. 35.

206 Sog. Sein-Sollen Fehlschluss, Der moralische Status menschlicher Embryonen-*ebd.*, S. 37.

b) *Individuation*

Ferner kommt der zeitlich vor der Nidation liegende Zeitpunkt der Individuation (am Beginn der zweiten Woche nach Empfängnis[207]) in Betracht. Der Begriff findet sich kaum in der Medizin[208], wird jedoch in der Rechtswissenschaft verwendet und als maßgeblich angesehen[209]. Dies ist medizinisch der Begriff für die Vorentwicklung des Zentralnervensystems und das Vorbereiten einer körperlichen Gestalt[210]. Rechtswissenschaftlich wird der Begriff hingegen anders aufgefasst. Damit wird die medizinische Folge des Verlustes der eineiigen Mehrlingsbildung beschrieben[211]. Im Folgenden wird das rechtswissenschaftliche Begriffsverständnis zugrunde gelegt.

Begründet wird die Maßgeblichkeit der Individuation erneut mit dem Identitätsargument[212], welches nicht überzeugt[213]. Zum anderen wird das Realitätsargument zur Begründung bemüht[214]. Danach realisiere sich das vorgeprägte genetische Programm sich so weit, dass nun von der Existenz von Individuen gesprochen werden könne. Zudem würde die vorher bestehende genetische Anlage teilweise umgesetzt. Das Argument ist jedoch nur eine Modifikation des Identitätsargumentes. Es wurzelt in gleicher Weise auf dem Abstellen auf die Genetik, obwohl dies fehlerhaft ist[215].

Zudem ist nicht klar, inwiefern durch die Individuation eine Realisierung des genetischen Programms stattfindet. Die Individuation meint den Verlust der eineiigen Mehrlingsbildung, wobei die Genetik durch die Kernverschmelzung aber bereits festgelegt ist[216]. Zugleich bleibt unklar, warum der Lebensschutz von der teilweisen Umsetzung des genetischen Programms in die Realität abhängen

---

207 Embryologie des Menschen-*Bergmann*, S. 91; *Hinrichsen*, Humanembryologie, S. 27; *Salder*, Medizinische Embryologie, S. 147.

208 Der Begriff wird weder in *Bommas-Ebert/Teubner/Voß*, Anatomie, noch in Embryologie des Menschen, noch in *Salder*, Medizinische Embryologie verwendet.

209 Dreier, GG-KO-*Schulze-Fielitz*, Art. 2 II Rz. 29; *Haßmann*, Embryonenschutz, S. 101 f., 269; *Heun*, JZ 2002, 517, 522. Unklar, ob Individuation oder Nidation gemeint ist *Hofmann*, JZ 1986, 253, 259.

210 *Hinrichsen*, Humanembryologie, S. 128.

211 *Heun*, JZ 2002, 517, 520 f.

212 *Heun*, JZ 2002, 517, 520 f.

213 Siehe B.I.4.c).

214 Dazu und im Folgenden *Haßmann*, Embryonenschutz, S. 101 f.

215 Siehe B.I.4.c).

216 *Sadler*, Medizinische Embryologie, S. 53.

sein soll[217]. Der menschlichen Entwicklung ist eine Realisierung immanent. Die Anlage zu einer späteren Stufe ist chronologisch stets vorher angelegt. Ebenso wie ein Zustand ein Entwicklungspotenzial hat und wie eine Entwicklung menschlicher Vorgänge kontinuierlich verläuft, ist die Anlage bereits vorher angelegt. Das Argument beinhaltet dieselben Widersprüche wie das Kontinuitäts- und Potenzialitätsargument. Summiert vermag der Zeitpunkt der Individuation daher nicht zu überzeugen.

c) Zwischen Nidation und Geburt – „latent menschliches Leben"

Teils wird auf einen Zeitpunkt zwischen Nidation und Geburt abgestellt. Danach sei die Mitte zwischen „realen und potenziellen Leben" maßgeblich[218]. Begründet wird dies damit, dass menschliches Leben ein Individuum voraussetze und ein Individuum ein personelles Element beinhalte. Bei der Geburt läge das personelle Element im Gegensatz zur Nidation vor. Da dies bei der Geburt bestünde und bei der Nidation nicht, sei die Mitte zwischen diesen Außenpunkten für den Beginn des Lebensschutzes entscheidend.

Zunächst ist bereits die Grundannahme, dass ein personelles Element notwendig sei, fehlerhaft[219]. Zudem trifft die Bezeichnung „latent" nicht zu. Latent meint „vorhanden, aber [noch] nicht in Erscheinung tretend; nicht unmittelbar sichtbar oder zu erfassen"[220]. Das werdende Leben ist zwar nicht anfassbar, wohl aber erfassbar. Es ist für Biologen sichtbar und schon in Erscheinung getreten[221].

Coester-Waltjen stellt zutreffend auf das Individuum ab, da Grundrechte zuvörderst Individuen schützen[222]. Sie stellt folgend auf die Mitte ab, weil das für das Individuum konstituierende personale Element bei der Geburt vorläge und bei der Nidation fehle[223]. Selbst wenn ihre Annahme doch richtig wäre, trifft die Schlussfolgerung nicht zu. Von der Ablehnung der engsten und weitesten Position, kann nicht auf die Mitte geschlossen werden. Zumindest reicht die Begründung, dass die Mitte zu wählen sei, nicht aus. Zudem besteht kein Ansatz, warum gerade „die Mitte" maßgeblich sein soll.

---

217 *Müller-Terpitz*, Schutz des pränatalen Lebens, S. 199.

218 Dazu und im Folgenden *Coester-Waltjen*, FamRZ 1984, 230, 235.

219 Siehe B.I.5.b).

220 http://www.duden.de/rechtschreibung/latent (zuletzt aufgerufen am 22.07.2017).

221 S. etwa die Abbildungen in Embryologie des Menschen-*Bergmann*, S. 108 ff.

222 Siehe B.I.1.d).

223 *Coester-Waltjen*, FamRZ 1984, 230, 235.

Folge der Auffassung wäre ferner wiederum eine mangelnde Rechtssicherheit. Der Zeitpunkt der Nidation ist zwar bestimmbar, nicht aber der Zeitpunkt der Geburt, da diese Geburt künstlich nach vorne oder hinten verschoben werden kann und zudem nicht exakt vorhersehbar an einem bestimmten Tag erfolgt. Somit ist die „Mitte" zwischen Geburt und Nidation nicht bestimmbar. Die Maßgeblichkeit dieser Position wäre daher praxisuntauglich. Die Schutzposition des „latent menschlichen Lebens" ist mithin insgesamt verfehlt.

d) 20. Schwangerschaftswoche

Ausgehend von einem interessensorientierten Ansatz, wonach subjektive Rechte subjektive Schutzinteressen voraussetzen, stellt *Merkel* auf einen Zeitpunkt etwa ab der 20. Schwangerschaftswoche ab[224]. Die für das Schutzinteresse notwendige subjektive Erlebens- und Empfindungsfähigkeit – das „Ichbewusstsein"[225] – läge zu dem Zeitpunkt vor, in dem Embryonen ein integriertes, funktionsfähiges Neuralsystem hätten. Dies sei etwa ab der 20. Schwangerschaftswoche der Fall. Dabei versagen die Ausführungen Embryonen nicht generell das Lebensrecht, sondern nur Embryonen im *frühen* Stadium. Den interessensorientierten Ansätzen stehen jedoch grundsätzliche Bedenken bei der Missachtung des Individuums gegenüber[226]. Daher kann aus diesen auch kein Zeitpunkt abgeleitet werden.

e) Hirnaktivität

Teilweise soll der Zeitpunkt der Hirnaktivität für den Beginn des Schutzes des Art. 2 II 1 GG entscheidend sein[227]. Wenn dieser das Ende des Lebensschutzes sei[228], spräche kein Grund gegen die Übertragung auf den Lebensbeginn[229]. Zur Vermeidung von ungleichen Zeitpunkten für den Beginn und das Ende des Lebensschutzes sei eine Analogie zu bilden[230]. Die Gehirnaktivität unterscheide

224 Dazu und im Folgenden *Merkel*, Früheuthanasie, S. 461.

225 *Ebenda*, Forschungsobjekt Embryo, S. 135 f., 139; *ders.*, Früheuthanasie, S. 447, 461 f.

226 Siehe B.I.5.a).

227 *Joerden*, JuS 2003, 1051, 1053; Medizin und Ethik-*Sass*, S. 173, 181; andeutend *Spickhoff*, NJW 2003, 1701, 1710; *Wendtland*, Forschung mit menschlichen embryonalen Stammzellen, S. 139 ff., 195.

228 Nach überwiegender Auffassung endet der Lebensschutz mit dem Hirntod, Sachs, GG-KO-*Murswiek*, Art. 2 II Rz. 142 m.w.N.

229 *Joerden*, JuS 2003, 1051, 1053; *Wendtland*, Forschung mit menschlichen embryonalen Stammzellen, S. 140.

230 Medizin und Ethik-*Sass*, S. 168, 172.

andere Organismen von Menschen und begründe die herausgehobene Schutzbedürftigkeit des Lebens[231]. Das Gehirn sei untrennbar mit personeller Identität verbunden, sodass daher die Hirnaktivität ausschlagend sei[232]. Zudem sei das Gehirn charakteristisch für Menschen, bürge deren Qualität und stelle die physiologischen Voraussetzungen für die Entwicklung des Geistes dar[233]. *Sass* stellt ebenso auf die Hirnaktivität und bestimmt den Beginn des Lebensschutzes auf den 57. Tag nach dem Beischlaf[234].

Für die Auffassung streitet eine Parallele zum Ende des Lebensschutzes für das Abstellen auf die Hirnaktivität, da so tatsächlich ungleiche Zeitpunkte vermieden würden. Die Widerspruchsfreiheit der Rechtsordnung könnte dazu drängen, Beginn und Ende gleich zu bestimmen. Der Grund für das Abstellen auf die Hirntodfunktion am Lebensende ist indes, dass dieser medizinisch exakt feststellbar ist und die Wahrnehmungs-, Empfindungs-, Denk-, und Entscheidungsfähigkeiten unumkehrbar erlöschen[235]. Im Gegensatz dazu gibt es keinen exakten Zeitpunkt, in dem das Hirn aktiviert wird. Vielmehr liegt ein Entwicklungsverlauf vor[236]. Es gibt keinen exakten Zeitpunkt, in dem das Hirn aktiviert wird, sondern es liegt eine kontinuierliche Entwicklung zur Hirnaktivität vor. Bevor die ersten Hirnströme wahrgenommen werden, entwickelt sich das Nervensystem dafür[237]. Die Begründung für die Hirntodfunktion am Lebensende ist mithin nicht auf den Lebensbeginn übertragbar[238]. Somit legimitiert das Ansinnen der Widerspruchsfreiheit der Rechtsordnung keine Parallele.

Nach *Sass* beginne der Lebensschutz am 57. Tag nach dem Beischlaf[239]. Er hält zunächst den 70. Tag nach dem Beischlaf für maßgeblich, da ab dann hirnorganspezifische Funktionen wahrgenommen werden können. Jedoch sei auf den 57. Tag abzustellen, da so ein zusätzliches ethisches Sicherheitsnetz vorläge. Damit gesteht er selbst die fehlende Bestimmung eines exakten Zeitpunkts ein. Es bleibt unklar, warum die Rückdatierung gerade auf diesen Tag abstellt. Die Rückdatierung auf den 57. Tag über ein zusätzliches ethisches Sicherheitsnetz

---

231 *Wendtland,* Forschung mit menschlichen embryonalen Stammzellen, S. 139.

232 *Wendtland,* Forschung mit menschlichen embryonalen Stammzellen, S. 141.

233 *Joerden,* JuS 2003, 1051, 1053.

234 Dazu und im Folgenden Medizin und Ethik-*Sass,* S. 173.

235 Sachs, GG-KO-*Murswiek*, Art. 2 Rz. 142.

236 s. die Darstellung in *Bommas-Ebert/Teubner/Voß*, Anatomie, S. 47 ff.

237 Die Entwicklung des zentralen Nervensystems beginnt in der 2. bis 3. SSW, BZgA, Alkohol in der Schwangerschaft, S. 46.

238 Ebenso *Müller-Terpitz*, Schutz des pränatalen Lebens, S. 185.

239 Dazu und im Folgenden Medizin und Ethik-*Sass,* S. 173.

ist inhaltslos. Damit einher geht eine mangelnde Rechtssicherheit. Zudem überzeugt der Schluss vom Enthalten des Geistes im Gehirn auf den 57. Tag nach dem Beischlaf nicht. Angenommen die Behauptung wäre korrekt, folgt daraus nicht, dass die Hirnaktivität ausschlaggebend ist für den Beginn des Lebensschutzes. Sofern der Geist im Gehirn enthalten ist, lässt sich daraus keine überragende Bedeutung der Hirnaktivität schließen. Um in der Sprache *Joerdens* und *Wendtlands* zu bleiben, sprechen doch Gründe gegen die Übertragung der Hirnaktivität auf den Lebensbeginn.

Ferner ist die Begründung *Wendtlands* bereits im Ansatz fehlerhaft. Das Gehirn unterscheidet Menschen nicht von anderen Organismen. Mit Sicherheit ist es stärker ausgeprägt und leistungsfähiger als bei anderen Organismen, aber trotzdem haben die meisten Organismen Gehirne. Affen sind etwa zum Denken und Lernen fähig. Ihnen fehlt zum Teil die mit Menschen vergleichbare kommunikative Mitteilungsfähigkeit, aber nicht das Gehirn.

Überdies ist zweifelhaft, ob das Gehirn charakteristisch für Menschen ist. Vielmehr ergibt sich das charakteristische der Menschen aus ihrer Lernfähigkeit und der Fähigkeit zur Reflexion. Damit einhergeht, dass das Gehirn entgegen der Behauptung nicht untrennbar mit personeller Identität verbunden ist. Sonst würden Personen, deren Gehirn nicht mehr arbeitet, die personelle Identität abgesprochen. Zudem ergibt sich die personelle Identität aus mehreren Faktoren neben der des Gehirnes. Die genetische Prägung ist ebenso entscheidend wie das menschliche Umfeld. Somit ist im Ergebnis nicht auf den Zeitpunkt der Hirnaktivität für den Beginn des Lebensschutzes abzustellen.

f) Siebter Schwangerschaftsmonat

Ausgehend von soziologischen Ansätzen wird der Beginn des Lebensschutzes auf den siebten Schwangerschaftsmonat, spätestens auf die Geburt datiert[240]. Es sei eine gesellschaftliche Aufnahmebereitschaft notwendig, die ab diesem Zeitpunkt bestünde. Dem kann nicht zugestimmt werden, da die soziologischen Ansätze bereits dem Grunde nach verfehlt sind[241]. Zudem ist das Abstellen auf den siebten Schwangerschaftsmonat nicht zeitgemäß, da bereits vorher eine gesellschaftliche Aufnahmebereitschaft bestehen kann. Schon vor diesem Zeitpunkt erlangen Ungeborene soziale Bedeutung. Der Schwangerschaftsprozess kann heute etwa durch Ultraschallbilder sowie andere Untersuchungen sichtbar werden und so kann auch schon die Aufnahme in die Gesellschaft erfolgen.

---

240 Dazu und im Folgenden *Rüpke,* ZPR 1974, 73, 74 f.
241 Siehe B.I.5.b).

Üblicherweise zeigen Schwangere ihre Ultraschallbilder und sorgen bereits für die gesellschaftliche Akzeptanz ihrer Ungeborener. Zudem kann das Geschlecht oder eine Krankheit mitgeteilt werden und die meisten Eltern legen schon den Namen der Kinder vor der Geburt fest. Somit kann nicht auf den siebten Schwangerschaftsmonat abgestellt werden.

g) *Geburt*

Als spätester Zeitpunkt wird die Geburt angeführt, sodass Ungeborene keinem Grundrechtsschutz unterstünden[242]. Dabei wird interessensgeleitet argumentiert. Nach *Hoerster* setze das Lebensrecht eines Individuums ein subjektives Interesse am Leben voraus. Ein Interesse verlange wiederum die Fähigkeit zum Ichbewusstsein. Embryonen fehle diese Fähigkeit[243], sodass sie kein Überlebensinteresse hätten, ergo kein Lebensrecht[244]. Zudem stelle die Geburt einen für alle erkennbaren äußerlichen Akt dar. Die Fähigkeit zum Ichbewusstsein stelle sich erst ab dem vierten Monat nach der Geburt ein[245]. *Hoerster* begründet das Lebensrecht Neugeborener durch kurzfristige Interessen dieser im Vergleich zu Embryonen, welchen dieses fehle[246]. Freilich sind die interessensorientierten Ansätze bereits dem Grunde nach verfehlt[247], sodass daraus nicht der Zeitpunkt der Geburt abgeleitet werden kann. Zudem führt die Ansicht letztlich zu widersprüchlichen Konsequenzen. *Hoerster* erkennt selbst, dass das „Ichbewusstsein" erst ab dem vierten Monat nach der Geburt besteht[248]. Da dieses für das Lebensrecht entscheidend sein soll, hätten selbst Neugeborene bis zum vierten Monat kein Lebensrecht. Dem ist tatsächlich jedoch nicht so. *Hoerster* begründet das Lebensrecht Neugeborener durch kurzfristige Interessen dieser im Vergleich zu Embryonen, welchen dieses fehle[249]. Jedoch haben Embryonen bereits ein Schutzinteresse[250], sodass ein Widerspruch bestehen bleibt.

Zum anderen werden soziologisch motivierte Argumente bemüht. Die Geburt manifestiere den offenkundigen Höhepunkt der sozialen Anerkennung, sodass sie

---

242 Zuletzt *Hoerster*, NJW 1997, 773, 773; *ders.*, Abtreibung, S. 80; *ders.*, Neugeborene, S. 49.

243 *Hoerster*, Abtreibung, S. 80, 144; *ders.*, Neugeborene, S. 14.

244 *Hoerster*, Abtreibung, S. 100; *ders.*, Neugeborene, S. 12.

245 Dazu und im Folgenden *ders.*, Neugeborene, S. 16, 22 ff., 25 f.

246 *Ebenda*, S. 16, 22 ff., 25 f.

247 Siehe B.I.5.a).

248 Dazu und im Folgenden *Hoerster*, Neugeborene, S. 16, 22 ff., 25 f.

249 *Ebenda*, S. 16, 22 ff., 25 f.

250 Siehe B.I.5.a).

den Akt der gesellschaftlichen Aufnahmebereitschaft darstelle und der Lebensschutz spätestens ab dann beginne[251]. Im Ergebnis wird inhaltsgleich argumentiert wie beim Zeitpunkt des siebten Schwangerschaftsmonats. Die soziologischen Ansätze sind jedoch ebenfalls dem Grunde nach abzulehnen[252], sodass daraus ebenso kein Zeitpunkt abgeleitet werden kann.

Teilweise wird das Abstellen auf die Geburt durch biologische Kriterien begründet. Die Geburt stelle die Auflösung der engen physischen Verbindung zwischen Mutter und Kind dar, sodass nun ein getrennter, selbstständiger Organismus mit einem unabhängigen Stoffwechsel bestehe[253]. Ab dann sei „der Mensch ein Mensch“[254]. Allerdings kann der Geburtszeitpunkt im Zeitalter zunehmender medizinischer Möglichkeiten recht frei gewählt werden. Eine Geburt kann durch zahlreiche künstliche Möglichkeiten vorverlagert werden[255]. Der Zeitpunkt des verfassungsrechtlichen Schutzes wäre so dem Missbrauch und einer subjektiven Fremdbestimmung ausgesetzt[256]. Dem steht der entstehungsgeschichtliche Telos jedoch elementar entgegen[257]. Zudem ist die Geburt aus biologischer Sicht nicht entscheidend[258]. Die wesentlichen kognitiven und körperlichen Fähigkeiten Neugeborener unterscheiden sich kaum von Feten kurz vor der Geburt, vielmehr ist die Geburt nur eine notwendige physiologische Veränderung, da Schwangere den Fötus nicht mehr versorgen können. Insbesondere hat der Zeitpunkt für die Atmung, die Gehirn- als auch Herzfunktionen keine entscheidende Bedeutung[259]. Die Geburt ist letztlich nur ein Schritt in der kontinuierlichen Ausreifung von Embryonen. Dafür streitet zudem bereits die Überlebensfähigkeit Frühgeborener.

---

251 *Rüpke,* ZPR 1974, 73, 74.

252 Siehe B.I.5.b).

253 *Nüsslein-Vollhard,* Das Werden des Lebens, S. 190.

254 *Nüsslein-Vollhard,* Das Werden des Lebens, S. 190.

255 Etwa durch eine Blasensprengung, *Pschyrembel,* Gynäkologie und Geburtshilfe, S. 19, die Infusion mit Oxytocin, edb. S. 323, die Verabreichung von Prostagladine, *ebd.* S. 349 oder die Schnittentbindung (Kaiserschnitt), *ebd.* S. 379.

256 Ebenso *Müller-Terpitz,* Schutz des pränatalen Lebens, S. 174.

257 Siehe B.I.1.d).

258 Dazu und im Folgenden ebenso, *Müller-Terpitz,* Schutz des pränatalen Lebens, S. 173; *Singer,* Praktische Ethik, S. 181, 185.

259 Die Herzfunktionen sind kurz vor der Geburt bereits funktionsfähig, Embryologie des Menschen-*Seitz,* S. 148 f.; die Atmungsorgane sind fertig ausgebildet, Embryologie des Menschen-*Sinowatz,* S. 290 und das Gehirn eines Embryos im 8. Monat unterscheidet sich nur gering von dem eines Neugeborenen, Embryologie des Menschen-*Sinowitz,* S. 200.

Allerdings unterstehen Verstorbene teilweise dem Schutz der Verfassung[260]. Es könnte angenommen werden, dass die Widerspruchsfreiheit der Rechtsordnung dazu drängt, den verfassungsrechtlichen Lebensschutz parallel zu bestimmen. Der Grund für das postmortale Persönlichkeitsrecht ist indes das Fortwirken der im Leben entstanden Persönlichkeit und ein würdiger Umgang mit dem Lebenswerk[261]. Ungeborene haben allerdings weder eine Persönlichkeit gebildet noch eine Lebensleistung vollbracht, sodass der Grund des Schutzes nicht übertragbar ist. Für die Geburt streitet also die Unübertragbarkeit des postmortalen Persönlichkeitsschutzes. Gleichwohl überzeugen die Schlussfolgerungen nicht.

Darüber hinaus ist die Schlussfolgerung *Nüsslein-Vollhards* verfehlt. Sie folgert die Bedeutung der Geburt für die Frage nach dem grundrechtlichen Schutz aus der Annahme, dass diese die Auflösung der engen physischen Verbindung zwischen Mutter und Kind sei[262]. Jedoch zeigt sich die Bedeutung der Geburt alleine durch das sichtbare Zutage treten der Leibesfrucht. Die physische Auflösung der Verbindung kann aber nicht die alleinige Komponente sein, da sie nicht ausschlagend für das Entstehen von Individuen ist[263].

Zudem würde das Abstellen auf die Geburt zu absurden Konsequenzen. Frühgeborene unterfielen dem Schutz des Art. 2 II 1 GG, da sie geboren würden. Im Gegensatz dazu unterfielen Ungeborene dem Schutz nicht. Frühgeborene können jedoch ab 28. Schwangerschaftswoche überleben[264], sodass die Gefahr einer Herbeiführung einer Frühgeburt bestünde. Der verfassungsrechtliche Schutz könnte nur erlangt werden, wenn eine Frühgeburt erreicht würde. Es stößt an, eher die mit einer Frühgeburt verbundenen Risiken[265] in Kauf zu nehmen als eine Schwangerschaft natürlich zu beenden. Dies ist ein Wertungswiderspruch. Insgesamt ist das Abstellen auf die Geburt nicht überzeugend.

h) Abgestufte Schutzkonzepte

Überdies werden aus den objektiv-rechtlichen Ansätzen abgestufte Schutzkonzepte abgeleitet. Der Schutz von Embryonen solle an die wachsende Schutzwürdigkeit

---

260 BVerfGE 30, 173, 194.

261 Dreier, GG-KO-*Dreier*, Art. 1 I Rz. 75 ff.

262 Dazu und im Folgenden *Hoerster*, Neugeborene, S. 16, 22 ff., 25 f.; *Nüsslein-Vollhard*, Das Werden des Lebens, S. 190.

263 Siehe B.I.4.c).

264 BZgA, Alkohol in der Schwangerschaft, S. 52.

265 Zwei Drittel der gesamten Säuglingssterblichkeit betreffen Frühgeborene, BZgA, Alkohol in der Schwangerschaft, S. 52 m.w.N.

anhand der Entwicklungsstufen anknüpfen[266]. Der verfassungsrechtliche Schutz daher nehme stufenweise zu[267]. Begründet wird dies zum einen mit dem Gesetzesvorbehalt des Art. 2 II 3 GG. Im Gegensatz zu Art. 1 GG beinhalte Art. 2 II GG einen Gesetzesvorbehalt. Bei der Menschenwürde wäre im Vergleich zum Lebensrecht keine Abwägung möglich. Daraus folge, dass der Lebensschutz von Embryonen im Vergleich schwächer sei. Daher läge ein gestufter Lebensschutz vor, aus dem eine Güterabwägung mit anderen verfassungsrechtlichen Interessen folge[268]. Zum anderen bestünde so der Vorteil flexiblerer Ergebnisse durch eine Abwägung in konkreten Grundrechtskonflikten[269]. Die abgestuften Schutzkonzepte würden dem körperlichen und neurologischen Wachsen und Werden von Ungeborenen sowie deren verfassungsrechtlichen Schutzbedürfnis entsprechen[270].

Für das Konzept spricht dessen Betonung einer Abwägung in konkreten Grundrechtskonflikten. Eine Abwägung führt zu gerechteren Ergebnissen und ist rechtsstaatlicher Kernbestand. Jedoch kann dies nicht als alleiniger Vorteil des Konzepts deklariert werden, da die Abwägungsmöglichkeit dem Grundrecht bereits durch den Gesetzesvorbehalt immanent ist. Wenn Embryonen das Lebensrecht zusteht, dann ist bei einer Grundrechtskollusion stets eine Abwägung durchzuführen.

Zudem sind die abgestuften Schutzkonzepte aus einem weiteren Grund abzulehnen. Das Abstellen auf objektiv-rechtliche Ansätze ist bereits dem Grunde nach verfehlt[271], sodass daraus im Ergebnis auch keine abgestuften Schutzkonzepte abgeleitet werden können.

Zweifelhaft erscheint zunächst die Begründung, dass flexiblere Ergebnisse möglich seien[272]. Jedoch verstoßen die Schutzkonzepte dabei gegen die Dogmatik der Grundrechte, sie bereits bei der Eröffnung des Schutzbereiches eine Abwägung durch den zunehmenden Schutz verlangen. Obwohl die primär zu

---

266 *Dederer,* AöR 2002, 1, 14, 19; Dreier, GG-KO-*Schulze-Fielitz,* Art. 2 II Rz. 61, 70; *Dreier,* ZRP 2002, 377, 378 ff.; *Hilgendorf,* NJW 1996, 759, 761; *Kloepfer* verwendet den Begriff der Grundrechtsanwartschaft, JZ 2002, 415, 420 f.; *Taupitz,* NJW 2001, 3433, 3438; *Weschka,* Präimplantationsdiagnostik, S. 289 (nur für den Embryo in vivo).

267 Dreier, GG-KO-*Schulze-Fielitz,* Art. 2 II Rz. 61 ff.; *Dreier,* JZ 2008, 297, 298; *ders.,* ZPR 2002, 377, 379 ff.; *Herdegen,* JZ 2001, 773, 778; *Hufen,* JZ 2004, 313, 315; *ders.,* MedR 2001, 440, 447.

268 Dazu und im Folgenden *Dederer,* AöR 2002, 1, 18 f.

269 *Hufen,* JZ 2004, 313, 315.

270 *Ebenda.*

271 Siehe B.I.5.c).

272 *Hufen,* JZ 2004, 313, 315.

prüfende Frage der Eröffnung des Schutzbereiches strittig ist, müsste durch den zunehmenden Schutz bereits im Schutzbereich eine Abwägung durchgeführt werden, welche ansonsten erst bei der Schranken-Schrankenprüfung maßgeblich wäre. Somit vermischt die Ansicht die Schrankenprüfung mit dem Schutzbereich und führt so zu Unsauberkeiten[273].

Außerdem entwerten die abgestuften Schutzkonzepte das Lebensrecht. Wenn dem Leben Schutz garantiert wird, dann muss dies umfassend gelten, da das Leben einen Höchstwert darstellt. Dieser verbietet eine Abstufung, um den hohen Rang nicht zu entkräften[274]. Treffend formuliert *Merkel:* „Es gibt keine Grundrechtssubjekte zweiter Klasse“[275]. Eine Abstufung läuft jedoch auf eine Demontage hinaus, sodass das Leben schleichend an Wert verliert. Obwohl der Schutz des Art. 2 II 1 GG eingreifen soll, wird er durch eine unterschiedliche Handhabung von Embryonen nach ihren Stadien entwertet. Im Endeffekt führen die Konzepte daher zur Schutzlosigkeit von Embryonen im frühen Stadien[276]. Im Übrigen kennt die Verfassung nach der Geburt auch keine Abstufungen des Lebensrechts, sodass dies die Unabstufbarkeit dessen zeigt. Sofern das Lebensrecht einmal begründet ist, verbieten sich Abstufungen, um es nicht zu entwerten.

Die abgestuften Schutzkonzepte führen infolgedessen zur Unvereinbarkeit mit Art. 3 I GG. Ungeborene kurz vor der Geburt wären nicht in gleicher Weise geschützt wie Geborene, obwohl die Geburt biologisch und sozial unbedeutend ist[277] und somit kein sachlicher Grund zur Rechtfertigung besteht. Zugleich bleiben weitere Fragen zur Konkretisierung der Abstufung ungeklärt. *Dreier* teilt den Schutz in vier Phasen auf: Pränidative Phase, Nidation bis zwölfte Schwangerschaftswoche, 13. bis 22. Schwangerschaftswoche und 23. Schwangerschaftswoche bis zur Geburt[278]. Damit wäre wohl die zeitliche Einteilung geklärt, jedoch nicht die Schutzwirkung in diesen Phasen. Betont wird zwar ein wachsender Schutz, allerdings bleibt die Antwort nach der konkreten Ausgestaltung offen. *Hilgendorf* ist Gleiches vorzuwerfen[279]. Damit einher geht der berechtigte Vorwurf, das Konzept ermögliche immer neue Variationen und der Streit sei unendlich. Im Übrigen

273 Ebenso *Giwer*, Präimplantationsdiagnostik, S. 77.

274 Teilweise wird eine nach Rang gestaffelte verfassungsrechtliche Werteordnung abgelehnt, da die konkrete Situation entscheidend sei und Abgrenzungsschwierigkeiten entstehen würden. Vertiefend dazu *Alexy*, Theorie der Grundrechte, S. 138 ff.

275 *Merkel*, Forschungsobjekt Embryo, S. 111.

276 So Ähnlich *Hoerster*, NJW 1997, 773, 774; ebenso ablehnend BVerfGE 88, 203, 254.

277 Siehe B.I.6.g).

278 *Dreier*, ZRP 2002, 377, 379 ff.

279 *Hilgendorf*, NJW 1996, 759, 761.

unterläuft *Dreier* ein dogmatisches Versehen[280]. Er belegt das verfassungsrechtliche Schutzkonzept mit dem Schutz von Embryonen im einfachen Recht und schließt vom Willen des einfachen Gesetzgebers auf eine verfassungsrechtliche Vorgabe – eine bedenkliche Begründung vor dem Hintergrund der Normenhierarchie[281]. *Dreier* erkennt den Einwand und beschwichtigt sogleich, dass damit nicht die Normenhierarchie umgestoßen sei, sondern das einfache Recht nur zum näheren Verständnis herangezogen werde[282]. Dies überzeugt jedoch nicht, da die Auslegung der Verfassung aus sich heraus erfolgt, sodass das einfache Recht keine Rückschlüsse auf diese zulassen kann. Letztlich überzeugen die abgestuften Schutzkonzepte daher im Ergebnis insgesamt nicht.

Zwischenergebnis der Folgerung aus dem Kern der Debatte – alternative Zeitpunkte für den Beginn des Lebensschutzes:

Die Untersuchung des Kerns der Debatte ergab, dass für die Bestimmung des Zeitpunktes des Beginns des Lebensschutzes auf biologische Kriterien abzustellen ist. Daher sollte untersucht werden, ob die bereits vertretenen und aus biologischen Ansätzen abgeleiteten Zeitpunkte überzeugen. Dies ist indes nicht der Fall. Im Einzelnen vermögen folgende Zeitpunkt nicht überzeugen: Fertilisation, Imprägnation, Kernverschmelzung, Individuation, die Position zwischen Nidation und Geburt als „latent menschliches Leben", ca. 20. Schwangerschaftswoche, Hirnaktivität, siebter Schwangerschaftsmonat und die Geburt. Die abgestuften Schutzkonzepte überzeugen ebenso nicht. Dies zwingt zur Entwicklung eines anderen Zeitpunktes für den Beginn des Lebensschutzes. Sollte sich ein solcher nicht entwickeln lassen, bestünde keine für eine staatliche Handlungspflicht notwendige verfassungsrechtliche Schutzposition.

i) Individualitätsargument

Da die bisherigen Zeitpunkte und Argumente nicht überzeugen können, ist ein anderer Zeitpunkt zu entwickeln.

Der Hauptkritikpunkt vorheriger Ansichten ist, dass zunächst ethisch argumentiert und kontextuell ausgelegt wird, diese Argumentation aber nicht oder nicht direkt mit der Verfassung in Verbindung gebracht werden kann. Der Zeitpunkt des Beginns des Lebensschutzes legitimiert sich durch eine verfassungsdogmatische Anknüpfung, welche durch das sogenannte Individualitätsargument

280 *Schroth*, JZ 2002, 170, 176 scheint dasselbe zu tun.
281 Ähnlich *Merkel*, Forschungsobjekt Embryo, S. 27.
282 *Dreier*, ZRP 2002, 377, 381 f.

erreicht werden kann[283]. Im Ausgangspunkt besagt das Argument, dass der verfassungsrechtliche Lebensschutz ein Individuum voraussetzt, da Grundrechte primär subjektive Rechtspositionen des Individuums vermitteln[284,285]. Ab dem Zeitpunkt, in dem von einem solchen die Rede sein kann, beginnt somit der Lebensschutz[286]. Der entstehungsgeschichtliche Hintergrund führt zur Betonung des Individuums[287]. Die Brücke aus dem Charakter der Grundrechte als Abwehrrecht des Individuums, zu dem Zeitpunkt, an dem das Individuum besteht, knüpft an den Telos der Grundrechte an. Nach *Coester-Waljten* setzt das Lebensrecht ein Individuum voraus[288]. Sie hat im Grunde Recht, zieht daraus aber den falschen Schluss vom Schutz des „latent menschlichen Lebens"[289]. Aus dieser Annahme ist der 16. Tag nach der Befruchtung für den Beginn des Lebensschutzes zu folgern. Ein Individuum meint nach dem wörtlichen Verständnis „ein Unteilbares"[290], sodass dieses zum Zeitpunkt entsteht, an dem keine Zellteilung mehr möglich ist, ergo keine eineiigen Zwillinge mehr entstehen können[291]. Biologisch ist dies der 16. Tag nach der Befruchtung[292]. Anders formuliert: Grundrechte existieren zum Schutz des Individuums, ergo ist der Zeitpunkt des Entstehens dieses maßgeblich. Ein Individuum entsteht, sobald keine eineiige Zellteilung mehr möglich ist. Dies ist spätestens der 16. Tag nach der Befruchtung.

---

283 Die Formulierung ist eine Bezeichnung des Verfassers, welche zuvor noch nicht verwendet wurde.

284 HStR-*Iseensee*, § 191 Rz. 12; Sachs, GG-KO-*Sachs*, Vor Art. 1 Rz. 39; Dreier, GG-KO, *Dreier*, Vorb. Rz. 1, Art. 2 I Rz. 1.

285 Nach *Zaczyk* ist der Grund von Recht, der sich selbst bestimmende Einzelne, s. Modernes Strafrecht und ultima-ratio-Prinzip-*Zaczyk,* S. 121 f.

286 Im Ansatzpunkt so bereits *Coester-Waljten,* FamRZ 1984, 230, 235.

287 HStR IX-*Iseensee*, § 191 Rz. 12; Sachs, GG-KO-*Sachs*, Vor Art. 1 Rz. 39; Dreier, GG-KO-*Dreier*, Vorb. Rz. 1, Art. 2 I Rz. 1.

288 *Coester-Waljten,* FamRZ 1984, 230, 235.

289 Siehe B.I.6.c).

290 http://www.duden.de/rechtschreibung/Individuum (zuletzt aufgerufen am 22.07.2017). Es besteht keine einheitliche Definition des Individuums in der Rechtswissenschaft, s. Dreier, GG-KO-*Dreier*, Art. 1 I Rn. 84.

291 So ähnlich *Heun,* JZ 2002, 517, 520 f. *Dreier* nennt als entscheidendes Kriterium gegen das Vorliegen des Lebensschutzes im pränatalen Stadium, dass dort noch eine Mehrlingsbildung möglich ist, welche nicht mit dem Begriff des Individuums vereinbar wäre, s. Dreier, GG-KO-*Dreier*, Art. 1 I Rn. 84.

292 *Hinrichsen*, Humanembryologie, S. 33.

Der Kern des Individualitätsarguments ist mit anderen Konsequenzen schon vertreten worden[293], sodass dieses bereits Einwänden ausgesetzt war. So wird diesem etwa die Möglichkeit des Klonens entgegengehalten. Wenn ein Mensch mit derselben DNA durch Klonen entstünde, dann bestünde in der Konsequenz kein Lebensschutz und dies sei untragbar[294]. Das Klonen eines Menschen ist jedoch verfassungsrechtlich nicht möglich[295], sodass der Vergleich unrealistisch ist. Allerdings verwickelt sich das Argument in einen Widerspruch zu eineiigen Zwillingen. Diese haben die identische DNA[296], unterstehen jedoch dem Lebensschutz.

Zudem wird eine Unstimmigkeit zur Behandlung siamesischer Zwillinge vorgetragen. Diese könnten auch noch nach der Individuation und der Bildung des Primitivstreifens entstehen, sodass noch kein Individuum vorläge, die noch keine Unteilbarkeit vorläge. Gleichwohl werden sie aber als zwei Individuen mit zwei Gehirnen und unterschiedlichen Bewusstsein behandelt, sodass der Lebensschutz beiden zustehe[297]. Dies trifft zu, jedoch kann die prozentual geringe Wahrscheinlichkeit des Entstehens von siamesischen Zwillingen nur geringes Gewicht haben, da sie den absoluten Ausnahmefall darstellen. Diese treten bei einer Geburt auf 100.000–200.000 normalen Geburten auf[298]. Die Chance, dass eineiige Zwillinge entstehen liegt bei ca. 0,1–0,3 %[299] gegenüber einer 0,00005–0,0001 %igen Wahrscheinlichkeit des Entstehens siamesischer Zwillinge. Die Wahrscheinlichkeit eineiiger Zwillinge ist also deutlich höher. Da die Wahrscheinlichkeit des entstehenden Widerspruchs marginal ist und das Entstehen von Individuen überproportional ist, spielt der Einwand nur eine untergeordnete Rolle. Das Entstehen des Individuums kann kaum von einer 0,00005–0,0001 %igen Wahrscheinlichkeit abhängig sein, sodass die Praxistauglichkeit so nicht verneint werden kann.

Müller-Terpitz trägt Weiteres gegen das Argument vor. Er kritisiert ein verkürztes Verständnis des Begriffes Individualität. Diese Übersetzung bedeute

---

293 *Coester-Waljten,* FamRZ 1984, 230, 235.

294 *Haßmann*, Embryonenschutz, S. 98.

295 Jarass/Pieroth, GG-KO-*Jarass*, Art. 1 I Rz. 21; Sachs, GG-KO-*Höfling*, Art. 1 Rz. 25. Einfachgesetzlich in § 6 I ESchG strafbewehrt.

296 *Bommas-Ebert/Teubner/Voß,* Anatomie, S. 45.

297 *Müller-Terpitz,* Schutz des pränatalen Lebens, S. 194.

298 https://www.thieme.de/viamedici/klinik-faecher-paediatrie-1541/a/siamesiche-zwillinge-3965.htm (zuletzt aufgerufen am 22.07.2017).

299 *Salder*, Medizinische Embryologie, S. 147; die Chance auf eine Zwillingsgeburt beträgt ca. 1 %, wovon ca. 70 % zweieiige und 30 % eineiige betreffen, Embryologie des Menschen-*Bergmann,* S. 92.

ungeteilt bzw. unteilbar und der Begriff beziehe sich auf das Sein des Individuums[300]. Ein verkürztes Verständnis ist indes nicht erkennbar. Das Merkmal „unteilbar“ liegt durch den Ausschluss der Entstehung eineiiger Zwillinge gerade vor. Die Zelle kann sich nun nicht mehr teilen, sodass ein Individuum per Definition vorliegt.

Jedoch könnte gegen die Argumentation der Einwand der ungerechtfertigten Ungleichbehandlung von ein- und zweieiigen Zwillingen erhoben werden. Vor dem Verlust der Möglichkeit der Bildung von eineiigen Zwillingen läge kein Individuum vor und bei dem Verlust der Fähigkeit zur zweieiigen Zwillingsbildung wohl. Jedoch stammen eineiige Zwillinge aus derselben Zelle, die sich bis zu einem gewissen Punkt teilen kann[301]. Zweieiigen Zwillingen liegen von Beginn an zwei befruchtete Eizellen zugrunde[302]. Das Individuum der zwei befruchteten Eizellen kann daher zweifelsfrei bejaht werden. Der vermeintliche Widerspruch stellt sich somit nicht.

Es könnte allerdings der Einwand vorgetragen werden, weshalb gerade der Ausschluss der eineiigen Zwillingsbildung für den Beginn des Lebensschutzes maßgeblich sein soll. Dies ist deswegen notwendig, da ab diesem Moment zweifelsfrei feststeht – mit Ausnahme der 0,00005–0,0001 %igen Wahrscheinlichkeit siamesischer Zwillinge –, dass ein Individuum besteht. Ab dann besteht genau der Embryo, der sich zum Menschen entwickelt.

Zuzugestehen sind jedoch Unklarheiten bei der biologischen Bewertung des letztmöglichen Zeitpunktes der Entstehung eineiiger Zwillinge[303]. So wird der Zeitpunkt auf das Ende der zweiten Woche[304], den siebten oder achten[305], 14.[306], oder 16.[307] Tag datiert. Insoweit besteht eine mangelnde Rechtssicherheit. Aus den anderen Argumenten folgt jedoch kein exakterer Zeitpunkt. Im Vergleich zu den anderen Argumenten sind alle insoweit gleich rechtsunsicher. Daher schließt die Ungenauigkeit das Abstellen auf die Individuation nicht zwangsläufig aus. Zudem kann der Einwand überwunden werden, in dem man auf den zuletzt beobachteten

---

300 *Müller-Terpitz*, Schutz des pränatalen Lebens, S. 192.

301 *Bommas-Ebert/Teubner/Voß*, Anatomie, S. 45.

302 *Bommas-Ebert/Teubner/Voß*, Anatomie, S. 44.

303 *Müller-Terpitz*, Schutz des pränatalen Lebens, S. 194.

304 *Bommas-Ebert/Teubner/Voß*, Anatomie, S. 41, 45; *Salder*, Medizinische Embryologie, S. 147, 77.

305 Embryologie des Menschen-*Bergmann/Sinowatz*, S. 91, 96.

306 *Nüsslein-Vollhard*, Das Werden des Lebens, S. 148.

307 *Hinrichsen*, Humanembryologie, S. 33.

Zeitpunkt der Bildung eineiiger Zwillinge, also den 16. Tag, abstellt[308]. Danach ist jedenfalls noch nie eine Teilung festgestellt worden, sodass danach zweifelsfrei immer ein Individuum besteht. Diese biologische Sicherheit impliziert einen Schluss auf den entscheidenden Zeitpunkt. Somit ist der 16. Tag nach der Befruchtung der Tag, an dem der Lebensschutz des Art. 2 II 1 GG beginnt. Zwar ist der 16. Tag nach der Befruchtung relativ spät im Gegensatz zur Kernverschmelzung und der Nidation. Konsequenzen ergeben sich daraus jedoch keine, sodass dies nicht gegen den Zeitpunkt streitet. Die Leibesfrucht wäre bei einer In-vitro-Befruchtung, einer intrazytoplasmatische Spermatozoeninjektion, der Forschung an embryonalen Stammzellen, dem Embryonentransfer oder bei der Präimplantationsdiagnostik geschützt. Letztlich wiegen die Einwände gegen das Individualitätsargument nicht derart schwer, dass das Argument insgesamt nicht überzeugt. Mithin ist der 16. Tag nach der Befruchtung für den Beginn des Lebensschutzes maßgeblich.

Endergebnis zum verfassungsrechtlichen Beginn des Lebensschutzes:

Als Endergebnis zum verfassungsrechtlichen Beginn des Lebensschutzes ist daher zunächst festzuhalten, dass die klassischen Auslegungsmethoden nicht auf einen Zeitpunkt für den Beginn des Lebensschutzes schließen lassen. Die auf dem Wortlaut, der Historie des Art. 2 II 1 GG sowie das Kontinuitäts-, Identitäts- und Potenzialitätsargument gestützte Argumentation des BVerfG und von Teilen der Literatur für die Nidation als maßgeblichen Zeitpunkt des Beginns des Lebensschutzes überzeugt nicht. Das Argument der biologischen Unabhängigkeit, der biologischen Selektion und das Speziesargument überzeugen ebenso nicht, sodass die Nidation insgesamt nicht der maßgebliche Zeitpunkt ist. Im Kern der Debatte des Beginns des Lebensschutzes werden interessensgeleitete, soziologisch-orientierte, objektiv-rechtliche Ansätze und biologische Kriterien vertreten. Überzeugend sind dabei nur die biologischen Kriterien. Daher ist aus diesen der Zeitpunkt für den Beginn des Lebensschutzes zu folgern. Die bereits vertretenen Zeitpunkte der Fertilisation, Imprägnation, Kernverschmelzung, Individuation, Hirnaktivität, ca. 20. Schwangerschaftswoche, siebten Schwangerschaftsmonat, Geburt sowie die Position zwischen Nidation und Geburt als „latent menschliches Leben“ überzeugen jedoch nicht. Ebenso vermögen die abgestuften Schutzkonzepte nicht zu überzeugt. Daher war ein alternativer Zeitpunkt zu entwickeln. Aus dem Charakter der Grundrechte zum Schutze des Individuums folgt letztlich das Individualitätsargument. Es zwingt zum Abstellen auf den Zeitpunkt, an dem zweifelsfrei in Individuum vorliegt. Dies ist der

308 *Hinrichsen*, Humanembryologie, S. 33.

Ausschluss des Entstehens eineiiger Zwillinge. Nach dem 16. Tag nach der Befruchtung wurde biologisch noch nie eine Teilung beobachtet. Ab dann beginnt daher der Lebensschutz des Art. 2 II 1 GG. Folglich steht im Ergebnis somit fest, dass die erste Voraussetzung einer staatlichen Handlungspflicht – eine verfassungsrechtliche Schutzposition – erfüllt ist.

II. Kapitel – Gefahrenvorsorge de lege lata zum Schutz Ungeborener

Im vorherigen Kapitel wurde festgestellt, dass Ungeborene dem Schutz des Art. 2 II 1 GG unterstehen. Daher ist die erste Voraussetzung für das Bestehen einer Handlungspflicht erfüllt. Eine staatliche Handlungspflicht setzt darüber hinaus voraus, dass kein angemessener Schutz besteht[309] und die Belange einer etwaigen Schutzposition kollidierende Grundrechte überwiegen[310]. Zum angemessenen Schutz von Rechtsgütern gewährleistet der Staat den institutionellen Rahmen, damit freiheitsberechtigten Bürgern die individuelle Gestaltung des Lebens gewährleistet wird. Die Freiheit des Einzelnen wird mannigfaltig geschützt. Rechtliche Gewährleistungen und Rechtsinstitute schützen ebenso die Freiheit wie staatliche Einrichtungen sowie Organisations- und Finanzhilfen[311]. Zugleich wehrt der Staat Störungen ab und gleicht die Freiheitsbedürfnisse einzelner mit Gemeinwohlbelangen aus. Die Orientierung am Gemeinwohl zwingt den Staat dazu, Entwicklungen des öffentlichen Lebens zu beobachten, zu planen und im Ergebnis zu lenken. Dabei steht ihm grundsätzlich die Wahl der Mittel frei. Das Grundgesetz enthält nämlich keine Vorgaben, wie staatliche Schutzpflichten umzusetzen sind[312]. Die Verfassung schreibt zwar den Schutz, nicht aber die nähere Ausgestaltung vor[313]. Aus der Gewaltenteilung folgt, dass es dem Gesetzgeber überlassen bleibt, welche Schutzmaßnahmen er für sinnvoll und geboten hält[314]. Dabei hat er einen weiten Einschätzungs-, Wertungs- und Gestaltungsspielraum[315]. Daher können staatliche Schutzaufgaben durch Gebote, Verbote oder Genehmigungsvorbehalte im Rahmen der Gefahrenvorsorge realisiert

309 BVerfGE 77, 170, 215.

310 BVerfGE 88, 203, 254.

311 Dazu und im Folgenden HStR V-*Kirchof*, § 99 Rz. 1.

312 *Hesse*, FS Mahrenholz, 1994, S. 541, 545.

313 BVerfGE 46, 160, 164; 88, 203, 254; 92, 26, 46; 96, 56, 64; *Sternberg-Lieben*, NStZ 1988, 1, 2.

314 BVerfGE 39, 1, 44.

315 BVerfGE 77, 170, 214; 88, 203, 254; 92, 26, 46; 96, 54, 64; 125, 39, 78.

werden[316]. Zudem kann eine Gefahrenvorsorge durch die staatlichen Blankettinstrumente Rechtssetzung, Personaleinsatz, die Verwendung von Finanzmitteln und die Nutzung staatlicher Organisationskraft erfolgen[317]. Verbindliche staatliche Entscheidungen und Lenkungswirkungen werden durch Gesetze, Verwaltungsakte, Verträge und Weisungen realisiert[318]. Neben dem herkömmlichen Verwaltungsakt haben sich andere Formen der exekutiven Lenkung entwickelt, bei denen informierende Tätigkeiten im Vordergrund stehen[319]. Zugleich können staatliche Schutzaufgaben erfüllt werden, indem lenkungsbedürftige Verhaltensweisen durch Kriminalisierung eingeschränkt werden. Allerdings bedarf es keiner staatlichen Lenkung, sofern Verfassungsgüter ausreichend durch eine Selbstregulierung geschützt werden[320]. Voraussetzung dafür ist indes, dass verfassungsrechtliche Schutzrechte tatsächlich angemessen geschützt werden[321]. Zunächst sollen staatliche Maßnahmen außerhalb des Strafrechts dargestellt werden, um festzustellen zu können, ob ein staatlicher Schutzauftrag bereits durch weniger einschneidende Mittel als die des Strafrechts erfüllt wird. Aufgrund der Ultima-ratio-Wirkung des Strafrechts werden daher zunächst staatliche Operationsmechanismen unterhalb einer strafrechtlichen Regulierung eruiert. In diesem Kontext mag die Untersuchung an dieser Stelle prüfen, wie der Staat die Schutzpflichten für das ungeborene Leben im Rahmen der Gefahrenvorsorge umsetzt. Die Wahl der Handlungsmittel – Selbstregulation, Rechtssetzung, genauer: Gebote, Verbote, Genehmigungsvorbehalte, sowie informelles Handeln, individuelle Beratung, Finanzierungen oder strafrechtliche Sanktionsdrohungen – bestimmen dabei gleichzeitig den Gang der Untersuchung. Zudem bedarf die staatliche Politik zur Reduzierung des Alkoholkonsums Schwangerer als Zwischenschritt einer Beurteilung, da nur so etwaiges Verbesserungspotenzial zu erkennen ist. Die Erkenntnisse über die Vor- und Nachteile einzelner staatlicher Maßnahmen können im Rahmen der Überlegungen künftiger Regelungen genutzt werden (Kapitel VI.), um das Hauptanliegen der Untersuchung zu erfüllen.

316 HStR V-*Kirchof*, § 99 Rz. 1.
317 HStR V-*Kirchof*, § 99 Rz. 24.
318 HStR V-*Kirchof*, § 99 Rz. 180.
319 HStR V-*Kirchof*, § 99 Rz. 188.
320 HStR V-*Isensee* § 191 Rz. 271.
321 HStR V-*Isensee*, § 99 Rz. 188.

1. Gesetzliches und untergesetzliches Recht

Der Staat kann seine Schutzaufgaben durch gesetzliche Normierungen sicherstellen. Gesetze und untergesetzliches Recht wie Satzungen und Rechtsverordnungen können Verhaltenslenkungen gegenüber einer Vielzahl von unbestimmten Personen bewirken. Das Gesetz trifft eine generell-abstrakte, grundsätzlich jedermann betreffende, in eine noch ungewisse Zukunft vorausgreifende Regelung[322]. Mit der Einführung des PrävG im Jahr 2015 führte der Gesetzgeber in § 20 III 1 Nr. 8 SGB V PrävG lediglich das Gesundheitsziel „Alkoholkonsum reduzieren“ erstmalig ein. Damit wurde indes der generelle Rückgang des Alkoholkonsums bezweckt[323]. Das Gesetz bezieht sich daher nur auf den Alkoholkonsum im Allgemeinen und enthält keine Maßnahmen zur Vermeidung des Alkoholkonsums Schwangerer. Weder im Gesetzeswortlaut noch in der Begründung wird der Alkoholkonsum unter Schwangeren überhaupt thematisiert. Weitere gesetzliche Regelungen bestehen nicht. Daraus folgt, dass es dem Gesetzgeber an Problembewusstsein mangelt. Somit bewirkt das PrävG jedenfalls in Bezug auf die Vermeidung des Alkoholkonsums Schwangerer keinerlei Lenkung. Andere gesetzliche Regelungen zum Schutz des ungeborenen Lebens durch den Alkoholkonsum Schwangerer bestehen ebenso nicht. Der Staat reglementiert letztlich gar nicht, obwohl Regelungen prima facie nicht vollkommen außerhalb des Möglichen erscheinen. So könnten Hebammen, Gynäkologen oder Schwangerschaftsberatungsstellen bspw. zu besseren Aufklärungen in Schwangerschaftsberatungsgesprächen verpflichtet oder zur Weitergabe von Informationsmaterialien angehalten werden. Überdies könnte der Gesetzgeber die Aufklärung in den Schulunterricht integrieren. Ein angemessener Schutz des ungeborenen Lebens durch vorbezeichnete Einwirkungen wird jedenfalls nicht durch das Handlungsinstrument des gesetzlichen bzw. untergesetzlichen Rechts verwirklicht.

2. Informelles Handeln

Der Schutz von Rechtsgütern kann zudem durch sog. informelles Handeln sichergestellt werden[324]. Dies meint die Erfüllung der Schutzpflichten durch umfassende Informationstätigkeiten, etwa indem die öffentliche Hand durch moderne Informations- und Kommunikationstechniken aufklärt, berät, empfiehlt und warnt.

---

322 Maunz/Düring, GG-KO-*Kirchof*, Art. 3 I Rz. 234.

323 BT-Drs. 640/14, S. 17, 21, 42; BT-Drs. 18/4282, S. 21, 24, 40, 69; BT-Drs. 18/5261, S. 53.

324 Dazu und im Folgenden HStR V-*Kirchof*, § 99 Rz. 5.

Diese geistige Einwirkung bewirkt Lenkung durch Nähe zum Bürger, allerdings entsteht zugleich ein Legitimationsdefizit für staatliche Organe, da Entscheidungen nicht durch den Staat getroffen werden, sondern auf den Einzelnen verlagert werden. Die einseitige staatliche Informationstätigkeit wirkt ebenso wie Gesetze abstrakt-generell und kann so in ihren Wirkungen durch die modernen Massenmedien kaum verlässlich gemäßigt werden. Allerdings wirkt informelles Handeln schnell sowie effektiv und ermöglicht eine geringe Beeinträchtigung Dritter, sodass es ein taugliches Mittel bei der Bewältigung akuter Krisen ist[325]. Zugleich schafft der Staat damit eine rationale Grundlage für selbstverantwortliche Entscheidungen und bestimmt so mittelbar motivationslenkend zu einem Verhalten[326]. Informelles Handeln ist oftmals im Bereich der marktbezogenen Risikoaufklärung zu beobachten, etwa bei der Warnung vor bestimmten Produkten. Beispielsweise war die Veröffentlichung einer Liste mit Weinen, die versehentlich ein Frostschutzmittel (Diethytenglykol) enthielten durch den Gesundheitsminister verfassungsrechtlich zulässig. Voraussetzung für die Zulässigkeit von marktbezogenen Informationen ist, dass eine staatliche Aufgabe vorliegt, die staatliche Zuständigkeit gewahrt ist und die Informationen sachlich und korrekt sind[327]. Infolgedessen sollen Bürger zur eigenverantwortlichen Mitwirkung an der Problembewältigung befähigt werden[328]. Insbesondere soll eine hinreichende Informationsgrundlage geschaffen werden, sofern die gesellschaftlichen Kräfte nicht ausreichen, um ein hinreichendes Informationsdefizit auszugleichen[329]. Staatlicher Handlungen bedarf es nur, sofern die Gesellschaft nicht bereits selbst Rechtsgüter schützt[330]. Selbstregulierung ist Ausdruck individueller Freiheit und liberaler staatlicher Grundausrichtung, die die Grundlage der Verfassung ist[331]. In die Kategorie des informellen Handelns lassen sich die meisten der aktuellen staatlichen Maßnahmen gegen den Alkoholkonsum Schwangerer systematisch einordnen. Der Staat klärt durch verschiedene Maßnahmen auf. Die Aufklärung erfolgt über die Drogenbeauftragte

325 So auch BVerfGE 105, 252, 270.

326 HStR V-*Kirchof*, § 99 Rz. 212.

327 BVerfGE 105, 252, 268 ff.; 105, 279, 301 ff.; HStR V-*Kirchof*, § 99 Rz. 215.

328 BVerfGE 105, 252, 269.

329 BVerfGE 105, 252, 269.

330 Dazu und im Folgenden HStR IV-*Isensee*, § 73 Rz. 65 ff.; HStR IX-*Isensee*, § 191 Rz. 271.

331 *Steinberg*, FS Rüping, S. 91, 108.

der Bundesregierung[332], das Bundesministerium für Gesundheit[333] und die Bundeszentrale für gesundheitliche Aufklärung[334]. Die Vorbezeichneten publizieren Flyer mit Informationen über die Folgen des Alkoholkonsums Schwangerer[335], informieren mittels ihrer Internetseiten und verweisen auf weiterführende Links[336]. Zudem bestehen Informationsbroschüren für Betroffene, welche umfassend aufklären und Rat in sozialrechtlichen Fragen erteilen[337]. Die staatlichen Broschüren und Internetseiten sind übersichtlich und ansprechend gestaltet. Informationen werden nachvollziehbar vermittelt, sodass daraus eine umfassende Aufklärung folgen kann. Jedoch sind Internetseiten nur wirksam, wenn bereits ein gesellschaftliches Problembewusstsein besteht und Schwangere sich über das Problem informieren wollen. Andernfalls werden die Internetseiten voraussichtlich nicht besucht. Allerdings haben fast 50 % der Bevölkerung keine Kenntnis über die bleibenden Folgen des pränatalen Alkoholkonsums für Ungeborene[338]. Daher muss dort angesetzt werden, wo noch kein Problembewusstsein vorhanden ist. Die Internetseiten werden Alkoholkranke zudem kaum vom Alkoholkonsum abhalten können. Zwar erzeugten Onlineberatungsprogramme für Alkoholkranke durchaus Verhaltensänderungen, obwohl wissenschaftlich noch offen ist, ob Face-to-Face-Gespräche nicht wirksamer sind[339]. Unterstellt die Onlineberatungsangebote seien wirksam, besteht jedoch weiterhin das Problem, dass Schwangere zunächst

332 Im Folgenden wird die Bezeichnung Drogenbeauftragte verwendet. Damit ist die Drogenbeauftragte der Bundesregierung – zurzeit *Marlene Mortler* – gemeint.

333 Im Folgenden BMG.

334 Im Folgenden BZgA.

335 http://www.bzga.de/infomaterialien/alkoholpraevention/informationen-zum-thema-alkohol-fuer-schwangere-und-ihre-partner/ (zuletzt aufgerufen am 22.07.2017).

336 http://www.drogenbeauftragte.de/drogen-und-sucht/alkohol/alkohol-und-schwangerschaft.html (zuletzt aufgerufen am 22.07.2017).

337 http://drogenbeauftragte.de/fileadmin/dateien-dba/DrogenundSucht/Alkohol/Downloads/FASD_online_Juni14.pdf (zuletzt aufgerufen am 22.07.2017); http://www.drogenbeauftragte.de/drogen-und-sucht/alkohol/alkohol-und-schwangerschaft/weitere-informationen-und-hilfsangebote-zum-fetalen-alkoholsyndrom-und-zu-fetalen-alkoholspektrumstoerungen.html (zuletzt aufgerufen am 22.07.2017).
Diese entwarf allerdings der private Verein Deutsche Suchthilfe; http://www.dhs.de/fileadmin/user_upload/pdf/Broschueren/Du_bist_schwanger.pdf (zuletzt aufgerufen am 22.07.2017).

338 Drogen- und Suchtbericht 2015, S. 18, 111.

339 *Körkel*, SUCHT 2015, 147, 163 m.w.N.

Kenntnis von den Angeboten erhalten müssten. Ferner wird die Androhung von Sanktionen bei Süchtigen ebenso keinen Erfolg haben, da der Konsum von Süchtigen nicht mehr von freien Willen getragen oder durch rationale Entscheidungen motiviert ist[340]. Internetseiten und Broschüren erzielen daher bei Süchtigen wohl kaum Lenkungswirkung und bei Nichtsüchtigen werden wohl auch nur beschränkte Lenkungen erreicht. Bei den Flyern treten selbige Zweifel auf. Zwar sind diese ebenso übersichtlich und ansprechend gestaltet. Auf der ersten Seite ist groß das Credo „Kein Schluck. Kein Risiko" oder „Trinken Sie keinen Alkohol!" sichtbar. Sofern Schwangere diese betrachten, werden sie daher mit der Problematik konfrontiert. Die Flyer können erste Denkanstöße geben und so zur Bildung des Problembewusstseins beitragen. Die Schwierigkeit besteht indes darin, dass die Flyer überhaupt Beachtung finden. Das Informationsmaterial liegt in Gynäkologiepraxen oder Schwangerschaftsberatungsstellen aus und dort drohen durch die Vielzahl von Angeboten Verwässerungseffekte. Somit besteht die Gefahr, dass die Informationsbroschüren gar nicht erst gelesen werden[341]. Daher leidet die Qualität der staatlichen Maßnahmen insgesamt. Auch die Quantität staatlicher Maßnahmen ist kaum ausreichend. Der Staat greift nur marginal ein. Eine umfassend angelegte Informationskampagne, wie bspw. bei der Organspende[342] fehlt[343]. Zudem beschränken sich die vorhandenen Maßnahmen überwiegend auf Texte. Möglicherweise besonders effektive, weil eine Vielzahl von Betroffenen schnell erreichende Maßnahmen, wie Aufklärungen durch Videos, über das Radio, Fernsehen und soziale Medien fehlen vollständig. Verfassungsrechtlich wären die Maßnahmen nicht zu bestanden. Zutreffend leitet die bundesverfassungsrechtliche Rechtsprechung im Bereich der Gefahrenvorsorge aus der Leitungsaufgabe der Regierung weitreichende Warn- und Informationsmöglichkeiten ab. Bspw. war die Veröffentlichung einer Liste mit Weinen durch den Gesundheitsminister, die versehentlich ein Frostschutzmittel (Diethytenglykol) enthielten, verfassungsrechtlich zulässig. Die verfassungsrechtliche Sicherstellung des Gesetzesvorbehaltes ergibt sich dabei aus der Leitfunktion der Regierung. Diese legitimiert letztlich

---

340 Ähnlich *Hall*, FS Schlick, 2015, S. 507, 515; *Merzenich/Lang*, Alkohol in der Schwangerschaft, S. 62 m.w.N.; *Spohr*, Das Fetale Alkoholsyndrom, S. 203.

341 Ähnlich *Merzenich/Lang*, Alkohol in der Schwangerschaft, S. 63 m.w.N.

342 Und selbst hier sind die Zahlen in Deutschland im Vergleich zu anderen europäischen Ländern auffallend gering, vertiefend S. 9 ff. http://www.ethikrat.org/dateien/pdf/die-zahl-der-organspenden-erhoehen.pdf (zuletzt aufgerufen am 22.07.2017).

343 Dieser Zustand wurde bereits 2002 in einer von der Bundeszentrale für gesundheitliche Aufklärung veranlassten Studie bemängelt, *Merzenich/Lang*, Alkohol in der Schwangerschaft, S. 79.

Informationen und Warnung vor Gefahren[344]. Gemessen daran wären verstärkte Bemühungen in der gefahrvorsorgenden Aufklärungsarbeit durch Flyer, Broschüren, Internetseiten, Fernsehen, Radio und soziale Medien zulässig. Eine Nachfrage beim BMG ergab, dass es keine weiteren Planungen im Bereich der Aufklärung gibt. Weder sind größere Aktionen wie etwa die aktuelle Aufklärungskampagne zur Organspende mit zahlreichen Plakaten noch die Einbeziehung der Alkoholindustrie geplant. Kommunale Gesundheitsämter treffen kaum bis gar keine Maßnahmen. So trifft die Stadt Bonn bspw. überhaupt keine Maßnahmen zur Vermeidung des Alkoholkonsums Schwangerer[345]. Gleichwohl könnten bessere Informationen der Bevölkerung zur Problemlösung beitragen. Der BGH bejaht ausdrücklich psychologische Wirkungen bei staatlichen Aufklärungen und Warnungen durch Merkblätter[346]. Die Verteilung von Merkblättern durch den Staat, welche über eine Notwendigkeit einer Tuberkuloseimpfung für Kinder aufklären, erzeuge ein „psychologisches Abfordern" der Impfung[347]. Sie seien geeignet, Eltern in eine schwere „Gewissennot" zu versetzen; es bestünde „Gewissenszwang"[348]. Daran anknüpfend bleiben diese Möglichkeiten vorliegend ungenutzt. Vom größten dieser Projekte, das Projekt „Alkohol? Kenn dein Limit"[349], geht keine präventive Wirkung aus[350]. Dass im Ergebnis rund die Hälfte der Bevölkerung nicht um die Folgen des Alkoholkonsums Schwangerer weiß[351], zeigt, dass die Problematik bei Weitem noch nicht im gesellschaftlichen Bewusstsein angekommen ist. Somit garantiert das Handlungsinstrument des informellen Handelns letztlich keine motivationsleitende Lenkung des Verhaltens Schwangerer, sodass infolgedessen auch kein angemessener Schutz Ungeborener besteht.

3. Finanzierungen

Staatliche Lenkungswirkungen können ebenso durch den geschickten Einsatz von Geld und eine daraus resultierende Verbesserung der wirtschaftlichen Situation erreicht werden. Durch das Anbieten von finanziellen Vergünstigungen oder dem Androhen von finanziellen Verkürzungen werden Anreize für ein

---

344 BVerfGE 105, 252, 268 ff.; 105, 279, 301 ff.; HStR V-*Kirchof*, § 99 Rz. 215.

345 Informationen auf Nachfrage bei der Stadt Bonn erhalten.

346 Dazu und im Folgenden BGHZ 24, 45 ff.; 31, 187 ff.

347 BGHZ 31, 187, 191.

348 BGHZ 24, 45, 46 f.

349 http://www.kenn-dein-limit.info/ (zuletzt aufgerufen am 22.07.2017).

350 *Korczak*, Föderale Strukturen der Prävention von Alkoholmissbrauch bei Kindern und Jugendlichen, S. 59.

351 Drogen- und Suchtbericht 2015, S. 18, 111.

bestimmtes Verhalten geschaffen, sodass dies Auswirkungen auf das Verhalten der Bürger hat[352]. Staatliche Leistungssubventionen oder finanzielle Förderungen sozialer Projekte verhelfen in der gleichen Weise zu staatlicher Lenkung. So kann durch eine Förderung von sozialen Projekten mittelbar erreicht werden, dass verfassungsrechtliche Schutzpflichten realisiert werden. Staatliches Bewirken verselbstständigt sich infolgedessen durch den Einsatz der Mittel durch Private. Durch eine staatliche Zweckbestimmung der Mittel wird eine begrenzte Nutzungs- und Verfügungsgewalt zum Einsatz der Realisierung der staatlichen Schutzaufträge sichergestellt[353]. Im Bereich der Gefahrenvorsorge gegen den Alkoholkonsum Schwangerer versucht der Staat durch die Finanzierung mehrerer Projekte Einfluss zu nehmen. Im Jahr 2011 begann etwa die Umsetzung der Schwerpunktförderung „Neue Präventionsansätze zur Vermeidung und Reduzierung von Suchtmittelkonsum in der Schwangerschaft und Stillzeit" durch die Drogenbeauftragte und das BMG. In einer ersten Förderungsphase von März 2011 bis Februar 2012 wurden sieben Projekte zur Vermeidung des Alkoholkonsums Schwangerer in Höhe von 261.000 € gefördert[354]. Bspw. wurde ein Projekt des Caritasverbandes Region Schaumburg-Blies e.V. unterstützt, indem Schwangere und Fachkräfte aufgeklärt sowie Hilfen zur Reduktion des Suchtmittels Alkohol bereitgestellt wurden[355]. Ein anderes Beispiel ist die Finanzierung des Aufklärungskonzepts des Sozialdienstes katholischer Frauen e.V. (SkF e.V.), welches mittels direkter Ansprache des Problems in Schwangerschaftsberatungsgesprächen auf eine Vermeidung des Alkoholkonsums Schwangerer hinwirkt[356]. Nachdem sich die Projekte in der ersten Förderungsphase auf lokale und regionale Maßnahmen bezogen, wurden drei der sieben Projekte in einer zweiten Förderungsphase weitere zwei Jahre fortgeführt und überregional etabliert,

352 HStR V-*Kirchof*, § 99 Rz. 6.

353 HStR V-*Kirchof*, § 99 Rz. 112.

354 BT-Drs. 18/3378, S. 3; eine Übersicht über die Projekte findet sich unter https://www.bundesgesundheitsministerium.de/service/publikationen/einzelansicht.html?tx_rsmpublications_pi1%5bpublication%5d=1879&tx_rsmpublications_pi1%5baction%5d=show&tx_rsmpublications_pi1%5bcontroller%5d=Publication&cHash=4d08fc840f1a6f5c06bb334684bd32b9 (zuletzt aufgerufen am 22.07.2017).

355 https://www.bundesgesundheitsministerium.de/fileadmin/dateien/Publikationen/Drogen_Sucht/Kurzbericht/Kurzbericht_Caritasverband_Region_Schaumburg-Blies_Neue_Praeventionsansaetze_zur_Vermeidung_von_Suchtmittelkonsum_in_Schwangerschaft_und_Stillzeit.pdf (zuletzt aufgerufen am 22.07.2017).

356 https://www.bundesgesundheitsministerium.de/fileadmin/dateien/Publikationen/Drogen_Sucht/Kurzbericht/Phase_2Kurzbericht_SkF_Foerderschwerpunkt_Schwangerschaft.pdf (zuletzt aufgerufen am 22.07.2017).

wobei das BMG diese mit 415.000 € unterstützte[357]. 185.000 € wurden für die Auswertung der Modelle zur Verfügung gestellt[358]. Die unterstützten Projekte sind 2014 ausgelaufen. Dabei weisen die Evaluationen der Projekte durchaus positive Anhaltspunkte auf. Etwa konnten die Zielgruppe der Fachkräfte (Mitarbeiter/Innen der Gesundheitsämter, der Beratungsstellen, (Familien)-Hebammen) erreicht und diese für die Thematik sensibilisiert werden[359]. Die Personen wurden erfolgreich im Umgang mit Schwangeren geschult, sodass sie nun befähigt sind, jungen Frauen die Suchtmittelproblematik sowie die Auswirkungen des Alkoholkonsums auf den Fötus spielerisch und anschaulich zu vermitteln[360]. Negativ fiel dabei auf, dass Frauenärzte nicht in gleichem Maße erreicht und sensibilisiert wurden[361]. Eigens vorgesehene Sprechstunden bzw. Beratungszeiten für Schwangere in den Praxen bzw. Geburtshilfekliniken mit den Vorteilen von vertraulichen Gesprächen sowie kurzem Wegen wurden von Frauenärzten nicht gewünscht. Zudem wurden im Projektzeitraum keine Schwangeren zur weiteren Hilfestellung an die Behandlungszentren verwiesen. Die Wirkungen auf Schwangere wurden differenziert beurteilt. Der Abschlussbericht des Caritasprojektes bemängelt, dass im Projektzeitraum die Beratungsangebote von (konsumierenden) Schwangeren nur in marginaler Weise nachgefragt wurden[362]. Der Abschlussbericht des Projektes des Sozialdienstes katholischer Frauen beurteilt das Projekt anders. Die Evaluationsdaten würden belegen, dass Schwangere (unabhängig vom eigenen Konsum) auf das Interventionsmodell mehrheitlich

357 Drogen- und Suchtbericht 2015, S. 72.

358 BT-Drs. 18/3378, S. 3.

359 https://www.bundesgesundheitsministerium.de/fileadmin/dateien/Publikationen/Drogen_Sucht/Kurzbericht/Kurzbericht_Caritasverband_Region_Schaumburg-Blies_Neue_Praeventionsansaetze_zur_Vermeidung_von_Suchtmittelkonsum_in_Schwangerschaft_und_Stillzeit.pdf, S. 2 (zuletzt aufgerufen am 22.07.2017).

360 https://www.bundesgesundheitsministerium.de/fileadmin/dateien/Publikationen/Drogen_Sucht/Kurzbericht/Kurzbericht_Caritasverband_Region_Schaumburg-Blies_Neue_Praeventionsansaetze_zur_Vermeidung_von_Suchtmittelkonsum_in_Schwangerschaft_und_Stillzeit.pdf, S. 2 (zuletzt aufgerufen am 22.07.2017).

361 Dazu und im Folgenden https://www.bundesgesundheitsministerium.de/fileadmin/dateien/Publikationen/Drogen_Sucht/Kurzbericht/Kurzbericht_Caritasverband_Region_Schaumburg-Blies_Neue_Praeventionsansaetze_zur_Vermeidung_von_Suchtmittelkonsum_in_Schwangerschaft_und_Stillzeit.pdf, S. 2 f. (zuletzt aufgerufen am 22.07.2017).

362 Abschlussbericht Bundesprojekt Neue Präventionsansätze zur Vermeidung und Reduzierung von Suchtmittelkonsum in der Schwangerschaft und Stillzeit des Caritasverband Schaumberg-Blies e.V., S. 27.

offen und interessiert reagierten[363]. Sowohl dem Screening als auch den psychoedukativen Materialien sowie den motivierenden Gesprächen wurden offen und interessiert gegenüber getreten[364]. Mehrheitlich wären Schwangere, die einen Substanzkonsum in der Schwangerschaft aufwiesen und im Interventionsmodell darauf angesprochen wurden, bereit gewesen, ihr Verhalten im Sinne des ungeborenen Kindes zu verändern[365]. Eine weitere Evaluation gelangte auch zu positiven Ergebnissen. Dabei wurden die Projekte als wertvolle Hilfen eingestuft, da sich die „direkte, persönliche und wertschätzende Ansprache der Schwangeren als nachhaltige und treffende Option abzeichnete“[366]. Keine der werdenden Mütter hat auf empathische und doch informative Gespräch negativ reagiert[367]. Daher überwiegen die positiven Effekte der Projekte. Warum die Projekte letztlich trotz positiver Präventionsprognose nicht fortgeführt wurden, bleibt vor diesem Hintergrund unverständlich.

Des Weiteren versucht der Staat, frühzeitig das Konsumverhalten während der Schwangerschaft zu lenken. So finanziert der Bund ein dreijähriges schulisches Aufklärungsprojekt der ärztlichen Gesellschaft für Gesundheitsförderung e.V. (ÄGGF), in denen Ärztinnen in Schulen insgesamt rund 1.200 FASD-Informationsveranstaltungen durchführen[368]. Die Stunden werden ab der achten Klasse bis zur dreizehnten Klasse an Haupt-, Real-, Gesamt- und Berufsschulen gehalten. Im Rahmen dieses Projektes wurde eine neue Informationsbroschüre speziell für Schülerinnen und Schüler entwickelt, die diese Zielgruppe im

---

363 https://www.bundesgesundheitsministerium.de/fileadmin/dateien/Publikationen/Drogen_Sucht/Kurzbericht/Phase_2Kurzbericht_SkF_Foerderschwerpunkt_Schwangerschaft.pdf, S. 2 (zuletzt aufgerufen am 22.07.2017).

364 https://www.bundesgesundheitsministerium.de/fileadmin/dateien/Publikationen/Drogen_Sucht/Kurzbericht/Phase_2Kurzbericht_SkF_Foerderschwerpunkt_Schwangerschaft.pdf, S. 2 (zuletzt aufgerufen am 22.07.2017).

365 https://www.bundesgesundheitsministerium.de/fileadmin/dateien/Publikationen/Drogen_Sucht/Kurzbericht/Phase_2Kurzbericht_SkF_Foerderschwerpunkt_Schwangerschaft.pdf, S. 2 (zuletzt aufgerufen am 22.07.2017).

366 Abschlussbericht Bundesprojekt Neue Präventionsansätze zur Vermeidung und Reduzierung von Suchtmittelkonsum in der Schwangerschaft und Stillzeit des Caritasverband Schaumberg-Blies e.V., S. 27.

367 Abschlussbericht Bundesprojekt Neue Präventionsansätze zur Vermeidung und Reduzierung von Suchtmittelkonsum in der Schwangerschaft und Stillzeit des Caritasverband Schaumberg-Blies e.V., S. 27.

368 Die folgenden Informationen stammen aus Gesprächen mit einer Vorstandsvorsitzenden der ÄGGF und dem Herrn *Albert Kern*, zuständiger Mitarbeiter beim BMG, Fachabteilung 425, Sucht und Drogen.

Vorfeld von Familienplanung und Schwangerschaft informiert. Die vom BMG mit rund 310.000 € finanzierten Unterrichtsstunden begannen im April 2015 und werden im März 2018 enden. Der frühe präventive Ansatzpunkt ab der achten Klasse ist begrüßenswert. Allerdings könnten die Stunden noch ausgeweitet werden. Die Finanzierung beschränkt sich zurzeit auf nur 1.200 Doppelstunden. Die Nachfrage bei einer Ärztin der ÄGGF ergab, dass die Stunden bis 2018 gestreckt werden, obwohl die ÄGGF über die notwendigen Strukturen verfügt, diese in deutlich kürzerer Zeit durchzuführen. Eine erhöhte Taktung der Stunden scheitert alleine an der Finanzierung. Zudem beinhaltet das Projekt keine Unterrichtungsstunden an Gymnasien, obwohl der moderate Alkoholkonsum in der Schwangerschaft bei Akademikerinnen am Höchsten ist[369]. Nach einer Studie aus dem Jahr 2002 konsumierten 60 % der Frauen mit Hochschulreife gegenüber lediglich 30 % derjenigen ohne Schulabschluss Alkohol[370]. Eine große Zielgruppe bleibt daher unberührt. Überdies sind von den 1.200 Doppelstunden 120 Stunden für die Evaluation abzuziehen. Diese muss durchgeführt werden, um dem BMG Bericht zu erstatten. Somit erzielen bereits 10 % der staatlichen Investitionen keine Wirkung.

Ferner versucht das BMG durch die Finanzierung eines modernen Online-Beratungsangebots für Schwangere Lenkungswirkungen zu erzielen. Seit 2014 existiert das Online-Beratungsangebot IRIS[371]. Dort können Schwangere online 12 Wochen lang ein interaktives Aufklärungsprogramm durchführen. Wöchentlich werden neue Hintergrundinformationen zur Verfügung gestellt sowie interaktive Online-Übungen zum Ausfüllen. Dabei werden bewährte und in ihrer Wirksamkeit bewährte (psycho-) therapeutische Techniken angewandt. Zudem finden Maßnahmen zur Rückfallprophylaxe und der Einbindung des Partners Anwendung[372]. Das Angebot richtet sich an Frauen, die wegen ihrer Schwangerschaft mit dem Rauchen aufhören und keinen Alkohol mehr trinken wollen. Das Programm motiviert zum Verzicht und unterstützt die Schwangeren dabei, ihr Abstinenzvorhaben zu realisieren. Deutschlandweit können sich ab dem 07.04.2015 bis zu 500 Schwangere über 18 Jahren für das Programm anmelden. Die Teilnahme ist kostenlos und anonym. Es besteht die Möglichkeit das Programm jederzeit abzubrechen.

---

369 *Fröschl/Brunner-Ziegler/Wirl*, Prävention des fetalen Alkoholsyndroms, S. 35 m.w.N.; *Merzenich/Lang*, Alkohol in der Schwangerschaft, S. 60 m.w.N.

370 *Spohr*, Das fetale Alkoholsyndrom, S. 104 m.w.N.

371 https://www.iris-plattform.de/ (zuletzt aufgerufen am 22.07.2017).

372 http://www.drogenbeauftragte.de/presse/pressemitteilungen/2014-02/internetbasierte-beratung-in-der-schwangerschaft.html (zuletzt aufgerufen am 22.07.2017).

Die interaktiven Beratungen des IRIS-Programms sind gut gestaltet, da sie anschaulich sowie durch eine spielerische Art schnell vermittelbar sind. Zudem bestehen Vorteile durch eine mildere Hemmschwelle bei der Inanspruchnahme des Programms, da es einerseits anonym erfolgt und andererseits durch die Online-Gestaltung jederzeit erreichbar ist. Die Kombination von Wissensvermittlung mit dem Abfragen von Wissen durch Übungen verspricht hohe Aufklärungseffekte[373]. Allerdings betrifft das Programm Frauen, die bereits schwanger sind, sodass die Aufklärungen zu spät erzielt werden könnten. Das Programm spricht nur Frauen an, die als Schwangere bereits ein Problembewusstsein gebildet haben. Ferner erleichtert die Freiwilligkeit des Programms ein Unterlassen der Durchführung des Programms. Die Wirkungsweise der staatlichen Lenkung minimiert sich letztlich vor dem Hintergrund, dass reine wissensvermittelnde Aufklärungen durch Internetseiten mutmaßlich nur eine beschränkte Wirkung erzielt. Verfehlt sind sie jedenfalls bei Alkoholkranken, da diese sich wohl kaum durch Internetseiten vom Alkoholkonsum abhalten lassen.

Zudem stellt das BMG einen Finanzierungszuschuss in Höhe von 50.000 € zu einer interaktiven FASD-Wanderausstellung zur Verfügung[374]. Am 20.09.2015 fand die Vernissage einer interaktiven FASD-Wanderausstellung mit einem begehbaren Kuppelzelt und mehreren Touchscreens statt. Die Ausstellung informiert u.a. ausführlich über die Folgen des Alkoholgenusses in der Schwangerschaft. Sie kann von Schulen, Kirchen, Gesundheitszentren und Privaten gebucht werden und soll durch die Republik wandern. Der staatliche Finanzierungszuschuss wird für ein Projekt verwendet, welches womöglich hohe Aufklärungseffekte bewirkt. Mittels interaktiver Lernmethoden können generell hohe Aufklärungseffekte erzielt werden[375]. Allerdings erreicht die Wanderausstellung keine breite Öffentlichkeit. Sie kann immer nur am aktuellen Standort aufklären. Zudem gewährt der Staat zwar einen Finanzierungszuschuss, der sich jedoch nur auf die Anschaffungskosten bezieht und diese zu 95 % deckt. Den Transport des

---

373 *Zumbach*, Lernen mit neuen Medien, S. 20, 27. Zu Beginn des 20. Jahrhunderts wurde in der Lernpsychologie/Pädagogik noch der Behaviorismus vertreten, welcher Lerneffekte zuvörderst mit Reiz-Reaktionslernen erreichen wollte. Danach wurde ein Lernreiz durch Dritte gesetzt auf dem der Lernerfolg folgen sollte. Mittlerweile herrscht jedoch der Konstruktivismus, wonach Lernerfolge am ehesten durch die eigenständige und aktive (Re-)Konstruktion der Welt entstehen, s. *ebd.*, S. 18 f.

374 Die folgenden Informationen stammen aus Gesprächen mit einer Vorstandsvorsitzenden der ÄGGF und dem Herrn *Albert Kern*, zuständiger Mitarbeiter beim BMG, Fachabteilung 425, Sucht und Drogen.

375 *Zumbach*, Lernen mit neuen Medien, S. 80 f.

Zeltes sowie die Begleitung der Wanderausstellung durch Fachleute und Kosten durch die Vermarktung werden nicht finanziert. Den Betreibern entstehen infolgedessen ungedeckte Kosten, wenn das Zelt in einer Schule o.ä. aufgestellt wird. Daher wird die Durchführung der Wanderausstellung durch fehlende finanzielle Zuschüsse behindert.

Beachtenswert ist zudem der Umstand, dass breit gefächerte Präventionsprojekte gegen den generellen Alkoholkonsum lediglich geringe Wirkungen erzielen. Nur vier von insgesamt 208 Projekten erzielten überhaupt Wirkungen[376].

Insgesamt investieren das BMG und die Drogenbeauftragte zurzeit rund 360.000 € in Präventionsarbeit, wobei kleinere Projekte nicht bezifferbar sind[377]. Diesen stehen ca. 265.000 € für die Diagnose und Hilfe für Betroffene beim Umgang mit FAS gegenüber[378]. Daher beträgt der Anteil an der Gefahrenvorsorge rund 57 % des Gesamtaufkommens zur Vermeidung des FAS. Daraus folgt indes kein Schluss darauf, ob das Grundrecht angemessen geschützt ist. Da die Wirkungen letztlich beschränkt bleiben, sollte der Staat mehr finanzielle Mittel zur Verfügung stellen.

Zudem handelt der Staat im Ergebnis letztlich unwirtschaftlich, da die Einsparungen durch das FAS höher wären als die gesteigerten Ausgaben zur Vermeidung. Zwar existieren in Deutschland noch keine gesicherten Zahlen zum finanziellen Mehraufkommen durch die Krankheit. Jedoch entstehen einer Schätzung zufolge durch das FAS pro Kind jährliche Mehrkosten in Höhe von 32.237 €[379]. Einbezogen sind Kosten, die etwa durch besondere Wohnsituationen (Kind in Pflegefamilie oder Heimeinrichtung), besondere Ausbildungssituationen (Kind in Förderkindergarten, Förderschule) und besondere medizinische Versorgung (Therapien, Medikation) entstehen und sich von den Kosten, die ein gesundes Kind verursacht, abheben. Kostenträger sind unter anderem die Jugendhilfe und die Gesetzlichen Krankenkassen. Eine andere Schätzung geht von gesamtgesellschaftlichen Kosten in Höhe von jährlich 15 Milliarden € als Untergrenze aus. Ein Betrag von 35 Milliarden € sei realistischer, sofern das Diagnosedefizit beachtet

---

376 *Korczak*, Föderale Strukturen der Prävention von Alkoholmissbrauch bei Kindern und Jugendlichen, S. 63.

377 Informationen auf Nachfrage bei Herrn *Albert Kern*, zuständiger Mitarbeiter beim BMG, Fachabteilung 425, Sucht und Drogen, erhalten.

378 BT-Drs. 18/3378, S. 4.

379 Dazu und im Folgenden http://www.fetales-alkoholsyndrom.de/aktuelle_forschung.html (zuletzt aufgerufen am 22.07.2017). Eine Nachfrage bei Prof. Feldmann (einer der führenden Medizinwissenschaftlicher beim FAS) ergab, dass die Zahl ein Zwischenergebnis einer noch nicht veröffentlichen medizinischen Dissertation ist.

würde[380]. Eine Studie aus den USA schätzte die lebenslangen Mehrkosten für ein geschädigtes Kind auf 2 Millionen Dollar[381]. Sofern die niedrigste Schätzung zugrunde gelegt und auf die jährlich rund 10.000 FAS-Kinder multipliziert wird, ergibt dies jährliche Mehrkosten in Höhe von ca. 322 Millionen €. Dabei geht es um durchweg vermeidbare Kosten. Wenn die Prävalenz der Krankheit um nur zehn Prozent gesenkt würde, würde dies zu Einsparungsmaßnahmen bei Neugeborenen von jährlich ca. 32,2 Millionen € führen. Bei einer Reduzierung der Prävalenz von nur einem Prozent, sänken die Kosten jährlich um 3,2 Millionen €, aber der Staat investiert aktuell lediglich rund 360.000 €. Angemerkt sei, dass hier von der niedrigsten Schätzung als Untergrenze ausgegangen wird. Das Geld für die Gefahrenvorsorge zur Vermeidung des Alkoholkonsums Schwangerer ist für den Staat aus wirtschaftlichen Gesichtspunkten daher eine sinnvolle Investition. Die Prävention des FAS würde das Gesundheitswesen und die Gesellschaft als Ganzes entlasten[382].

Im Ergebnis sind die staatlichen Lenkungsversuche durch Finanzierungen zurzeit unzureichend und gewähren keinen angemessenen Schutz Ungeborener vor dem Alkoholkonsum Schwangerer.

4. Individuelle Beratung

Der Staat kann motivationslenkende Wirkung durch individuelle Beratung erreichen[383]. Informationen und Aufklärungen können durch persönliche Gespräche vermittelt werden, um deren Effekte zur Verhaltenslenkung zu nutzen. Insbesondere lassen sich so in Berufs-, Studien-, Arbeits-, Gesundheits-, Schwangerschafts- und Schuldnerberatungen Handlungen lenken[384]. In Münster, Berlin, München und Thüringen gibt es Beratungsstellen zum Umgang mit FAS[385]. Bezogen auf das gesamte Bundesgebiet ist die Anzahl indes durchaus gering. Betroffene müssen zum Teil große Entfernungen zurücklegen, um diese Angebote wahr zu nehmen. Zudem beraten die Beratungsstellen primär zum Umgang mit dem FAS anstatt zu

380 *Hall*, FS Schlick, S. 507, 511.

381 *Fröschl/Brunner-Ziegler/Wirl*, Prävention des Fetalen Alkoholsyndroms, S. 24 m.w.N.

382 *Spohr*, Das fetale Alkoholsyndrom, Vorwort.

383 HStR V-*Kirchof*, § 99 Rz. 213.

384 HStR V-*Kirchof*, § 99 Rz. 213.

385 http://www.drogenbeauftragte.de/drogen-und-sucht/alkohol/alkohol-und-schwangerschaft/weitere-informationen-und-hilfsangebote-zum-fetalen-alkoholsyndrom-und-zu-fetalen-alkoholspektrumstoerungen.html (zuletzt aufgerufen am 22.07.2017).

Möglichkeiten, den pränatalen Alkoholkonsum zu vermeiden. Analog der Verwunderung über die medizinische Fachliteratur, die primär die Diagnose und den Umgang mit dem FAS thematisiert[386], ist der Zeitpunkt der Hilfe ebenso zu spät. Insofern muss der Zeitpunkt der Diskussion auf präventive Vermeidungsstrategien vorverlagert werden. Zwar geht von individuellen Beratungen ein hoher Präventionseffekt aus[387], jedoch vermögen die *aktuellen* individuellen Beratungen keinen angemessenen Schutz Ungeborener sicherzustellen.

5. Selbstregulierung

Aus der Verfassung folgt, dass es staatlicher Lenkungen nicht bedarf, sofern die Gesellschaft nicht bereits selbst einen ausreichenden Rechtsgüterschutz gewährleistet[388]. Nach dem Subsidiaritätsprinzip besteht ein Schutzbedürfnis demnach nur dann, wenn Grundrechtsträger sich nicht selbst schützen können. Die Eigeninitiative geht der staatlichen Prävention vor. Exemplarisch formuliert etwa das § 1 II PolG NRW, dass der Schutz privater Rechte der Polizei nur dann obliegt, wenn ohne polizeiliche Hilfe die Verwirklichung des Rechts vereitelt oder wesentlich erschwert werden würde. Die Selbstregulierung versucht die freie Entfaltung des Individuums möglichst weitreichend sicherzustellen und ist letztlich Ausfluss einer liberalen Staatslehre[389]. Die Grenze zwischen Selbstregulierung und staatlicher Lenkung endet dort, wo erstere nicht mehr in der Lage ist, Verfassungsgüter wirksam zu schützen. Ab dann ist der Staat zum Einschreiten verpflichtet[390]. Die Selbstregulierung kann etwa durch einen rücksichtsvollen Umgang ohne jegliche Regularien oder durch unterhalb der Gesetzesschwelle liegende Governance Regelungen erfolgen[391]. Mithilfe Letzterer verpflichten sich Personen eines bestimmten Verkehrskreises zur Einhaltung bestimmter Regelungen, die sie für

---

386 Siehe A.I.

387 Zum gleichen Ergebnis kommt die medizinische Studie von *Fröschl/Brunner-Ziegler/Wirl*, Prävention des Fetalen Alkoholsyndroms, S. 27 ff. m.w.N.; BZgA, Alkohol in der Schwangerschaft, S. 63 m.w.N.; *Merzenich/Lang*, Alkohol in der Schwangerschaft, S. 63 m.w.N.

388 Dazu und im Folgenden HStR IX-*Isensee*, § 191 Rz. 271; *Kaspar*, Verhältnismäßigkeit und Grundrechtsschutz, S. 250.

389 HStR IV-*Isensee*, § 73 Rz. 65 ff.

390 HStR IV-*Isensee*, § 73 Rz. 65 ff.; HStR IX-*Isensee*, § 191 Rz. 271.

391 Dazu und im Folgenden, *Möslein*, Rechtsgestaltung – Rechtsethik – Konkurrenz von Rechtsordnungen, S. 385 ff.

sich selbst verbindlich erklären. Beispielsweise gibt es bereits einen Corporate-Governance-Kodex im Aktienrecht[392].

Zurzeit existieren jedoch keine entsprechenden Governance-Kodizes im Bereich des pränatalen Alkoholkonsums. Gleichwohl gibt es außerhalb staatlicher Handlungssphären Versuche für einen ausreichenden Schutz gegen den Alkoholkonsum Schwangerer zu sorgen. Es besteht eine Vielzahl von privaten Maßnahmen, welche informieren und den Umgang mit einem FAS-geschädigten Kind erleichtern sollen. Etwa klären private Ärzte über die medizinischen Folgen des Alkoholkonsums Schwangerer auf und geben weiterführenden Rat[393]. Jährlich findet eine zweitägige Fachtagung des Selbsthilfevereines FASD-Deutschland e.V. statt, indem Betroffene über die Krankheit informiert sowie im Umgang geschult werden[394]. Zudem wird versucht, Aufklärungen durch kurze Videos in Videoportalen im Internet zu erreichen[395]. Die Gesetzlichen Krankenkassen beraten zurzeit über eine verstärkte Prävention des FAS. Die Krankenkassen finanzieren zum Teil den Druck von Flyern zur Aufklärung und stellen eine App zur Verfügung, in welcher in der fünften Schwangerschaftswoche der Hinweis erscheint, dass der Alkoholkonsum während der Schwangerschaft zu schwerwiegenden Folgen führen kann[396]. In Privatinitiative gegründete, engagierte Vereine und Einzelpersonen werden in der Aufklärungsarbeit nicht vom Staat unterstützt. Beispielsweise ist das Projekt der Babypuppe „FASI", die unter dem Motto „Anfassen und Begreifen" für das Thema sensibilisiert, zu nennen. Für die Unterrichtsstunden der ÄGGF wurde eine FASD-Babypuppe entwickelt. Die Babypuppe stellt die äußerlichen Symptome des FAS dar und veranschaulicht die körperlichen Merkmale des FAS. Kinder und Jugendliche an einem frühen Punkt im Leben anzusprechen, verspricht eine hohe Präventionsqualität. Die Babypuppe wurde sogar von der Drogenbeauftragten im August 2014 als Projekt des Monats ausgezeichnet. Trotzdem hat der Staat die Leiterin des Projektes nicht bei den Anschaffungskosten

392 http://www.dcgk.de/de/kodex/aktuelle-fassung/praeambel.html (zuletzt aufgerufen am 22.07.2017).

393 Federführend sind die Ärzte *Prof. Hans-Ludwig Spohr* http://www.fas-spohr.de/index.html (zuletzt aufgerufen am 22.07.2017); sowie *Dr. Feldmann* http://www.fetales-alkoholsyndrom.de/index.html (zuletzt aufgerufen am 22.07.2017).

394 http://www.fasd-fachtagung.de/ (zuletzt aufgerufen am 22.07.2017).

395 https://www.youtube.com/watch?v=oXLsskm83CU (zuletzt aufgerufen am 22.07.2017); https://www.youtube.com/watch?v=b6ZVbymZKzE (zuletzt aufgerufen am 22.07.2017); https://www.youtube.com/watch?v=lDmHm6YO2Dc (zuletzt aufgerufen am 22.07.2017).

396 Informationen auf Nachfrage bei dem AOK-Berufsverband erhalten.

in Höhe von ca. 20.000 € unterstützt. Die Auszeichnung als Projekt des Monats ist vor diesem Hintergrund eher symbolische denn wirkungsvolle Politik. Im Ergebnis wirken sich die privaten Maßnahmen zudem gar nicht bis kaum aus. Die Zahl der geschädigten Neugeborenen verändert sich seit mehreren Jahren nicht mehr[397] und die diagnostische Untererfassung hält an[398]. Im Ergebnis zeigt dies, dass sich die staatliche Politik im Rahmen der Gefahrenvorsorge gegen den Alkoholkonsum Schwangerer nicht auf eine Selbstregulierung der Gesellschaft beschränken kann. Zurzeit vermögen die privaten Maßnahmen nicht ausreichen, um Ungeborene angemessen zu schützen.

Ergebnis zur Gefahrenvorsorge de lege lata zum Schutz Ungeborener:

Eine möglichst freie Entfaltung von Individuen wird gewährleistet, sofern keine staatliche Lenkung vorliegt und eine Selbstregulierung konträrer gesellschaftlicher Positionen erreicht werden kann. Die Freiheit endet indes dort, wo kein angemessener Schutz von Verfassungsgütern gewährleistet wird. Bei dem Alkoholkonsum Schwangerer versagt die Selbstregulierung, da sich die Zahl der geschädigten Neugeborenen seit mehreren Jahren nicht mehr verändert[399] und Grundrechtsverletzungen Ungeborener weiterhin vermehrt auftreten. Das staatliche Engagement beschränkt sich noch auf zu wenige Maßnahmen. Es bestehen zwar richtige Ansatzpunkte, jedoch mangelt es an einer effizienten staatlichen Lenkung. Private Initiativen werden zumeist alleine gelassen und staatliche Projekte häufig nicht weitergeführt. Außerdem hält die diagnostische Untererfassung an[400]. Im Ergebnis zeigt dies, dass die staatliche Politik Ungeborene im Rahmen der Gefahrenvorsorge zurzeit nicht wirksam gegen Schwangere zu schützen vermag. Daher ist somit auch die zweite Voraussetzung einer staatlichen Handlungspflicht – kein angemessener Schutz eines verfassungsrechtlich geschützten Rechtsguts – teilweise erfüllt. Jedenfalls gewähren die staatlichen Maßnahmen im Rahmen einer Gefahrenvorsorge keinen angemessenen Schutz.

---

397 Vgl. 2008 ca. 3.000–4.000, s. *Spohr/Steinhausen*, DÄ 2008, 693, 694 mit ca. 10.000 momentan, s. http://www.drogenbeauftragte.de/index.php?id=3010 (zuletzt aufgerufen am 22.07.2017).

398 *Landgraf/Nothacker/Kopp/Heinen*, DÄ 2013, 703, 703 ff.; *Spohr/Steinhausen*, DÄ 2008, 693, 694.

399 Vgl. 2008 ca. 3.000–4.000, s. *Spohr/Steinhausen*, DÄ 2008, 693, 694 mit ca. 10.000 momentan, s. http://www.drogenbeauftragte.de/index.php?id=3010 (zuletzt aufgerufen am 22.07.2017).

400 *Landgraf/Nothacker/Kopp/Heinen*, DÄ 2013, 703, 703 ff.; *Spohr/Steinhausen*, DÄ 2008, 693, 694.

Die aktuellen staatlichen Lenkungshandlungen bleiben vielmehr nur Versuche. Sie schützten Ungeborene nicht ausreichend; die staatliche Politik im Bereich der Gefahrenvorsorge bleibt daher fruchtlos.

III. Kapitel – Strafrecht de lege lata zum Schutz Ungeborener

Das Hauptanliegen der Untersuchung ist Erarbeiten verfassungsrechtlicher und rechtspolitischer Rahmenbedingungen zur Entwicklung konkreter Lösungsmöglichkeiten, um einen Rückgang pränataler Einwirkungen mit postnatalen Folgen zu erreichen. Insbesondere soll der Alkoholkonsum Schwangerer minimiert werden. Die rechtliche Grundlage dafür könnte aus einer verfassungsrechtlichen Handlungspflicht abgeleitet werden. In Kapitel I. und II. wurde festgestellt, dass die Voraussetzungen einer staatlichen Handlungspflicht teilweise vorliegen. Es liegt kein angemessener Schutz durch Maßnahmen der Gefahrenvorsorge vor, obwohl das ungeborene Leben dem Schutz des Art. 2 II 1 GG unterliegt. Zur Sicherstellung eines angemessenen Schutzes kann sich der Staat neben den Maßnahmen der Gefahrenvorsorge allerdings in letzter Instanz des Mittels der strafrechtlichen Kriminalisierung bedienen. Daran anknüpfend ist folgend zu untersuchen, ob das geltende Strafrecht Ungeborene angemessen gegen pränatale Einwirkungen Schwangerer schützt. Sollte dies der Fall sein, dann würde keine Grundlage für eine staatliche Handlungspflicht bestehen.

Beim strafrechtlichen Schutz Ungeborener ist zwischen Embryonen außerhalb (in vitro) und innerhalb des Mutterleibes (in vivo) zu differenzieren. Der Lebensschutz von Embryonen in vitro erfolgt durch strafrechtliche Nebengesetze. Zunächst ist das Embyronenschutzgesetz (ESchG) zu nennen. Dessen zeitlicher Schutz beginnt bereits mit der Kernverschmelzung von Ei- und Samenzelle, § 8 I ESchG. Der Sinn des Gesetzes sind Schutzmechanismen vor missbräuchlicher Anwendung und Verwendung von Fortpflanzungstechniken und Embryonen, §§ 1, 2 ESchG[401]. Etwa steht die Veräußerung extrakorporal gezeugter Embryonen unter Strafe gem. § 2 I ESchG. Allen Vorschriften ist gemein, dass sie Embryonen nicht bei Eigenhandlungen Schwangerer schützen. Daher liegt durch das ESchG kein angemessener Schutz Ungeborener vor Handlungen durch Schwangere vor. Ebenso besteht ein solcher nicht durch das das ESchG flankierende Stammzellgesetz (StZG), da dessen Anwendungsbereich nur für die Einfuhr von embryonalen Stammzellen und für die Verwendung von embryonalen Stammzellen, die sich im Inland befinden, eröffnet ist, § 2 StZG. Weitere strafrechtliche

401 Spickhoff-*Müller-Terpitz*, § 2 ESchG Rz. 1.

Nebengesetze kriminalisieren den Alkoholkonsum Schwangerer ebenfalls nicht. Die Strafnormen des Arzneimittelgesetzes (AMG) gem. §§ 95 f. ergeben ebenso keine Strafbarkeit der Schwangeren wie die §§ 58 f. Lebensmittel-Futtermittelgesetzbuch (LFBG), § 21 Mutterschutzgesetz (MuSchG), da sie Embryonen nicht gegen Handlungen Schwangerer schützen. Das Gentechnikgesetz (GenTG) findet gem. § 2 I Nr. 2 keine Anwendung. Somit werden pränatale Einwirkungen Schwangerer nicht durch strafrechtliche Nebengesetze pönalisiert, sodass im Ergebnis kein angemessener Schutz Ungeborener gewährleistet ist.

1. Schwangerschaftsabbruch

Embryonen in vivo werden durch die Strafbarkeit des Schwangerschaftsabbruchs gem. § 218 StGB geschützt. § 218 StGB schützt Ungeborene im Gegensatz zu den Tötungsdelikten, die den Schutz Geborener bezwecken[402]. Der strafrechtliche Schutz Geborener beginnt daher ab den Eröffnungswehen[403] und endet mit dem Hirntod[404]. Infolgedessen wird kein Schutz Ungeborener mithilfe der Tötungsdelikte gewährleistet. Der Abbruch der Schwangerschaft meint jedoch nur das Absterben der Leibesfrucht[405]. Die Rechtslage beim Schwangerschaftsabbruch ist damit vor einer zeitlichen Zensur zu betrachten[406]. Bis zur Nidation begründet das Absterben der Leibesfrucht keine Strafbarkeit gem. § 218 I 2 StGB. Folglich ist etwa auch das Einnehmen der „Pille danach" straffrei[407]. In den ersten zwölf Wochen nach der Empfängnis sind Abtreibungen straffrei, wenn sie von Ärzten auf Wunsch Schwangerer vorgenommen werden, § 218a I StGB. Diesem muss eine Beratung nach § 219 II 2 StGB vorausgehen. Verlangt wird keine Mitwirkung, etwa das Mitteilen der Gründe für eine Abtreibung, sondern nur die physische Anwesenheit[408]. Ab der 13. Woche bleiben Abbrüche nur straffrei, wenn Ärzte diese mit Einwilligung Schwangerer herbeiführen und medizinisch-soziale oder embryopathische Indikationslagen bestehen, § 218a II StGB. Im Fall kriminologischer Indikationslagen bleibt es bei der zwölf Wochen Grenze, § 218a III StGB. Indikationslagen können sich aus besonders schwerwiegenden Situationen Schwangerer, Gesundheitsgefahren für sie oder Schwangerschaften

---

402 Schönke/Schröder-*Eser/Sternberg-Lieben*, Vorbem. §§ 211 ff. Rz. 12.

403 BGHSt. 31, 194; BGH NStZ 2008, 393, 394; OLG Karlsruhe NStZ 1985, 314, 315; a.A. *Oehmichen/Staak*, DMW 1986, 71, 74.

404 Fischer, Vor §§ 211–216 Rz. 14.

405 BGH NStZ 2008, 393, 394.

406 Anschauliches Schema bei *Satzger*, JURA 2008, 424, 433.

407 *Dreier*, JZ 2007, 261, 267.

408 *Dreier*, JZ 2007, 261, 267.

durch Vergewaltigungen ergeben. § 218a IV 1, 2 StGB enthalten persönliche Strafausschließungsgründe für Schwangere, wenn Ärzte Abbrüche nach Beratungen vornehmen und seit der Empfängnis nicht mehr als 22. Wochen vergangen sind. Zudem können besondere Situationen Schwangerer zur Straffreiheit führen, § 218 IV 2 StGB. Diese müssen schwerere Belastung betreffen als die normalen Belastungen einer Schwangerschaft[409]. Systematisch ist § 218 I 1 StGB das Grunddelikt. § 218a I StGB enthält einen Tatbestandsausschluss, obwohl die Rechtswidrigkeit bestehen bleibt. § 218a II, III StGB beinhalten Rechtfertigungsgründe, sofern Indikationslagen vorliegen. Letztlich schützt § 218 StGB damit nur vor Abtötungen der Leibesfrucht[410]. Daher wird durch die Strafbarkeit des Schwangerschaftsabbruches kein Schutz Ungeborener vor pränatalen Einwirkungen mit postnatalen Folgen erreicht.

Exkurs: Geschichte des Schwangerschaftsabbruchparagraphen

Im früheren Deutschland, welches durch ein konservatives, kirchliches Verständnis geprägt war, waren Abtreibungen ursprünglich stets strafbar[411]. Einzig im Fall schwerer Gesundheits- oder Lebensgefahren Schwangerer blieben diese straflos, in dem Indikationen einen übergesetzlichen Notstand als Rettungsanker darstellten[412].

Der reformanstoßende Ruf nach mehr Rechtssicherheit für Schwangere[413] mündete 1974 in der sog. Fristenlösung, wonach Schwangerschaftsabbrüche nach zwölf Wochen strafbar waren[414]. Innerhalb der ersten zwölf Wochen waren Abtreibungen durch Ärzte mit Einwilligungen Schwangeren ohne weitere Voraussetzungen straffrei, § 218a a.F. Die Norm wurde durch das BVerfG 1975 in der 1. Abtreibungsentscheidung für verfassungswidrig erklärt, da der Staat seine Schutzpflicht für das ungeborene Leben aus Art. 2 II 1 GG i.V.m. Art. 1 I GG verletzt habe[415]. Zudem komme in der Norm kein rechtliches Unwerturteil zum Ausdruck, in dem Abbrüche vor Ablauf einer Frist legalisiert seien.

Die Neufassung 1976 beinhaltete eine Indikationslösung ohne Fristenregelung, wonach besondere Konfliktsituationen Schwangerer berücksichtigt wurden und

409 Fischer, § 218a Rz. 39.
410 BGH NStZ 2008, 393, 394.
411 *Satzger*, JURA 2008, 424, 425.
412 RGSt. 61, 242, 247.
413 *Satzger*, JURA 2008, 424, 426.
414 LPK-StGB, Vor §§ 218–219b Rz. 2.
415 Dazu und im Folgenden BVerfGE 39, 1, 51 ff.

Abbrüche in Fällen medizinischer, embryopathischer, kriminologischer und sozialer Notlagen grundsätzlich straflos blieben[416].

Die Wiedervereinigung 1990 zwang zur Überarbeitung, da in der DDR eine Fristenregelung galt und in der BRD eine Indikationsregelung[417]. Nun waren Abtreibungen bis zur zwölften Schwangerschaftswoche straffrei, wenn Konfliktlagen und Beratungen vorlagen. Zudem waren Schwangerschaftsabbrüche nach einer Beratung nicht rechtswidrig[418]. Daraufhin folgte die 2. Abtreibungsentscheidung des BVerfG, womit auch diese Regelung für verfassungswidrig erklärt wurde. Begründet wurde dies mit der Unvereinbarkeit der staatlichen Schutzpflicht für Ungeborene. Diese verlange die Rechtswidrigkeit des Schwangerschaftsabbruches, wenn keine Indikationslagen vorliegen[419].

Daraus folgt die heutige Rechtslage. Schwangerschaftsabbrüche innerhalb der ersten zwölf Wochen sind rechtswidrig, aber zum Teil nicht tatbestandsmäßig – letztlich besteht nun eine Fristenregelung mit Beratungspflicht[420].

2. Körperverletzungsdelikte

Jedoch könnte ein angemessener Schutz Ungeborener bei pränatalen Einwirkungen Schwangerer möglicherweise durch die Körperverletzungsdelikte gewährleistet werden. Pränatale Einwirkungen führen nicht zu Tötungen, sondern lediglich zu Verletzungen Ungeborener. Der Lebensschutz der Tötungsdelikte beginnt zum Zeitpunkt der Eröffnungswehen[421]. Prima facie erscheint es nicht ausgeschlossen die Anwendbarkeit der Körperverletzungsdelikte ebenso an dieser Zensur zu orientieren. Allerdings ist strittig, ob der Schutz der Körperverletzungsdelikte nicht bereits auch pränatal wirkt[422]. Im Folgenden wird dies unter verschiedenen Anknüpfungsmöglichkeiten untersucht. In Betracht kommt eine Klärung der Frage durch eine Untersuchung der Tatbestandsmerkmale ‚Tatobjekt' und ‚körperliche Misshandlung'. Zugleich könnte sich eine Anwendbarkeit der Körperverletzungsdelikte auf pränatale Einwirkungen ergeben, indem der Zeitpunkt der Beurteilung des Vorliegens des Tatobjektes unterschiedlich aufgefasst würde. Sollte sich etwa herausstellen, dass Tatobjekt nur Geborene sind,

416 LPK-StGB, Vor §§ 218–219b Rz. 2.

417 *Satzger*, JURA 2008, 424, 425.

418 LPK-StGB, Vor §§ 218–219b Rz. 3.

419 BVerfGE 88, 203, 203 ff.

420 *Satzger*, JURA 2008, 424, 425.

421 BGHSt. 31, 194; BGH NStZ 2008, 393, 394; OLG Karlsruhe NStZ 1985, 314, 315; a.A. *Oehmichen/Staak*, DMW 1986, 71, 74.

422 MüKO-StGB-*Joecks*, Vor § 223 Rz. 11 m.w.N. Weitere Nachweise unter B.III.2.c).

verblieb die Möglichkeit, zu behaupten, das Tatobjekt müsse erst zum Zeitpunkt des endgültigen Erfolgseintrittes vorliegen. Bei pränatalem Alkoholkonsum tritt die Behinderung erst nach der Geburt zutage, sodass dann ein taugliches Tatobjekt vorläge.

Sollte sich im Ergebnis herausstellen, dass der Zeitpunkt der Anwendbarkeit der Tötungs- und Körperverletzungsdelikte identisch zu bestimmen ist, dann würde insgesamt kein angemessener Schutz Ungeborener bestehen.

a) Tatobjekt

Die Leibesfrucht könnte zunächst möglicherweise den Gesetzeswortlaut ‚andere Person' gem. § 223 I StGB unterfallen, sodass diese ein taugliches Tatobjekt darstellen würde. Nach einer grammatikalischen Auslegung erscheint es nicht unmöglich, die Leibesfrucht als eine ‚andere Person' zu begreifen. Allerdings deutet ‚Person' im allgemeinen Sprachgebrauch eher auf Geborene hin. Es erscheint daher eher fernliegend ein Ungeborenes als Person zu bezeichnen. Man stelle sich eine Geburtshilfestunde bei einer Hebamme vor, in der Schwangere über ihre ‚Personen' sprechen anstatt ihres „Kindes" oder „Säuglings". Eine ‚Person' meint wohl eher einen Menschen mit fortgeschrittener Entwicklung. Der Duden bezeichnet eine Person als „Mensch als Individuum und mit körperlichen und äußerlichen Eigenschaften"[423], sodass dies dagegen spricht. Bis 1994 lautete der Wortlaut des § 223 I StGB ‚einen anderen'[424]. Jedoch wollte der Gesetzgeber durch die Änderung in ‚eine andere Person' nicht betonen, dass nur Geborene geschützt sind. Die Änderung beruhte vielmehr auf den Ruf nach einer geschlechtsneutralen Formulierung[425]. Somit sind nur Geborene taugliche Tatobjekte der Körperverletzungsdelikte[426].

b) Körperliche Misshandlung

Möglicherweise unterfallen Ungeborene bereits nicht den Körperverletzungsdelikten, da die Tathandlung ‚körperliche Misshandlung' nicht verwirklicht wäre. Darunter versteht man nämlich jede üble unangemessene Behandlung, welche das körperliche Wohlbefinden mehr als nur unerheblich beeinträchtigt[427].

---

423 http://www.duden.de/rechtschreibung/Person (zuletzt aufgerufen am 22.07.2017).
424 § 223 I StGB in der Fassung vom 02.01.1975.
425 BT-Drs. 12/6853.
426 Zustimmend *Lüttger*, JR 1971, 133, 139.
427 BGHSt. 14, 269, 271.

Streng nach der Definition orientiert, müsste das Wohlbefinden subjektiv beeinträchtigt werden. Dies impliziert aber die Fähigkeiten zur *bewussten* Bewusstseinswahrnehmung und Schmerzbildung, welche frühen Embryonen fehlen[428]. Allerdings setzt eine körperliche Misshandlung nach der Rechtsprechung kein Schmerzempfinden beim Opfer voraus[429]. Infolgedessen könnte die Tathandlung bejaht werden, wenn die Körperverletzungsdelikte überhaupt Anwendung finden würden.

c) Zeitpunkte

Die Anwendbarkeit der Körperverletzungsdelikte könnte indes durch einen anderen Aspekt verneint werden müssen. Die vorherige Untersuchung zeigte, dass nur Geborene Tatobjekt der Körperverletzungsdelikte sind. Gleichwohl könnte eine Lösung darin bestehen, dass das Tatobjekt Geborene beibehalten würde, aber zu untersuchen zu welchen Zeitpunkten eines Geschehensablaufes dieses vorliegen muss[430]. Ein Geschehensablauf lässt sich in eine Handlung des Täters, eine Einwirkung auf das Opfer, eine Auswirkung auf das Opfer und einen endgültigen Erfolgseintritt beim Opfer unterteilen.

Konkreter: das Tatobjekt könnte etwa im Zeitpunkt der Tathandlung vorliegen müssen. Wäre dieser maßgeblich, wären pränatale Einwirkungen mit postnatalen Folgen straflos, da zu diesem Zeitpunkt keine Geborenen vorliegen. Möglicherweise könnte indes auf den Zeitpunkt der Einwirkung auf das Opfer abstellen werden[431]. Einwirkung meint dabei den ersten Moment, in dem die Handlung Konsequenzen nach sich zieht. Bei pränatalen Einwirkungen durch den Alkoholkonsum wirken sich die Handlungen allerdings fast zeitgleich auf Ungeborene aus, sodass hier ebenfalls noch kein taugliches Tatobjekt vorliegt und die Handlungen somit straflos wären.

Andererseits könnte auf den Zeitpunkt der Auswirkung abstellt werden[432]. Auswirkung meint mehr als die Einwirkung, weniger als den Erfolgseintritt, aber trotzdem eine schädigende Wirkung[433]. Danach wären pränatale Einwirkungen

---

428 *Wissenschaftlichen Beirat BÄK*, DÄ 1991, 4157, 4165. Die unbewusste Wahrnehmung besteht hingegen mit an Sicherheit grenzender Wahrscheinlichkeit ab der 22. SSW, *ebd.*

429 BGHSt. 25, 277, 278 ff.

430 Zu unterschiedlichen möglichen Ansatzpunkten ebenso *Kaufmann*, JZ 1971, 569, 569; *Sigel*, Pränatale Einwirkungen, S. 59 ff.

431 OLG Karlsruhe NStZ 1985, 313, 314; *Lüttger*, JR 1971, 133, 139.

432 MüKO-StGB-*Joecks*, Vor §§ 223 Rz. 13; Schönke/Schröder-*Eser*, § 223 Rz. 1. Z.T. wird dieser Punkt gar nicht als eigener angesehen, *Kaufmann*, JZ 1971, 569, 569.

433 Schönke/Schröder-*Eser/Sternberg-Lieben*, Vorbem. §§ 211 ff. Rz. 15.

straflos, da sich die Handlungen bereits während der Schwangerschaft auswirken und zu diesem Zeitpunkt noch kein Tatobjekt bestünde.

Ferner könnte der Zeitpunkt der endgültigen Auswirkungen – vereinfacht der Erfolgseintritt – zugrunde gelegt werden[434]. Danach wären pränatale Einwirkungen durch den Alkoholkonsum strafbar, da die endgültigen Folgen des Konsums erst postnatal eintreten und zu diesem Zeitpunkt ein taugliches Tatobjekt besteht.

Die überwiegende Rechtsprechung stellt auf den Zeitpunkt der Einwirkung ab[435], sodass pränatale Schädigungen nicht strafbar wären. Die weit überwiegende Auffassung in der Literatur schließt sich dem an[436]. Die Mindermeinung wendet die Körperverletzungsdelikte hingegen auf pränatale Einwirkungen mit postnatalen Folgen an.

In der Rechtsprechung bejahte das LG Aachen im Contergan-Prozess eine fahrlässige Körperverletzung, in dem es mit der Mindermeinung auf den Erfolgseintritt abstellte[437]. Die postnatal auftretenden Beeinträchtigungen seien eine Erweiterung und Vertiefung der Schädigung der Leibesfrucht, sodass zu diesem Zeitpunkt ein taugliches Tatobjekt und so eigenständige Körperverletzungen vorlägen[438]. In der Literatur wird die Anwendbarkeit teils ebenso bejaht[439]. Teilweise wird dies direkt aus der Schutzpflicht des Art. 2 II 1 GG abgeleitet[440], teils durch das Abstellen auf den Zeitpunkt der Auswirkung[441].

---

434 LG AC JZ 1971, 507, 509; *Tepperwien*, Pränatale Einwirkungen, S. 94.

435 Erstmalig in der Buscopan-Entscheidung (Schmerzmittel) in BGHSt. 31, 348, 352; bestätigt durch BGH NStZ 2008, 393, 394.

436 Dölling/Duttge/Rössner, StrafR-HK-*Dölling*, § 223 Rz. 3; Fischer, Vor §§ 211–216 Rz. 8; v. Heintschel-Heinegg-*Eschelbach*, § 223 Rz. 12; LPK-StGB, § 223 Rz. 4 f., Vor §§ 211–222 Rz. 4; *Jung*, NStZ 1985, 314, 317; *Kaufmann*, JZ 1971, 569, 571; *Küper*, GA 2001, 515, 517; Lackner/Kühl-*Kühl*, § 223 Rz. 2; LK-*Lilie*, Vor §§ 223 Rz. 7; *Lüttger*, NStZ 1983, 481, 485; *ders.*, JR 1971, 133, 139; NK-KO-*Paeffgen*, § 223 Rz. 5 f.; *Roxin*, JA 1981, 542, 548; *Sigel*, Pränatale Einwirkungen, S. 96; SK-StGB-*Wolters*, § 223 Rz. 2.

437 In dem Verfahren waren Mitarbeiter der Firma Grünenthal GmbH angeklagt, die sich wegen dem strafrechtlichen Vorwurf der Herstellung und des Inverkehrbringens des teratogenen Medikamentes Contergan verantworten mussten. Das Mittel führte zu postnatalen Schädigungen Ungeborener, welche sich durch verkürzte Gliedmaßen äußerten.

438 LG AC JZ 1971, 507, 509.

439 Schönke/Schröder-*Eser*, § 223 Rz. 1; *Tepperwien*, Pränatale Einwirkungen, S. 94; *Weiß*, GA 1995, 373, 378.

440 *Weiß*, GA 1995, 373, 378.

441 Schönke/Schröder-*Eser*, § 223 Rz. 1;.

Im Folgenden werden die Argumente gewürdigt und untersucht, ob pränatale Einwirkungen mit postnatalen Folgen im Allgemeinen und der Alkoholkonsum Schwangerer im Besonderen den Körperverletzungsdelikten unterfallen. Andernfalls wäre die zweite Voraussetzung einer staatlichen Handlungspflicht insgesamt erfüllt.

aa) Wortlaut

Der Wortlaut der §§ 223 ff. StGB bestimmt den Beurteilungszeitpunkt des Tatobjekts nicht. Im Gegensatz dazu erwähnt das StGB diesen zum Teil ausdrücklich wie etwa in § 113 I ‚bei Vornahme' oder in § 142 I ‚nach einem Unfall'. Daraus folgt freilich weder ein zwingender Schluss für oder gegen die Anwendbarkeit der Körperverletzungsdelikte.

Für den Handlungszeitpunkt spricht § 8 S. 1 StGB, welcher besagt, dass ‚eine Tat zu der Zeit begangen ist, zu welcher der Täter oder Teilnehmer gehandelt hat [...]'. Gleichzeitig schließt S. 2 den Erfolgseintritt ausdrücklich aus, in dem dieser formuliert ‚Wann der Erfolg eintritt, ist nicht maßgebend'. Allerdings stellt § 8 StGB nur auf die ‚Tat' anstatt die Beurteilung des Zeitpunktes des Tatobjektes ab. Ferner widerspricht dem die systematische Stellung des § 8 StGB. Durch die Stellung im 1. Abschnitt Geltungsbereich betrifft § 8 StGB nur den Geltungs- und Anwendungsbereich des Strafrechts und nicht den Zeitpunkt zur Beurteilung des Tatobjekts.

Überdies ist der Telos des § 8 StGB lediglich der rechtsstaatliche Schutz des Täters vor Rückwirkung[442].

Ein Wortlautargument könnte sich jedoch aus dem Vergleich mit § 218 I StGB ergeben. Das Tatobjekt dort ist nicht ausdrücklich genannt – bestraft wird ‚wer eine Schwangerschaft abbricht'. Trotz fehlender ausdrücklicher Erwähnung wird die Leibesfrucht geschützt. In § 223 I StGB fehlt eine ausdrückliche Erwähnung ebenso, sodass dies dafür sprechen könnte die Leibesfrucht auch hier zu schützen. Jedoch deutet die Herausstellung des ‚anderen' in § 223 I StGB im Gegensatz zu § 218 StGB daraufhin, dass hier nur Geborene gemeint sind.

Überdies fehlt im StGB eine den § 1 BGB vergleichbare Norm, wonach die Rechtsfähigkeit mit der Geburt beginnt. Im Umkehrschluss könnte daraus folgen, dass die Geburt nicht maßgeblich sein könnte, da eine entsprechende Regelung im StGB fehle. Allerdings bejaht oder verneint der Wortlaut der §§ 223 ff. StGB letztlich die Anwendbarkeit pränataler Schädigungen nicht ausdrücklich.

---

442 MüKO-StGB-*Ambos*, § 8 Rz. 1; *Sigel*, Pränatale Einwirkungen, S. 60.

Eine Auslegung des Wortlautes für die Anwendbarkeit ist zwar nicht ausgeschlossen, allerdings ist das Analogieverbot gem. Art. 103 II GG als äußere Grenze der Auslegung zu beachten. Insoweit sind die Gerichte zu restriktiven Auslegungen angehalten und sind verpflichtet freizusprechen, sodass sich im Zweifelsfalle eine Auslegung gegen den Täter verbietet[443]. Ein solcher Zweifelsfall besteht hier durch den offenlassenden Wortlaut. Daher verbietet das Analogieverbot die Auslegung der Anwendbarkeit.

bb) Systematik

Zudem könnten systematische Argumente gegen die Anwendbarkeit der Körperverletzungsdelikte auf pränatale Einwirkungen sprechen. Es wird vorgetragen, dass im Fall der Anwendbarkeit eine systematische Inkongruenz zwischen Tötungs- und Körperverletzungsdelikten bestünde[444]. So wären fahrlässige Verletzungen der Leibesfrucht strafbar nach § 229 StGB, nicht aber fahrlässige Tötungen, da der Gesetzgeber nur vorsätzliche Schwangerschaftsabbrüche der Leibesfrucht in § 218 I StGB pönalisiert. § 218 I StGB löst zumindest für die Tötungsdelikte eine Sperre aus, sodass fahrlässige Abtreibungen nicht erfasst sein können[445]. Vorsätzliche Angriffe auf die Leibesfrucht bei § 218 I StGB blieben straffrei, wenn sie ohne Tötungsvorsatz erfolgen, hingegen wären die weniger intensiven pränatalen Schädigungen strafbar. *Siegel* verdeutlicht dies. Man stelle sich Täterinnen vor, welche mit Verletzungsvorsatz handeln, die Leibesfrucht jedoch abstirbt. Eine Strafbarkeit aus § 218 I StGB scheide mangels Tötungsvorsatzes aus. Die Täterinnen sollen nach der Mindermeinung aber § 223 I StGB verwirklichen. Dabei würde der weniger intensive, weil nicht zum Tode führende Eingriff härter bestraft als das Absterben[446]. Dies würde indes nur gelten, sofern Schwangerschaftsabbrüche ein höheres Unrecht als pränatale Verletzungen mit schwerwiegenden postnatalen Folgen beinhalten würden, da das höhere Unrecht – fahrlässige Abtötung – milde bestraft würde als das geringere Unrecht – fahrlässige Verletzungen. Man könnte einwenden, dass die Frage, ob der Tod höheres Unrecht verwirkliche als ein dauerhaft geschädigtes Leben, eine komplexe ethische Frage sei, welcher jeder für sich entscheiden müsse und nicht pauschalisiert werden könnte. *Lüttger* verweist zur Beantwortung der Frage auf

---

443 BVerfGE 126, 170, 198; 87, 399, 411; 82, 236, 270 f.

444 Dazu und im Folgenden *Lüttger*, NStZ 1983, 481, 483; MüKO-StGB-*Schneider*, Vor §§ 211 ff. Rz. 13; a.A. *Weiß*, GA 1995, 373, 377, da die Sperrwirkung wegen ihres Standortes im 16. Abschnitt auch nur für diese gelte.

445 *Lüttger*, NStZ 1983, 481, 483; MüKO-StGB-*Schneider*, Vor §§ 211 ff. Rz. 13.

446 *Sigel*, Pränatale Einwirkungen, S. 82.

die Rechtsordnung als Wertungsmaßstab. Dort zeige der erhöhte Strafrahmen der §§ 211 ff. StGB und die systematische Stellung vor den Körperverletzungsdelikten, dass der Gesetzgeber die Frage durch den Vorrang der Tötungsdelikte bereits entschieden habe[447]. Jedoch sprechen mehrere Argumente dafür, dass die These von der systematischen Inkongruenz nicht überzeugt, da dauerhafte Schädigungen höheres Unrecht als Schwangerschaftsabbrüche verwirklichen. Letztere rufen keine Schmerzen für die Leibesfrucht hervor und sind zeitlich kurz andauernde Vorgänge. Das Leben mit einer dauerhaften Behinderung ist bis zum Tod zeitlich unbegrenzt und birgt zahlreiche intellektuelle, körperliche und soziale Schwierigkeiten. Zudem erleben Geborene psychische und physische Schmerzen bewusst[448]. Allerdings sind Schwangerschaftsabbrüche unumkehrbar und das Leben ist gänzlich nicht mehr möglich. Ferner werden Lebensentscheidungen fremdbestimmt getroffen. Geschädigte Lebensfähige könnten selbst die Meinung vertreten, dass ihnen ihr geschädigtes Leben lieber ist als gar kein Leben. Diese autonomen Einschätzungen sind bei Schwangerschaftsabbrüchen nicht möglich, sodass dieser der Vorwurf einer Fremdbestimmung anhaftet. Trotzdem wiegt das Entstehen geschädigten Lebens und der damit einhergehenden Leidensfähigkeit schwerer als die schmerzlose Vorenthaltung durch eine Abtreibung, da die Schädigungen bewusst wahrgenommen werden können[449]. Zweifel könnten laut werden, sofern der Vorrang der Abtötung eine Diskriminierung Behinderter bedeuten würde. So könnte vorgetragen werden, dass behinderte Leben danach nicht lebenswert seien. Allerdings werden lediglich das Handlungs- und Erfolgsunrechts der Tathandlungen Schwangerer verglichen und die oben genannte Feststellung beinhaltet keine Diskriminierung, sondern ein Aufzeigen der Schwierigkeiten eines eingeschränkten Lebens. Zudem mangelt es bei pränatalen Einwirkungen oftmals an vergleichbaren rechtfertigenden Konfliktsituationen bei Schwangerschaftsabbrüchen. Dort besteht ein geringeres Handlungsunrecht und Schwangere sind straflos, um der besonderen Konfliktsituation Rechnung zu tragen[450]. Somit liegt im Ergebnis keine systematische Inkongruenz vor.

Jedoch streitet ein Vergleich der Tatobjekte des StGB gegen eine Anwendbarkeit. Dieses verwendet verschiedene Begriffe zur Bestimmung des Tatobjektes etwa ‚Mensch' in §§ 212 I, 221 I, 239 I, 240 I, 241 I, ‚Gefangener' gem. § 120 I, ‚Person' in §§ 223 ff., 249 oder ‚Amtsträger' gem. § 113 I. Dabei sind bei allen

---

447 *Lüttger*, JR 1971, 133, 140.

448 Ebenso *Hall*, FS Schlick, 2015, S. 507, 513; *Tepperwien*, Pränatale Einwirkungen, S. 151.

449 So auch *Tepperwien*, Pränatale Einwirkungen, S. 151 f.

450 Schöncke/Schröder-*Eser*, Vorbem. §§ 218–219b Rz. 9.

Delikten mit Ausschluss der Körperverletzungsdelikte unstrittig Geborene gemeint[451]. Dies zielt auf eine einheitliche Verwendung des Begriffes ‚Mensch' ab. Gleichwohl lässt dies keinen eindeutigen Schluss auf die Auslegung der §§ 223 ff. StGB zu. Resümiert sprechen keine systematischen Argumente zwingend gegen die Anwendbarkeit der Körperverletzungsdelikte auf pränatale Einwirkungen.

cc) Telos

Allerdings streiten teleologische Einwände gegen die Anwendung. Telos des § 218 StGB ist der Lebensschutz Ungeborener[452]. An keiner anderen Stelle des StGB wird die Leibesfrucht erwähnt. Vorsätzliche Schwangerschaftsabbrüche sind zudem nur in wenigen Fällen strafbar und Schwangere werden in §§ 218 III, 218a IV, 218c II StGB privilegiert. Ferner fällt der Strafrahmen des § 218 StGB geringer aus als der Strafrahmen der §§ 211 f. StGB. Bei § 212 I StGB liegt dieser nicht unter einer Freiheitsstrafe von fünf Jahren und bei § 218 fällt eine Freiheitsstrafe von bis zu drei Jahren oder Geldstrafe an. Selbst der Strafrahmen für Verletzungen Geborener geht über § 218 I StGB hinaus. Daraus leitet sich eine Stufung des Schutzkonzepts Geborener zu Ungeborenen ab. Dementsprechend ist der Verletzung Ungeborener ein noch geringerer Schutz als der Tötung beizumessen, obwohl Schwangerschaftsabbrüche nach hiesiger Auffassung geringes Unrecht sind[453]. Zudem ergibt sich nichts anderes aus dem geringeren Strafrahmen der §§ 213 und 216 I StGB, da die Strafmilderungen auf geringeren Handlungsunrecht beruhen[454]. Infolge dieser Regelungen zeigt t der Gesetzgeber, dass ihn das Problem des Schutzes Ungeborener bewusst ist. Wenn er aber nur unter sehr engen Voraussetzungen bei § 218 StGB eine Strafbarkeit begründet, dann folgt daraus, dass eine Kriminalisierung nicht beabsichtigt ist. Diese Entscheidung darf nicht über § 223 I StGB hinterrücks umgangen werden. § 218 StGB ist insoweit eine abschließende Norm[455]. Die Versuche, eine Strafbarkeit zu begründen, laufen letztlich auf eine Umgehung des gesetzgeberischen Willens hinaus. Die Mindermeinung ist eher von rechtspolitischer Motivation getragen, denn mit dem Telos vereinbar.

---

451 Schönke/Schröder-*Eser*, § 221 Rz. 2; ders.-*Eisele*, § 239 Rz. 2; ders.-*Eser/Eisele*, § 240 Rz. 2; ders.-*Eser/Eisele*, § 241 Rz. 6.

452 Schönke/Schröder-*Eser*, Vorbem. §§ 218–219b.

453 Siehe B.III.2.c)bb).

454 Schönke/Schröder-*Eser/Sternberg-Lieben*, § 213 Rz. 1 und 216 Rz. 1.

455 Ebenso *Sigel*, Pränatale Einwirkungen, S. 77.

dd) Historie

Letztlich spricht auch die historische Auslegung gegen die Erfassung pränataler Einwirkungen. Seit der Normierung des StGB 1871 wurde die Vorschrift im Hinblick auf die strittige Handlung nicht geändert[456]. Von Beginn an wurden pränatale Einwirkungen ausgeklammert. Im Entwurf des § 1 I, III des Gesetzes zum Schutz von Embryonen wurde die Strafbarkeit erneut diskutiert und abgelehnt[457]. Eine Normierung konnte sich jedoch nie durchsetzen, sodass dies gegen die Erfassung pränataler Einwirkungen streitet. Zudem unterblieb nach dem aufsehenerregenden Conterganvorfällen eine Neufassung. Daher ist davon auszugehen, dass der Gesetzgeber bewusst auf eine Strafbarkeit verzichtet hat. Ferner blieben die Argumente des historischen Gesetzgebers gegen eine Einbeziehung bis heute unverändert, sodass die Historie zur Verneinung einer Strafbarkeit pränataler Einwirkungen führt[458].

ee) Topik[459]

Das vorbezeichnete LG Aachen stand im Contergan-Prozess vor einem Dilemma. Einerseits verlangte das Volk angesichts der äußerlichen Fehlbildungen, des Massenaufkommens des Medikamentes und der großen Beachtung der Öffentlichkeit nach einer Bestrafung, aber andererseits sprach sich die herrschende rechtswissenschaftliche Meinung gegen eine Strafbarkeit pränataler Einwirkungen aus. Vermutlich wurde der Lösungsweg des LG durch eine fehlende höchstrichterliche Entscheidung geebnet. Nach den Ausführungen des LG Aachen seien die postnatal auftretenden Beeinträchtigungen eine Erweiterung und Vertiefung der Schädigung der Leibesfrucht. Postnatal läge indes ein taugliches Tatobjekt vor, sodass im Ergebnis eigenständige Körperverletzungen vorlägen[460]. Insbesondere die Vertiefungstheorie überzeugt nicht. Sie umgeht die Argumente der herrschenden Meinung und die postnatale Beeinträchtigung ist lediglich eine natürliche Konsequenz pränataler Handlungen und Einwirkungen und keine Vertiefung[461]. Die Körperverletzung ist bereits vollendet. Eine postnatale Auswirkung tangiert aber nicht mehr die Vollendung. Insofern ist die Bezeichnung

---

456 MüKO-StGB-*Joecks*, Vor §§ 223 ff. Rz. 1 ff.

457 Abgedruckt bei *Deutsch*, ZRP 1986, 242 f.

458 Ebenso *Sigel*, Pränatale Einwirkungen, S. 90.

459 Zur topischen Auslegung, die Problemgesichtspunkte für die Konfliktlösung behandelt, *Reimer*, Juristische Methodenlehre, S. 191 ff.

460 LG AC JZ 1971, 507, 509.

461 *Sigel*, Pränatale Einwirkungen, S. 65.

Lüttgers als unberechtigte Umdeutung berechtigt[462]. Der salomonische Beschluss steht daher eher unter dem Banner eines politischen Strafbedürfnisses als auf einer überzeugenden rechtlichen Begründung.

Neben den vorbezeichneten Argumenten spricht gegen den Handlungszeitpunkt des Weiteren eine zeitliche Verschiebung. Eine Bestrafung käme zum Teil erst Jahre nach den Handlungen in Betracht. Würde ein Täter bspw. sorgfaltswidrig bei der Entsorgung von Giftstoffen in einer Chemiefabrik handeln, die Giftstoffe drängen dann ins Grundwasser ein und Jahre später würde ein Kind daran versterben, welches zum Zeitpunkt der Handlungen noch gar nicht geboren war. Der Täter müsste wegen fahrlässiger Tötung bestraft werden. Dieses Ergebnis erscheint nicht dem Gerechtigkeitsgefühl zu entsprechen. Jahre nach der Handlung würde eine Bestrafung erfolgen, obwohl der Täter zum damaligen Zeitpunkt noch gar nicht absehen konnte, wie weitreichend die Gefahrenquelle ist. Weder bestünde bereits ein Tatobjekt noch ist absehbar, inwieweit dieses gefährdet würde. Das Erfassen dieser Handlungen durch das Abstellen auf den Zeitpunkt der Handlung ist daher zu weitreichend und nicht mehr angemessen.

Die Maßgeblichkeit des spätesten Zeitpunkts des Erfolgseintritts überzeugt ebenfalls nicht, da die Strafbarkeit oftmals von physiologischen Zufällen abhängen würde. Wenn der Erfolg vor der Geburt einträte, dann müsste die Strafbarkeit wegen fehlenden Tatobjekts verneint werden. Hingegen müsste diese bejaht werden, wenn der Erfolg kurz nach der Geburt einträte[463]. Plastisch wäre etwa die Einwirkung mittels eines Giftes nur strafbar, wenn das Kind nach der Geburt eine Behinderung erleidet. Die Grenze der Strafbarkeit verläuft daher an einen äußerst schmalen Grat. Die Strafbarkeit hinge im Ergebnis an einem dünnen Zufallsfaden – überspitzt: nein vor der Geburt oder ja nach der Geburt. Wann eine Behinderung eintritt ist indes kaum vorhersehbar. Zudem würde dann der berechnend handelnde Täter, der die Abtötung der Leibesfrucht noch vor der Geburt bewirkt, geringer bestraft, als der gewöhnliche Täter, der das Kind nach der Geburt tötet[464]. Gleichwohl spricht das Zufallsargument nicht notwendig gegen den Zeitpunkt des Erfolgseintrittes. So finden etwa die Tötungsdelikte grundsätzlich erst ab den Eröffnungswehen Anwendung[465] bzw. beim Kaiserschnitt gilt der die Eröffnungswehen ersetzende ärztliche Eingriff als Äquivalent[466]. Dem könnte ebenso das Zufallsargument entgegengehalten werden, indem behauptet

462 *Lüttger*, JR 1971, 133, 141.

463 BGHSt. 31, 348, 352.

464 *Sigel*, Pränatale Einwirkungen, S. 77.

465 BGHSt. 31, 194; BGH NStZ 2008, 393, 394; OLG Karlsruhe NStZ 1985, 314, 315.

466 OLG Karlsruhe NStZ 1985, 314, 315.

würde, der strafrechtliche Lebensschutz hinge vom schmalen Grat des Zufalls des Einsetzens der Eröffnungswehen ab. Es trifft zwar zu, dass der strafrechtliche Schutz vom Zufall abhängt. Jedoch ist der zeitliche Rahmen der Geburt kalkulierbar und die Rechtssicherheit verlangt das Festlegen auf einen physiologischen Zeitpunkt. Wann dieser eintritt, ist sekundär.

Der Zeitpunkt der Auswirkung ist hingegen nicht schlüssig. Zunächst bleibt die terminologische Bestimmung unklar. Ist die Auswirkung ein Synonym für die Einwirkung oder den Erfolg oder ist sie eine Einwirkung mit zusätzlichen Merkmalen? Wenn sie gleichwohl als Zwischenstation qualifiziert würde, dann bliebe die Bestimmung des Zeitpunktes im Einzelfall ungewiss. Eine genaue Angabe wird kaum möglich sein. Die Feststellung würde die Praxis vor erhebliche Probleme stellen[467]. Dem ist das Zufallsargument nunmehr treffend entgegenzuhalten[468]. Im Unterschied zum Zeitpunkt der Geburt ist der Zeitpunkt der Auswirkung nicht vorhersehbar.

Für den Zeitpunkt der Einwirkung streitet eine klare Bestimmung des Zeitpunkts[469].

Überdies sprechen weitreichende Strafausdehnungseffekte gegen die Anwendbarkeit der Körperverletzungsdelikte auf pränatale Einwirkungen. So kann eine Trennung zwischen dem Alkoholkonsum und anderen schädlichen Handlungen nicht ohne Weiteres erfolgen. Folglich wären Handlungen wie der Medikamenten- und Drogenkonsum auch strafbar. Bei § 229 StGB würde dasselbe gelten wie bei § 223 I StGB, sodass die Strafausdehnungseffekte durch die Pflicht zur Einbeziehung fahrlässiger Handlungen verstärkt würden. Unterstellt eine Schwangere stürze durch unachtsames sorgfaltswidriges Fahrradfahren über eine Baumwurzel und das Ungeborene erleide infolgedessen dauerhafte Schädigungen, hätte sich die Schwangere wegen § 229 StGB strafbar gemacht. Dabei erscheint bereits die Begründung des moralischen Vorwurfs kaum möglich. Es ist praktisch nicht möglich sich gegen alle Lebensrisiken abzusichern. Ein strafrechtlicher Vorwurf kann daraus indes erst Recht nicht erwachsen. Zudem wird das Übermaß der Ausdehnungseffekte durch die Kombination der Fahrlässigkeit mit der Garantenstellung Schwangeren verdeutlicht. Schwangere würden sich für jedes sorgfaltswidrige Unterlassen strafbar machen gem. §§ 229, 13 I StGB. So könnte etwa ein einmaliges Vergessen der Einnahme eines Medikamentes zum Schutze Ungeborener zur Strafbarkeit führen. Zudem könnte bereits das sorgfaltswidrige

---

467 Ebenso *Lüttger*, NStZ 1983, 481, 483.

468 Ebenso *Sigel*, Pränatale Einwirkungen, S. 92.

469 Ebenso *Sigel*, Pränatale Einwirkungen, S. 93.

Unterlassen der Information über die Gefahren des Alkoholkonsums Schwangerer die Strafbarkeit begründen. Infolgedessen könnte sogar der gegenteilige Effekt des beabsichtigten Schutzes bewirkt werden. So hat *Roxin* Recht, wenn er die ständige Nervenbelastung des Damoklesschwertes einer Strafbarkeit ebenso als mögliche Ursache von Schädigungen Ungeborener erwähnt[470]. Der Strafausdehnungseffekt schlägt sich ferner in einer anderen Dimension nieder. Da der Wortlaut der §§ 223 ff. StGB alle – das heißt Schwangere und Dritte – erfasst, wären sie für alle vorsätzlichen und fahrlässigen Handlungen strafbar. So wäre das gesamte soziale Umfeld Schwangerer der Gefahr der Strafbarkeit durch fahrlässige Sorgfaltswidrigkeiten ausgesetzt. Die Ungereimtheit erhöht sich, wenn Väter wegen §§ 229, 13 I StGB wegen ihrer Garantenstellung fahrlässig sorgfaltswidrig nicht einschreiten würden. Infolgedessen könnten gesellschaftliche Abwendungen resultieren.

Darüber hinaus wird vorgetragen, im Fall der Anwendbarkeit der Körperverletzungsdelikte würden Widersprüche zur Rechtsprechung zur Abtreibung im engeren Sinne entstehen[471]. Dies ist jedoch nicht der Fall. Nach dieser Rechtsprechung ist § 218 I StGB verwirklicht, wenn der Täter eine frühzeitige Geburt bewirkt und das Kind alsbald außerhalb des Mutterleibes infolge des Abbruches verstirbt[472]. Der Grund dafür ist, dass der erstrebte Erfolg des Schwangerschaftsabbruches durch den Tod eintreten und das Kind wegen mangelnder Ausreifung nicht mehr lebensfähig ist[473]. Vielmehr ist die mangelnde Ausreifung und das durch die versuchte Abtreibung bedingte Absterben der Grund der Rechtsprechung. Das Versterben steht in einem unmittelbaren zeitlichen und kausalen Zusammenhang mit der Abtreibungshandlung. Der BGH führt selbst ausdrücklich aus, dass der Zeitpunkt des Erfolges nicht maßgebend ist[474]. Diese Rechtsprechung bietet zudem keine weiteren Anhaltspunkte, um auf den Erfolgseintritt abzustellen.

Letztlich sind zwei abschließende Aspekte zu bedenken. Zum einem könnten Schwangerschaften gesellschaftlich unattraktiver werden. Das Strafbarkeitsrisiko könnte von einer Schwangerschaft abhalten. Ein weiterer Rückgang der Geburtenrate ist vor den Herausforderungen des demografischen Wandels nicht wünschenswert[475]. Zudem bestünde weiterhin die faktische Straffreiheit einer

---

470 *Roxin*, JA 1981, 542, 548.
471 *Sigel*, Pränatale Einwirkungen, S. 73.
472 BGHSt. 13, 21, 24; 10, 5, 5 f.
473 BGHSt. 13, 21, 24; 10, 291, 293; 10, 5, 5 f.
474 BGHSt. 13, 21, 24; 10, 291, 293; 10, 5, 5 f.
475 Vertiefend dazu B.V.3.b).

Abtreibung bis zur 12. Woche. Die Strafbarkeit pränataler Einwirkungen könnte zu Folge haben, dass Schwangere eher abtreiben als den Alkoholkonsum zu unterlassen[476]. Gelöst wäre das Problem damit nicht.

Ergebnis zum Zeitpunkt der Beurteilung des Vorliegens des Tatobjekts:

Im Ergebnis sprechen teleologische und historische Argumente gegen die Strafbarkeit pränataler Einwirkungen. Dabei überzeugt ein Abstellen auf die Zeitpunkte der Handlung, Auswirkung und des Erfolgseintritts nicht. Die klassischen Auslegungskanons streiten nicht gegen die Maßgeblichkeit des Zeitpunkts der Einwirkung. Für diesen streitet eine topische Auslegung. Im Ergebnis muss das Tatobjekt daher zum Zeitpunkt der Einwirkung vorliegen. Daraus folgt, dass pränatale Einwirkungen mit postnatalen Folgen – insbesondere der Alkoholkonsum Schwangerer – de lege lata nicht strafbar sind.

d) Zurechnung

Neben den vorbezeichneten Untersuchungspunkten erscheint fraglich, ob die Tathandlung des Alkoholkonsums Schwangerer überhaupt zugerechnet werden könnte. Dieses Problem könnte freilich nur entstehen, sofern der unzutreffenden Auffassung über die Anwendbarkeit der Körperverletzungsdelikte auf pränatale Einwirkungen gefolgt würde. Die vorherige Untersuchung gelangte indes zum Ergebnis, dass dieser nicht zu folgen ist. Somit erfolgt hier die Untersuchung über die Zurechenbarkeit vorliegend lediglich hilfsweise. Sollte die Zurechenbarkeit zu verneinen sein, wäre dies ein zusätzliches Argument gegen vorbezeichnete Auffassung.

Nach der Lehre der objektiven Zurechnung ist ein Erfolg objektiv zurechenbar, wenn sich in ihm ein vom Täter unerlaubt geschaffenes Risiko[477] bzw. eine rechtliche missbilligte Gefahr realisiert[478]. Unerlaubt ist ein erfolgsverursachendes Risiko, das keine Voraussetzung erfüllt, unter denen es als erlaubt anzusehen ist[479]. Nach dieser Definition muss die Gefahr rechtlich missbilligt sein. Als geringere Voraussetzung wird zum Teil angenommen, dass ein unerlaubtes Risikos bereits durch die Verletzung einer geschriebenen oder ungeschriebenen Verhaltensnorm

---

476 Vertiefend dazu B.V.3.b).

477 *Kindhäuser*, StrafR AT, § 11 Rz. 5.

478 *Rengier*, StrafR AT, § 13 Rz. 46. Vertiefend zur objektiven Zurechnung die Untersuchungen von *Hübner*, Objektive Zurechnung sowie *Schiefer*, Erfolgszurechnung, S. 240 ff.

479 *Kindhäuser*, StrafR AT, § 11 Rz. 5.

entstehe[480]. Daher muss das Verhalten nach der weitesten Auffassung nicht zwingend nach Rechtsnormen verboten sein. Kein rechtlich relevantes Risiko besteht indes bei sozialadäquaten Verhaltensweisen, die legal sind, allgemein toleriert werden oder im Rahmen des allgemeinen Lebensrisikos liegen[481]. So ist die objektive Zurechnung etwa bei einem Überreden zum Besteigen eines Flugzeuges und eines späteren Absturzes, das Überreden zu einem Gewitterspaziergang mit der Absicht, dass das Opfer an einem Blitzschlag verstirbt[482] oder einer Veranlassung ein kaltes Bad im Hochsommer zu nehmen mit der Folge eines Herzinfarktes[483] zu verneinen. Diese Fälle können indes nicht auf pränatale Einwirkungen Schwangerer durch Alkohol-, Nikotin- und Drogenkonsum übertragen werden. Sie unterscheiden sich durch fehlende eigenverantwortliche Entscheidungen der Opfer. Der Fluggast weiß, dass eine marginale Absturzgefahr des Flugzeuges besteht, der Spaziergänger weiß, dass er bei einem Gewitter vom Blitz getroffen werden kann. Einem Badenden ist das Risiko ebenso bewusst. Trotz des Wissens über das minimale Risiko können sie nach freier Überzeugung entscheiden, ob sie das Risiko eingehen. Ungeborene hingegen können nicht eigenverantwortlich entscheiden und sind dem Risiko ausgesetzt. Im Gegensatz zu vorbezeichneten Fällen können sie den Geschehensablauf nicht beeinflussen. Darüber hinaus ist das Risiko des Eintritts postnataler Folgen deutlich höher als das Risiko durch die Teilnahme am Schienen-, Straßen- und Flugverkehr. Zudem scheidet eine objektive Zurechnung bei einer Ausübung von Umgangskontakt trotz Erkältung oder leichter Grippe[484] aus. Dabei mangelt es ebenso an einer Übertragbarkeit, da der Alkoholkonsum das Risiko schwerer Erkrankungen beinhaltet[485] und daher ein höheres Unrecht verwirklicht. Eine Erkältung oder eine Grippe können indes in der Regel lediglich leichtere Erkrankungen herbeiführen. Zudem können Opfer ebenso frei entscheiden, ob sich das Risiko einer Erkrankung eingehen möchten oder vorsichtshalber keinen Umgangskontakt haben möchten. Überdies ist das Gefährdungspotenzial in vorgenannten Fällen für Täter nicht beherrschbar im Gegensatz zu Schwangeren, die – Suchtfälle ausgeklammert – die Gefahr der Erkrankung beherrschen können. Beispielsweise ist das FAS gänzlich vermeidbar, sofern pränatal auf Alkohol verzichtet wird[486].

480 SK-StGB-*Rudolphi/Stein*, Vor § 13 Rz. 27 f.
481 *Rengier*, StrafR AT, § 13 Rz. 51 f.
482 *Rengier*, StrafR AT, § 13 Rz. 51 f.
483 *Kindhäuser*, StrafR AT, § 11 Rz. 11.
484 BGHSt. 36, 1, 16 f.
485 Siehe A.I.
486 Siehe A.I.

Ferner streiten zwei BGH-Entscheidungen für die Bejahung der objektiven Zurechnung. Ein Gastwirt, welcher einem betrunkenen, zurechnungsunfähigen Gast Alkohol einschenkt, handelt nicht mehr sozial adäquat[487]. Der allgemeine Ausschank von Alkohol ist sozialadäquat. Ansonsten wäre der Gastwirt in seiner Gewerbeausübung gehindert, in dem er sich zum Vormund und Hüter seiner Gäste bestelle. Der Ausschank an erkennbar Betrunkene ist hingegen nicht mehr sozialadäquat, § 20 Nr. 2 GaststättenG. Die Grenze der Sozialadäquanz ist daher erreicht, sofern ein Gast nicht mehr eigenverantwortlich handeln kann[488]. Die Argumentation des BGH beinhaltet das maßgebende Kriterium bei Ungeborenen. Diese können ebenso nicht eigenverantwortlich handeln, sodass dies für eine Überschreitung des Sozialadäquaten spricht. Zudem streitet die AIDS-Entscheidung des BGH für eine Zurechnung. In dieser bejahte der BGH ein unerlaubtes Risiko, wenn ein HIV-Infizierter ohne Kondom Sex hat[489]. Ein unerlaubtes Risiko liege vor, da 1. jede HIV-Übertragung lebenslang wirkt, 2. der Sexualverkehr der wichtigste Übertragungsweg für AIDS ist und 3. die Ansteckungsgefahr in zumutbarer Weise durch die Benutzung von Kondomen wesentlich verringert wird. Auf pränatale Einwirkungen durch den Alkohol-, Nikotin- und Drogenkonsum übertragen: die Folgen wirken ebenso ein Leben lang, die Tathandlungen sind nicht nur der wichtigste Übertragungsweg für die Krankheit, sondern die einzigen und die Ansteckungsgefahr wird ohne die Tathandlungen nicht nur verringert, sondern völlig ausgeschlossen[490]. Im Ergebnis müsste die objektive Zurechnung daher insgesamt bejaht werden, da der Alkoholkonsum Schwangerer ein rechtlich unerlaubtes Risiko ist. Die Grenze des Sozialadäquaten wird durch ein erhebliches und nicht steuerbares Risiko Ungeborener überschritten. Daher könnten die Tathandlungen zugerechnet werden. Infolgedessen kann eine fehlende objektive Zurechnung nicht gegen die Mindermeinung vorgetragen werden.

Endergebnis Strafrecht de lege lata zum Schutz Ungeborener:

Schwangere machen sich durch pränatale Einwirkungen mit postnatalen Folgen – insbesondere durch den Alkoholkonsum – de lege lata nicht strafbar. In Kapitel I. wurde festgestellt, dass das ungeborene Leben verfassungsrechtlich geschützt ist. Im Anschluss wurde konstatiert, dass die staatlichen Maßnahmen im

487 BGHSt. 19, 152, 154 f.

488 BGHSt. 19, 152, 155.

489 Dazu und im Folgenden BGHSt. 36, 1, 1, 16 f.

490 Siehe A.I.

Rahmen der Gefahrenvorsorge keinen angemessenen Schutz der Leibesfrucht garantieren. Daran anknüpfend steht nun fest, dass das geltende Strafrecht Ungeborene nicht gegen pränatale Einwirkungen Schwangerer schützt. Somit liegen von den drei Voraussetzungen einer grundrechtlichen Handlungspflicht die erste und zweite vor.

IV. Kapitel – Abwägung zwischen den Schutzgütern Ungeborener und Schwangerer

Die Untersuchung möchte mithilfe des Rechts Maßnahmen entwickeln, welche den Alkoholkonsum Schwangerer vermeiden. Als Rechtsgrundlage dient eine grundrechtliche Schutzpflicht. Die vorherigen Kapitel gelangten zu dem Ergebnis, dass ein angemessener Schutz der Leibesfrucht weder durch staatliche Maßnahmen im Rahmen der Gefahrenvorsorge noch durch das Strafrecht sichergestellt ist, obwohl die Leibesfrucht verfassungsrechtlich geschützt wird. Daher steht fest, dass zwei der drei Voraussetzungen einer grundrechtlichen Handlungspflicht vorliegen. Im Folgenden ist zu untersuchen, ob die dritte Voraussetzung vorliegt. Dafür müssten die Belange Ungeborener die der kollidierenden Schutzpositionen Schwangerer überwiegen[491]. Daran anknüpfend ist folgend zu untersuchen, ob die Belange des verfassungsrechtlichen Schutzes der Leibesfrucht kollidierende Schutzpositionen überwiegen. Für die Abwägung wird eine Kriminalisierung des pränatalen Alkoholkonsums unterstellt, da die Abwägung an eine staatliche Maßnahme anzuknüpfen ist und eine Kriminalisierung de lege ferenda Untersuchungsgegenstand dieser Arbeit ist[492].

1. Grundrechte Schwangerer

Für Schwangere ist bei pränatalen Einwirkungen der Schutzbereich des allgemeinen Persönlichkeitsrechts aus Art. 2 I i.V.m. 1 I GG eröffnet[493]. Das Grundrecht schützt die engere persönliche Lebenssphäre und die Erhaltung ihrer Grundbedingungen[494]. So wird ein abgeschirmter Bereich persönlicher Entfaltung gewährleistet, der sich durch eine freie eigenverantwortliche Bestimmung auszeichnet[495]. Das allgemeine Persönlichkeitsrecht garantiert einen abgeschirmten

491 BVerfGE 88, 203, 254.

492 Siehe B.V.

493 Das allgemeine Persönlichkeitsrecht steht nicht ausdrücklich in der Verfassung. Das BVerfG hat es aus Art. 2 I i.V.m. Art. 1 I GG abgeleitet, BVerfGE 6, 389, 433.

494 BVerfGE 54, 148, 153.

495 Dreier, GG-KO-*Dreier*, Art. 2 I Rz. 68 f.

Bereich privater Lebensführung, in dem der einzelne sich unbeobachtet von öffentlicher Kontrolle selbst finden kann[496]. Letztlich schützt das Grundrecht damit einen privaten Rückzugsbereich[497]. Art. 2 I GG impliziert neben der Freiheit, sich gegen eine Elternschaft zu entscheiden[498], auch das Recht der Selbstverletzung[499]. Ebenso garantiert es Schwangeren die Freiheit zu Einwirkungen auf den Embryo[500]. Zudem ist der Schutzbereich der Menschenwürde eröffnet[501]. Daher darf der Staat sie nicht zum bloßen Objekt degradieren[502]. Beispielhaft liegt eine Degradierung zum bloßen Objekt bei einer Freiheitsstrafe bis zum Lebensende[503], Folter[504] oder bei Unterschreiten des Existenzminimums vor[505]. Gesetzgeberische Normierungen sind daran zu messen, ob Schwangere als Subjekt beachtet werden. Ist dem nicht so, dann verbietet die Unantastbarkeit der Menschenwürde eine Abwägung[506].

2. Verbot einer Abwägung durch den unantastbaren Kernbereich

Das BVerfG differenziert bei der Rechtfertigung in der Abwägung bei dem allgemeinen Persönlichkeitsrecht nach drei Sphären: die unantastbare Intimsphäre, die Privatsphäre und die Sozialsphäre[507]. Je intensiver in das Grundrecht eingegriffen wird, desto eher gelingt eine Einordnung in den unantastbaren Bereich privater Lebensgestaltung[508]. Eine Einordnung in den unantastbaren Kernbereich hätte zur Folge, dass sich eine Abwägung von Beginn verbieten würde[509]. Der relative Schutz der Privatsphäre lässt eine Abwägung zu, sodass diese zurücktreten muss, sofern hinreichend gewichtige Gemeinwohlinteressen für den Grundrechtseingriff streiten[510]. In die Sozialsphäre kann nach einer gewöhnlichen Abwägung

496 HStR IX-*Kube*, § 148 Rz. 38.
497 HStR IX-*Kube*, § 148 Rz. 38.
498 BVerfGE 39, 1, 43.
499 Dreier, GG-KO-*Dreier*, Art. 2 I Rz. 29.
500 *Robben*, Pränatale Schädigungen mit postnatalen Folgen, S. 96.
501 BVerfGE 88, 203, 254.
502 BVerfGE 88, 203, 254.
503 BVerfGE 131, 268, 287; 117, 71, 95; 109, 133, 150.
504 Jarass/Pieroth, GG-KO-*Jarass*, Art. 1 Rz. 19 m.w.N.
505 BVerfGE 125, 175, 222 m.w.N.
506 Dreier, GG-KO-*Dreier*, Art. 1 I Rz. 132.
507 Zusammenfassend, s. HStR IX-*Kube*, § 148 Rz. 86.
508 BVerfGE 119, 1, 29 f.; 89, 69, 82 f.
509 BVerfGE 120, 224, 239; 103, 21, 31; 44, 353, 372.
510 BVerfGE 119, 1, 29 f.; 80, 367, 373 f.; 44, 353, 372 f. Vertiefend zum Kernbereich der privaten Lebensgestaltung *Dammann*, Kernbereich.

eingegriffen werden[511]. Der Kernbereich schützt die private Lebensführung ohne Zugriffsmöglichkeiten anderer, welcher intimste Entscheidungen betrifft[512]. Das Geheimhaltungsinteresse des Grundrechtsträgers als auch der Charakter des Sachverhalts als höchstpersönlicher streiten grundsätzlich für eine Einordnung zum Kernbereich[513]. Der Kernbereich erfasst innere Vorgänge wie Empfindungen, Gefühle, Überlegungen, Ansichten, Gefühlsäußerungen, Äußerungen unbewussten Erlebens, Ausdrucksformen der Sexualität und Erlebnisse höchstpersönlicher Art[514]. Zudem ist die Art und Intensität des Sachverhalts zu beachten und inwieweit die Sphäre anderer oder die Belange der Gemeinschaft berührt sind. Der geringere Schutz der Privatsphäre zeichnet sich durch einen abgeschirmten Bereich persönlicher Entfaltung aus[515]. Beispielsweise wurden Selbstgespräche in den Kernbereich eingeordnet, da die ausgesprochenen Gedanken nicht für andere gedacht sind[516]. Tagebuchaufzeichnungen unterfallen hingegen nicht dem Kernbereich, da dem Grundrechtsträger bei der Niederschrift bereits bewusst ist, dass ein Risiko besteht, ein Dritter könnte dies lesen[517]. Der Privatsphäre unterfallen überdies Entnahmen der DNA zum Zwecke der Identitätsfeststellung, die nach der Identifizierung vernichtet werden[518]. Entscheidend ist, dass durch die Vernichtung keine Rückschlüsse auf persönlichkeitsrelevante Merkmale wie Erbanlagen, Charaktereigenschaften oder Krankheiten, also die Erstellung eines Persönlichkeitsprofils nicht mehr möglich ist[519]. Die heimliche Infiltration eines informationstechnischen Systems, mittels deren die Nutzer des Systems überwacht und seine Speichermedien ausgelesen werden können, unterfällt hingegen der Intimsphäre, da es einen Zugriff auf intimste Daten zulässt und durch die Heimlichkeit des Zugriffes ein vorheriger Rechtsweg ausgeschlossen ist[520]. Der

511 HStR IX-*Kube*, § 148 Rz. 86.

512 BVerfGE 80, 367, 374.

513 Dazu und im Folgenden BVerfGE 80, 367, 373 f.

514 BVerfGE 109, 279, 312.

515 v. Münch/Kunig, GG-KO-*Kunig*, Art. 2 Rz. 32 f.

516 BGHSt. 57, 71, 74.

517 BVerfGE 80, 367, 374.

518 BVerfGE 103, 21, 31 f.

519 BVerfGE 103, 21, 31 f.

520 BVerfGE 120, 274, 335 ff. Zur weitgehenden Ablehnung des Beschlusses des BVerfG in der Strafrechtswissenschaft etwa in fünf Thesen zusammenfassend *Roxin*, StV 2009, 544, 549 f. (Es fehle die Einsicht, dass das Ziel einer Strafnorm einer verfassungsrechtlichen Legitimation bedarf. Die Legitimation sei nur über die Aufgabe des Rechtsgüterschutzes des Strafrechts möglich; gegen das Übermaßverbot würde verstoßen. Der unantastbare Kernbereich sei berührt. Die Hilfserwägungen zu unzureichenden

Beischlaf zwischen Geschwistern tangiert allerdings lediglich die Privatsphäre, da er nicht nur die Geschwister selbst betrifft, sondern in die Familie und Gesellschaft hinein wirkt und außerdem Folgen für das aus der Verbindung hervorgegangene Kind haben kann[521]. Begründet wird dies weiterhin damit, dass das strafrechtliche Inzestverbot nur ein eng umgrenztes Verhalten zum Gegenstand hat und die Möglichkeit intimer Kommunikation nur punktuell verkürzt. Daher werden die Betroffenen nicht in eine unvereinbare ausweglose Lage versetzt. Summiert verfährt die Rechtsprechung bei einer Einordnung zum absoluten Kernbereich daher letztlich restriktiv. Gleichwohl verbietet das allgemeine Persönlichkeitsrecht eine pauschale Einordnung in eine der Sphären. Vielmehr muss eine Einordnung stets nach einer einzelfallbezogenen Prüfung nach steigender Intensität mit der Je-desto-Formel erfolgen[522].

Die Entscheidungen über pränatale Einwirkungen wirken sich nicht nur auf Schwangere aus, sondern betreffen auch Ungeborene. Zwar sind Schwangere mit Ungeborenen bis zur Geburt körperlich verbunden, treffend eine „Zweiheit in Einheit"[523], allerdings wirkt sich der pränatale Alkoholkonsum postnatal auf Ungeborene aus. Die Entscheidung bewirkt daher zugleich Auswirkungen auf Ungeborene. Insofern sind die Entscheidungen nicht lediglich höchstpersönlich. Die Argumentation des BVerfG zum Beischlaf zwischen Geschwistern entsprechen der vorliegenden Konstellation – das Verhalten und die Auswirkungen sind vergleichbar. Das Verhalten des Alkoholkonsums betrifft nur eine eng umgrenzte Verhaltensvorgabe, da der Alkoholkonsum nach der Schwangerschaft wieder möglich ist. Somit werden Schwangere nicht in eine unvereinbare ausweglose Lage versetzt. Ferner wirkt sich das strittige Verhalten ähnlich auf Ungeborene aus, denn auch durch den Alkoholkonsum entstehen Behinderungen[524]. Ungeborene

---

Zweckvorstellungen, Kulturgeschichte, Rechtsvergleichung, gesellschaftlichen Überzeugungen, geringe Zahl der Betroffenen, Gewichtsverstärkung von Strafandrohungen durch ihre Situationsabhängigkeit würden die fehlende Rechtfertigung nicht kompensieren).

521 Dazu und im Folgenden BVerfGE 120, 224, 243.

522 BVerfGE 130, 1, 22; 119, 1, 29 f.; 89, 69, 82 f.

523 BVerfGE 88, 203, 253.

524 Siehe A.I. Negative Auswirkungen von Inzest können sein: vermindertes Selbstbewusstsein, funktionelle Sexualstörungen im Erwachsenenalter, gehemmte Individuation, Defizite in der psychosexuellen Identitätsfindung, Beziehungsunfähigkeit, Schwierigkeiten, eine intime Beziehung aufzubauen, Versagen im Arbeitsumfeld, generelle Unzufriedenheit mit dem Leben, starke Schuldgefühle, belastende Erinnerungen an die Inzesterfahrung, Depressionen, Drogen- und Alkoholmissbrauch, Selbstverletzung, Essstörungen, Suizidgedanken, sexuelle Promiskuität, posttraumatische Erlebnisse,

werden infolgedessen tief greifend tangiert und sind durch irreparable Schäden intensiv betroffen. Ferner wirkt der Alkoholkonsum in die Familie und Gesellschaft hinein, da die Belange der Gemeinschaft durch die Umlegung der Behandlungskosten berührt werden und die Familie die Herausforderung des Umgangs mit einem behinderten Kind bewältigen muss.

Darüber hinaus besteht die Möglichkeit, dass pränatale Einwirkungen für Dritte äußerlich erkennbar sind[525]. Ungeäußerte Gedanken eines Selbstgespräches bleiben im Vergleich dazu stets verborgen. Vorgenannte Einwirkungen sind genauso sichtbar wie Tagebucheinträge. Der Alkoholkonsum Schwangerer ist zudem nicht intim im Sinne der Rechtsprechung des BVerfG. Er betrifft weder Gedanken, Empfindungen, Gefühle, Überlegungen, Ansichten, Gefühlsäußerungen, Äußerungen unbewussten Erlebens, noch Ausdrucksformen der Sexualität. Somit würde die Entscheidung nicht den Kernbereich, sondern die Privatsphäre tangieren, sodass eine Abwägung sich nicht von Beginn an verbieten würde.

3. Abwägung im engeren Sinne

Abstrakt stehen sowohl die allgemeine Handlungsfreiheit Schwangerer als auch die körperliche Unversehrtheit des Ungeborenen unter einem einfachen Gesetzesvorbehalt, sodass sich daraus kein Vorrang eines der beiden Grundrechte ergibt[526]. Konkret begründen pränatale Einwirkungen – insbesondere der Alkoholkonsum Schwangerer – Dauergefahren für Ungeborene. Die Wahrscheinlichkeit von Rechtsverletzung steigt proportional zur Dosis des Alkoholkonsums[527]. Daher ist die Wahrscheinlichkeit bei regelmäßigem Alkoholkonsum immens hoch. Schädigungen können indes auch bei einmaligem Konsum nicht ausgeschlossen werden[528]. Insbesondere wurde in Studien

---

indirekte Schäden durch Ausgrenzung für dritte Familienmitglieder und soziale Isolation. Interessant ist, dass dem BVerfG keine verwertbaren Studien für diese Annahme vorlagen. Gleichwohl zeigten die nicht verwertbaren Gutachten aber, „dass der Gesetzgeber sich nicht außerhalb seines Einschätzungsspielraumes bewegt, wenn er davon ausgeht, dass es bei Inzestverbindungen zwischen Geschwistern zu gravierenden familien- und sozialschädigenden Wirkungen kommen kann", s. zu allem BVerfGE 120, 224, 244 f.

525 *Robben*, Pränatale Schädigungen mit postnatalen Folgen, S. 97.

526 Ob den Grundrechten überhaupt ein Wertesystem zu entnehmen ist, ist fraglich. Vertiefend dazu *Alexy*, Theorie der Grundrechte, S. 139 ff.

527 *Siedentopf/Nagel/Büscher/Dudenhausen*, DÄ 2004, 101, 102.

528 *Siedentopf/Nagel/Büscher/Dudenhausen*, DÄ 2004, 101, 102.

nicht zweifelsfrei nachgewiesen, dass es eine unschädliche Menge gibt[529]. Eine Grundrechtsgefährdung besteht also dauerhaft, eine Grundrechtsverletzung ist bei regelmäßigem Konsum wahrscheinlich. Das Ausmaß der Gefahr ist zudem weitreichend, da einerseits eine überwiegende Wahrscheinlichkeit einer Erkrankung besteht und andererseits die Folgen erheblich sind[530]. Speziell das FAS zeichnet sich durch unumkehrbare Dauer- und Spätfolgen aus[531]. Die Auswirkungen sind schwerwiegend und reichen von körperlichen Merkmalen bis in die soziale Inkompetenz. Überdies streiten die Schutzbedürftigkeit und das Subsidiaritätsprinzip für den Schutz der Leibesfrucht. Nach dem Subsidiaritätsprinzip besteht ein Schutzbedürfnis nur dann, wenn Grundrechtsträger sich nicht selbst schützen können[532]. Ungeborene sind wehrlos und vollständig dem Einfluss Schwangerer ausgeliefert. Eine Selbsthilfe ist nicht möglich und die Existenz Ungeborener hängt vom Verantwortungsbewusstsein Schwangerer ab. Erschwerend tritt hinzu, dass Schwangere die Schwangerschaft zum Teil verheimlichen können, sodass diese sich den Beschwichtigungen Dritter entziehen können[533].

Dem tritt die Beschränkung des Persönlichkeitsrechts Schwangerer gegenüber[534]. Ein Verbot des Alkoholkonsums würde zum Teil einschneidende Änderungen der Lebensgewohnheiten erfordern. Schwangere könnten Alkohol nicht mehr nach freiem Belieben konsumieren und müssten Rücksicht üben. Allerdings betrifft die Einschränkung nur einen Teil der freien Lebensführung Schwangerer, da Schwangere weiterhin zahlreiche andere Handlungen vornehmen können. Daher wird das Grundrecht nicht in seinem Kern eingeschränkt, sondern nur im Randbereich.

Zudem ist das zeitliche Ausmaß der Beschränkung überschaubar im Gegensatz zu dauerhaften Schädigungen Ungeborener, denn einer neunmonatigen Enthaltsamkeit stehen lebenslange Einschränkungen der Grundrechte Ungeborene gegenüber[535].

---

529 *Siedentopf/Nagel/Büscher/Dudenhausen*, DÄ 2004, 101, 102; *Spohr*, Das fetale Alkoholsyndrom, S. 108 ff.; *Stoschek*, DÄ 2000, 1556.

530 Dazu und im Folgenden s. A.I.

531 *Spohr*, Das Fetale Alkoholsyndrom, S. 198.

532 HStR IX-*Isensee*, § 191 Rz. 271.

533 Parallele Argumentation zum Schwangerschaftsabbruch im 2. Abtreibungsurteil, s. BVerfGE 88, 203, 263.

534 Ebenso *Hall*, FS Schlick, 2015, S. 507, 513.

535 *Ebenda.*

Darüber hinaus können Schwangere sich nicht auf die Menschenwürde gem. Art. 1 I GG berufen. Ein Eingriff in diese besteht nur, wenn Schwangere durch eine Einschränkung des Alkoholkonsums als Objekt statt Subjekt degradiert würden[536]. Dabei wird der Eingriffsbegriff restriktiv ausgelegt, da ein Eingriff in die Menschenwürde nie zu rechtfertigen ist, Art. 1 I 1 GG. Eine solche Behandlung liegt indes nicht vor, da überzeugende Argumente für eine Einschränkung der Grundrechte Schwangerer streiten.

Abschließend sind die Belange der Gesellschaft als Ganzes zu beachten, da die Prävention des FAS das Gesundheitswesen und die Gesellschaft als Ganzes entlasten würde[537].

Im Ergebnis überwiegen die Belange des verfassungsrechtlichen Schutzes der Leibesfrucht gegenüber den kollidierenden Schutzpositionen Schwangerer.

Ergebnis zur generellen staatlichen Handlungspflicht:

Somit sind die drei Voraussetzungen einer staatlichen Handlungspflicht erfüllt. Es liegt ein schützenswertes Verfassungsgut vor und dieses wird nicht ausreichend vor pränatalen Einwirkungen Schwangerer geschützt. Daran anknüpfend steht nun fest, dass die Belange des verfassungsrechtlichen Schutzes der Leibesfrucht die Schutzpositionen der Schwangeren überwiegen, sodass die dritte Voraussetzung ebenso erfüllt ist. Daher besteht eine Rechtsgrundlage für die Entwicklung eines neuen Schutzkonzepts aufgrund einer grundrechtlichen Handlungspflicht des Staates zum Schutze der Leibesfrucht.

V. Kapitel – Strafrecht de lege ferenda zum Schutze Ungeborener?

„De lege lata wird somit nur die vorsätzliche Tötung der Leibesfrucht gem. § 218 StGB unter Strafe gestellt. Diese gesetzliche Grundentscheidung mag in bestimmten Fällen, wie zum Beispiel der vorsätzlichen Leibesfruchtverletzung oder der berufsfahrlässigen Verletzung bzw. Tötung der Leibesfrucht zu rechtspolitisch bedenklichen Strafbarkeitslücken führen. Diese Strafbarkeitslücken *können jedoch nur durch den Gesetzgeber* und nicht im Wege einer extensiven Auslegung der allgemeinen Tötungs- und Körperverletzungsdelikte geschlossen werden."[538]

---

536 BVerfGE 88, 203, 254.

537 Ebenso *Spohr*, Das fetale Alkoholsyndrom, Vorwort.

538 Hervorhebungen durch den Verfasser; *Sigel*, Pränatale Einwirkungen, S. 93.

Mit dieser ebenso treffenden wie präzisen Aussage gibt *Sigel* unbewusst einerseits die Erkenntnisse des vorherigen Kapitels wieder und andererseits die Perspektive der folgenden Untersuchung vor. Die vorherigen Kapitel führten zu der Erkenntnis, dass eine staatliche Handlungspflicht besteht. Diese ist die Rechtsgrundlage für die Entwicklung eines neuen Schutzkonzepts. Darauf beruhend drängt sich die Frage auf, wie dieses umsetzen ist. Verfassungsrechtlich garantiert der weite legislative Gestaltungsspielraum die Freiheit, zwischen verschiedenen staatlichen Handlungsinstrumenten zu wählen[539]. Zu diesen Handlungsinstrumenten gehört auch das Strafrecht. Von ihm hat der Gesetzgeber in den letzten Jahren hinlänglich Gebrauch gemacht – auch im Bereich des Lebensschutzes (vgl. § 217 StGB). Daher verbietet sich eine strafrechtliche Reglementierung nicht von Beginn an.

Fraglich erscheint jedoch, ob ein Rückgriff auf das Strafrecht als schärfstes Schwert sinnvoll ist oder ob es sich als überzogene Symbolpolitik[540] bzw. irrationale Kriminalpolitik[541] oder Aktionismus[542] entpuppt, wie vielfach behauptet wird. Es ist aus legislatorischer Sicht zu untersuchen, ob treffende Argumente für eine künftige Strafbarkeit pränataler Einwirkungen mit postnatalen Folgen bestehen. Zugleich ist fraglich, ob verfassungsrechtliche Grenzen, etwa die Verhältnismäßigkeit, gewahrt würden. Konkret formuliert: Lautet die Empfehlung an den Gesetzgeber, dass die beste Möglichkeit zur Vermeidung der oben beschriebenen Probleme eine Kriminalisierung ist?

Um diese Frage beantworten zu können, sind zunächst die durch das BVerfG aufgestellten Mindestkriterien der Strafgesetzgebungslehre für eine Kriminalisierung auf Tatbestandsseite darzustellen, da diese die Richtschnur für die Handlungsinstrumente der Legislative sind. Neben den Kriterien des BVerfG mögen die in der Strafrechtswissenschaft unumstrittenen Mindestkriterien herangezogen werden, damit eine etwaige Kriminalisierung auf einem gesicherten Grundgerüst beruhen würde. Auf Basis der abstrakten Kriterien sind sodann bereits bestehende Argumente für bzw. gegen eine Kriminalisierung zu untersuchen und um weitere Überlegungen zu ergänzen. Vorwegzunehmen ist: Die

539 BVerfGE 120, 224, 240.

540 Vertiefend zu erheblichen Grundrechtseingriffen durch strafrechtliche Normen und Sanktionen unter dem Gesichtspunkt der symbolischen Wirkung *Hassemer*, NStZ 1989, 553, 553 ff. Zum Begriff *Schmehl*, ZRP 1991, 251 ff.; grundlegend *Voß*, Symbolische Gesetzgebung; *Stächelin*, Strafgesetzgebung im Verfassungsrecht.

541 Vertiefend zu diesem Begriff und dessen Kriterien *Jäger*, FS Schüler-Springorum, 1993, S. 229, 229 ff.

542 *Frisch*, NStZ 2016, 16, 20.

überwiegende Anzahl der Strafrechtswissenschaftler spricht sich gegen eine neue Strafnorm bei vorsätzlichem Handeln Schwangerer aus[543]. Teilweise wird die Strafbarkeit hingegen gefordert[544]. Bislang gibt es in keinem Land eine entsprechende strafrechtliche Verhaltensnorm[545].

Zu beachten ist, dass sich die bislang vertretenen Argumente gegen eine Strafbarkeit auf das allgemeine Erfassen pränataler Einwirkungen mit postnatalen Folgen beziehen und nicht ausdrücklich die spezielle Tathandlung des Alkoholkonsums Schwangerer behandeln. Schädlich ist dies jedoch nicht, da die allgemeine Untersuchung zur Abstrahierung sowie dem Erfassen weiterer Fälle beiträgt und der Vielgestaltigkeit der Lebensverhältnisse gerecht wird[546]. Zudem beschränkt sich die Untersuchung auf vorsätzliche Handlungen Schwangerer, da das Erfassen fahrlässiger Handlungen Schwangerer verfassungswidrig wäre und folgerichtig auch nicht vertreten wird. Die Strafbarkeit wäre maßlos, bedeute eine erhebliche Einschränkung sowie Kontrolle der Persönlichkeitsrechte Schwangerer und die physische Belastung einer Strafandrohung würde sich wie ein Damoklesschwert negativ auf die Schwangerschaft und den Kinderwunsch auswirken[547].

---

543 *Duncker*, Lebensschutz, S. 366; *Gropp*, GA 2000, 1, 17; *Heinemann*, Frau und Fötus in der Prä- und Perinatalmedizin, S. 195, 341; LP-KO-*Lilie*, Vor § 223 Rz. 7; *Tag*, Körperverletzungstatbestand, S. 128; *Valsamidou*, Schutz der menschlichen Leibesfrucht, S. 247, 249.

544 *Hall*, FS Schlick, 2015, S. 507, 515 f.; *Kaufmann*, JZ 1971, 569, 571 f. (bei vorsätzlichen Einwirkungen beschränkt auf schwere Schädigungen, fahrlässige gar nicht); *Lüttger*, FS Heinitz, 1971, S. 359, 370 (bei vorsätzlichen Einwirkungen Schwangerer und Dritter, fahrlässige nur bei Heilbehandelnden); *Robben*, Pränatale Schädigungen mit postnatalen Folgen, S. 183 (Dritte strafbar, Schwangere ab dem 12. Monat); *Roxin*, JA 1981, 542, 549 (bei vorsätzlichen Handeln, jedoch nicht eindeutig, ob nur Schwangere gemeint sind oder auch Dritte); *Sigel*, Pränatale Einwirkungen, S. 153, 168 sowie *Tepperwien*, Pränatale Einwirkungen, S. 145 f., 159 (alle Personen bei vorsätzlichen Handeln erfasst); *Theilig*, Strafbarkeit pränataler Einwirkungen, S. 167 (alle Personen bei vorsätzlichen Handeln erfasst).

545 Mit Ausnahme einiger muslimischer Länder, in denen der Alkoholkonsum generell untersagt ist, s.a. *Hall*, FS Schlick, 2015, S. 507, 512.

546 Das BVerfG nennt den Begriff der ‚Vielgestaltigkeit der Lebensverhältnisse' stets bei der Rechtfertigung für die Verwendung unbestimmter Rechtsbegriffe, s. BVerfGE 45, 363, 371 f.; 48, 48, 56.

547 Ebenso *Günther*, GA 1987, 433, 446; *Lüttger*, JR 1971, 133, 142; *Robben*, Pränatale Schädigungen mit postnatalen Folgen, S. 143, 147; *Roxin*, JA 1981, 542, 548; *Tepperwien*, Pränatale Einwirkungen, S. 154.

1. Kriterien der Strafgesetzgebungslehre

Die nachfolgend vorgestellten Kriterien der Strafgesetzgebungslehre sind bei der Kriminalisierung einer Handlung *zwingend* zu beachten. Der Zwang zur Beachtung ergibt sich aus dem Umstand, dass die Verfassung die Kriterien vorgibt und diese vom BVerfG für eine Kriminalisierung auf Tatbestandsseite aufgestellt worden sind[548]. Zudem beschränkt sich die Darstellung neben den Kriterien des BVerfG auf die in der Strafrechtswissenschaft unumstrittenen Kriterien[549]. Die folgenden Kriterien lassen sich daher als notwendiges Mindestmaß für eine Kriminalisierung auffassen. Andernfalls wäre eine Strafnorm verfassungswidrig.

Der Begriff der Strafgesetzgebungslehre bezieht sich dabei zum einen auf den Umfang und die Form der Beteiligung von Strafrechtswissenschaftlern im Gesetzgebungsverfahren[550] und zum anderen auf Kriterien für den Erlass eines Strafgesetzes[551]. Ziel der Strafgesetzgebungslehre ist das Aufstellen von Kriterien, vermöge dessen der Gesetzgeber erkennen kann, wann Strafnormen als taugliches Mittel zur Zielrealisierung eingesetzt werden können. Dem liegen existenzielle Fragen des gesellschaftlichen Zusammenlebens zugrunde: Wo ist der Wendepunkt, an dem sich die selbst regulierbare Freiheit in einen strafrechtlichen Zwang etwas zu unterlassen oder gar zu handeln umwandelt? Wann darf der Gesetzgeber mit den Mitteln des Strafrechts Grundrechte beschränken? Wie ist das Spannungsfeld zwischen selbst regulierbarer Freiheit und staatlicher Pflicht zum Schutze Dritter auszutarieren?

---

548 Die Darstellung beschränkt sich auf die Kriterien, die für die Tatbestandsseite maßgebend sind. Zu den Kriterien für die Rechtsfolgenseite etwa jüngst *Kaspar*, Verhältnismäßigkeit und Grundrechtsschutz, S. 283 ff. sowie die grundlegenden Untersuchungen von *Appel*, Verfassung und Strafe, S. 427 ff. und *Lagodny*, Strafen vor den Schranken der Grundrechte, S. 275 ff.

549 Jüngst mahnte *Frisch* zu einem behutsameren Einsatz des Strafrechts, NStZ 2016, 16, 16 ff.

550 Eine stärkere, tiefgründigere Beteiligung Strafrechtswissenschaftler am Gesetzgebungsprozess fordernd *Amelung*, ZStW 92. (1980), 67 ff.; *Hettinger*, GA 1995, 399, 428; *Jäger*, FS Schüler-Springorum, 1993, S. 229, 239 ff.

551 Die Strafgesetzgebungslehre wird in der Strafrechtswissenschaft lediglich stiefmütterlich behandelt, ebenso *Frisch*, NStZ 2016, 16, 24 f.; *Vogel*, FS Roxin, 2001, S. 105, 107.

a) Schutz von Verfassungsgütern

Eine Kriminalisierung ist zunächst nur möglich, sofern sie dem Schutze anderer oder der Allgemeinheit dient[552]. Ausgehend von einem liberalen Wertesystem liegt unserer Rechtsordnung ein weites Freiheitsverständnis zugrunde. Individuen dürfen im Grundsatz alle Handlungen – seien es unvernünftige, selbstschädigende, gar suizidale – vornehmen oder unterlassen. Die Grenze der Freiheit des Einzelnen verläuft an der Schwelle zur Gefährdung oder Verletzung der Freiheitssphäre eines ebenso geschützten Individuums oder der Allgemeinheit. Daher dürfen nur solche Rechte geschützt werden, die für die freie Entfaltung des Einzelnen notwendig sind[553]. Zur Vermeidung der Verletzung von Verfassungsgütern anderer steht dem Gesetzgeber bei der Wahl der Handlungsinstrumente ein weiter Ermessensspielraum zur Verfügung[554]. Dabei obliegt es dem Gesetzgeber zu entscheiden, ob er ein bestimmtes Verfassungsgut, dessen Schutz ihm wesentlich erscheint, gerade mit den Mitteln des Strafrechts verteidigen und wie er dies gegebenenfalls tun möchte[555]. Aus der freiheitlichen Grundordnung lässt sich folgern, dass Grundvoraussetzung für eine Kriminalisierung der Schutz von Verfassungsgütern ist[556]. Aus der strafrechtlichen Rechtsgutslehre lassen sich keine darüber hinausgehenden, strengeren Voraussetzungen ableiten[557]. Das Strafrecht soll ein friedliches Zusammenleben garantieren und die Rechte der Allgemeinheit und Individuen schützen[558]. Der Schutz verfassungsrechtlicher Rechtsgüter setzt dabei

---

552 BVerfGE 120, 224, 239; 90, 145, 172, 184; 27, 18, 29 f.

553 Ebenso *Kubiciel*, Wissenschaft vom Besonderen Teil des Strafrechts, S. 172, der dies nicht aus dem Verfassungsrecht, sondern aus der Vergeltungstheorie als Sinn von Strafe ableitet.

554 BVerfGE 109, 279, 336.

555 BVerfGE 120, 224, 240.

556 BVerfGE 90, 145, 175, 181; 39, 312, 321; *Günter*, JuS 1978, 8, 9.

557 So ausdrücklich wortwörtlich in BVerfGE 120, 224, 240. Die strafrechtliche Rechtsgüterlehre stelle jedenfalls keine inhaltlichen Maßstäbe bereit, die zwangsläufig in das Verfassungsrecht zu übernehmen wären, BVerfGE 120, 244, 240. Anders hingegen *Kudlich*, ZStW (127), 2015, 635, 653, wonach die verfassungsrechtliche Prüfung des legitimen Gesetzeszwecks mit der Einhaltung der strafrechtliche Rechtsgutslehre harmonieren und Letztere als Teil Ersterer geprüft werden solle. Die strafrechtliche Rechtsgutslehre sei ausdrücklich ein Legitimationskriterium der Strafgesetzgebung. Diese Aussage relativiert sich letztlich vor dem Hintergrund, dass *Kudlich* einen schwachen Rechtsgutsbegriff vertritt, *ebd.* 639 ff.

558 BVerfGE 123, 267, 408 ff.; *Hefendehl*, Rechtsgüter, S. 42; *Landau*, NStZ 2015, 665, 666 ff.

gleichzeitig eine Bagatellgrenze aus. Das Kriterium der Bagatellgrenze meint die Pflicht, nur grobe Störungen und Gefährdungen von Verfassungsgütern zu kriminalisieren[559], sodass das Ausmaß der Beeinträchtigung schwer wiegen muss[560]. Berücksichtigt werden muss somit, inwieweit sich Handlungen auf den Status quo von Verfassungsgütern auswirken[561], wobei der Handlungsunwert umso geringer sein braucht je höher der Erfolgsunwert ist und umgekehrt[562]. Dem folgend bilden solche Verhaltensweisen die äußere Grenze der Kriminalisierung, die in keiner Form Interessen anderer oder der Allgemeinheit berühren und damit keinen Schaden hervorrufen können[563]. Geringste Moralwidrigkeiten[564] und „bloßer Ungehorsam"[565] reichen nicht aus – das Strafrecht darf nicht zur Verbesserung der Moral missbraucht werden[566]. Die Gefährdung von Verfassungsgütern reicht allerdings bereits aus, um ein Problem mit den Mitteln des Strafrechts anzugehen[567].

b) Geeignetheit

Eine Kriminalisierung ist zudem nur möglich, wenn diese zum Schutze eines legitimen verfassungsrechtlichen Ziels geeignet wäre[568]. Die Norm muss zweckrational, d.h. zur Zielerreichung tauglich sein[569], wobei die Geeignetheit weit auszulegen ist und als Korrektiv nur Fälle evidenter Mittelverfehlung ausschließt[570]. Es reicht aus, wenn die Wahrscheinlichkeit der Zielerreichung erhöht, der Erfolg also gefördert wird[571]. Die Oktroyierung strafrechtlicher Verhaltenspflichten setzt hinreichende kriminalpolitische Erkenntnisse über das Verhalten und

559 *Jäger,* FS Schüler-Springorum, 1993, S. 229, 234.

560 *Schöch,* FS Schüler-Springorum, 1993, S. 245, 253.

561 *Ebenda.*

562 *Richter,* JuS-L 1990, 89, 91.

563 *Günter,* JuS 1978, 8, 9.

564 *Jäger,* FS Schüler-Springorum, 1993, S. 229, 234. Nach *Appel* sind gesteigerte Moralwidrigkeiten hingegen nicht per se verfassungsrechtlich zulässig; sie sind an den weiteren Kriterien der Geeignetheit, Erforderlichkeit und Angemessenheit zu messen, *Appel,* Verfassung und Strafe, S. 201.

565 BVerfGE 80, 244, 256; 9, 167, 171.

566 *Hefendehl,* Rechtsgüter, S. 42.

567 BVerfGE 92, 191, 200 f.; 87, 399, 498 ff.; *Günter,* JuS 1978, 8, 9; *Jäger,* FS Schüler-Springorum, 1993, S. 229, 234; *Richter,* JuS-L 1990, 89, 90.

568 BVerfGE 90, 145, 174; *Hefendehl,* JA 2011, 401, 404; *Kubiciel/Winter,* ZStW 113. (2001), 305, 324.

569 Modernes Strafrecht und ultima-ratio-Prinzip-*Kinderhäuser,* S. 34.

570 Dreier, GG KO-*Dreier,* Vorb. 147.

571 BVerfGE 109, 279, 336; Schmidt/Bleibtreu, GG-KO-*Hofmann,* Art. 20 Rz. 74.

dessen Folgen voraus[572]. Legislatorische strafrechtliche Entscheidungen müssen auf Grundlage kriminalpolitischer Erkenntnisse oder, falls dies nicht möglich ist, auf größtmöglichen Anstrengungen zur Erreichung wissenschaftlicher Grundlagen beruhen[573]. Strafnormen setzen grundsätzlich empirische Messungen voraus, welche sich am Maßstab eines effektiven Rechtsgüterschutzes orientieren[574]. Teilweise sind wissenschaftliche Urteile jedoch noch nicht vorhanden oder es ist nicht möglich, präzise Aussagen zu treffen, sodass dem Gesetzgeber der Erlass von Gesetzen versagt bliebe. Der drohenden gesetzgeberischen Handlungsohnmacht wird insoweit entgegengewirkt, dass ein Wahrscheinlichkeitsurteil und eine vertretbare Argumentation ausreichen[575]. Eine Absicherung der Freiheitsrechte wird überdies durch die Überprüfungs- und Nachbesserungspflicht des Gesetzgebers sichergestellt[576]. Ferner müssen die Folgen der Kriminalisierung prognostiziert werden[577]. Demnach muss prognostiziert werden, ob die Kriminalisierung eines Verhaltens zu dessen Rückgang führt. Prognostisch ist vom Gesetzgeber einzuschätzen, ob das Verhalten gesellschaftlich ablehnt wird. Zudem darf eine Kriminalisierung nicht in einer ungewollten Gefährdung oder Verletzung desgleichen Verfassungsguts in einer anderen Spielweise oder eines anderen Verfassungsguts münden. Ebendiese sogenannten Sekundärschäden sind bei der Kriminalisierung eines Verhaltens zu vermeiden[578].

c) Erforderlichkeit

Daran anknüpfend bedingt das Strafrecht als schärfstes Schwert den behutsamen Einsatz lediglich dort, wo eine Kriminalstrafe das letzte, äußerste Mittel

---

572 Schmidt/Bleibtreu, GG-KO-*Hofmann*, Art. 20 Rz. 74.
Frisch legt die Geeignetheit enger aus und fordert, diese nur dann zu bejahen, sofern der Staat den Beweis dafür erbringe, dass ein Verhalten die Qualifikation als Straftat und nicht nur eine Sanktionierung überhaupt verdiene, s. *Frisch*, NStZ 2016, 16, 24.

573 *Günther*, JuS 1978, 8, 10.

574 Dieses Kriterium ist nicht vom BVerfG anerkannt, sondern ist in der Strafrechtswissenschaft unumstritten, siehe *Frommel*, FS Schüler-Springorum, 1993, S. 257, 273. Der Vollständigkeit halber wird dies hier genannt, aber in den weiteren Überlegungen nicht als zwingend vorausgesetzt. Die Geeignetheit als empirische Frage auffassend, *Lagodny*, Strafrecht vor den Schranken der Grundrechte, S. 172.

575 BVerfGE 30, 250, 263; *Jäger*, FS Schüler-Springorum, 1993, S. 229, 234.

576 BVerfGE 110, 141, 158.

577 BVerfGE 116, 202, 225 m.w.N; *Kaspar*, Verhältnismäßigkeit und Grundrechtsschutz, S. 126, *Vogel*, FS Roxin, 2001, S. 105, 114.

578 *Jäger*, FS Schüler-Springorum, 1993, S. 229, 235.

zur Lösung tatsächlicher Probleme ist[579]. Dieser Grundsatz wird als sog. Ultima-ratio-Prinzip[580], Subsidiarität des Strafrechts[581] oder Strafbedürftigkeit[582] bezeichnet und ist letztlich eine andere Formulierung für die verfassungsrechtliche Erforderlichkeit[583]. Das Strafrecht wird nur dann als ultima-ratio des Rechtsgüterschutzes eingesetzt, wenn ein bestimmtes Verhalten über sein Verbotensein hinaus in besonderer Weise sozialschädlich und für das geordnete Zusammenleben der Menschen unerträglich, seine Verhinderung daher besonders dringlich ist[584,585]. Da die Freiheitsgarantie der Ausgangspunkt der Verfassung ist, muss

---

579 BVerfGE 96, 10, 15; 120, 224, 239 f.; *Hefendehl*, JA 2011, 401, 401.

580 BVerfGE 96, 10, 15; 120, 224, 239 f.; *Hefendehl*, JA 2011, 401, 401; *Kaspar*, Verhältnismäßigkeit und Grundrechtsschutz, S. 243.

581 *Kaspar*, Verhältnismäßigkeit und Grundrechtsschutz, S. 249; *Schöch*, FS Schüler-Springorum, 1993, S. 245, 246.

582 *Appel*, Verfassung und Strafe, S. 400 ff. *Günther*, JuS 1978, 8, 12.

583 *Hamm*, NJW 2016, 1537, 1541; nach *Kaspar* ist das Ultima-ratio-Prinzip nicht nur Teil der Erforderlichkeit, sondern auch der Angemessenheit. Dort solle der Ultima-ratio-Gedanke die Forderung enthalten die besondere Eingriffsschwere durch Strafrecht und Strafe zu berücksichtigen. Außerhalb der Erforderlichkeit und Angemessenheit habe das Ultima-ratio-Prinzip keine eigenständigen Regelungsgehalt, *Kaspar*, Verhältnismäßigkeit und Grundrechtsschutz, S. 245 f. *Lagodny* misst dem Ultima-ratio-Prinzip hingegen eine weitere Bedeutung zu. Es mahne darüber hinaus zu einem sparsamen Umgang mit Kriminalstrafrecht, *Lagodny*, Strafrecht vor den Schranken der Grundrechte, S. 531. *Frisch* hingegen kritisiert, das Ultima-Ratio-Prinzip sei überschätzt, da dieses das Strafrecht als *letztes* Mittel begreife, s. *Frisch*, NStZ 2016, 1, 22 ff. Wenn dann jedoch ein anderes Mittel vorläge, welches tiefer in Grundrechte eingreife, zwänge das Prinzip in seiner Konsequenz dazu, den Einsatz des Strafrechts zu unterlassen. Außerdem gebühre einem anderen Mittel auch dann der Vorzug, wenn es keinen sozialethischen Vorwurf bzw. Tadel beinhalte. *Frisch* vertritt dabei einen behutsamen Einsatz des Strafrechts nur dann, wenn ein Verhalten „sozialethisch gravierend verwerflich“ ist, siehe *Frisch*, NStZ 2016, 16, 19 ff.

584 BVerfGE 120, 224, 240; 88, 203, 258; für eine stärkere Einhaltung des Ultima-ratio-Prinzips plädierend jüngst *Hamm*, NJW 2016, 1537 ff. Unter der Topik „Wenn das Strafrecht alles richten soll…“ wurde die striktere Einhaltung des Prinzips als Schwerpunkthema auf dem 67. Deutschen Anwaltstag 2016 diskutiert.

585 *Frisch* vertritt, dass Strafrecht nur dann eingesetzt werden sollte, wenn ein Verhalten „sozialethisch gravierend verwerflich ist, da ansonsten die Grenzen zwischen besonders verwerflichen Verhaltensweisen und Verhaltensweisen, die dies nicht sind, konturenlos“ seien. Außerdem sei der Grundrechtseingriff bei Verhaltensweisen, die unter dieser Schwelle liegen, unangemessen und verletze den Täter in seinem Achtungsanspruch. Schließlich würden ansonsten Ressourcen verschwendet. Dazu *Frisch*, NStZ 2016, 16, 15 f. mit vertiefenden Nachweisen.

dasjenige Mittel gewählt werden, welches diese möglichst gering einschränkt[586]. Dies gilt freilich nur bei gleicher Effektivität[587]. Strafrechtliche Verhaltensnormen und die Rechtsfolgen von Verstößen greifen grundsätzlich tiefer in die Freiheit ein als staatliche Handlungsinstrumente außerhalb des Strafrechts. Durch Strafnormen wird unmittelbar ein Verhalten aufgezwungen und mit einer Verurteilung geht ein Stigmatisierungseffekt und teilweise der Verlust der gesellschaftlichen Anerkennung einher. Angeklagte sind der Öffentlichkeit ausgesetzt und empfinden Strafverfahren als überaus belastend. Strafnormen sollen aber gerade eine Nutzensteigerung von Individuen ermöglichen, sodass die strafrechtlichen Folgen nur dann eingreifen dürfen, wenn keine andere und gleich effektive Regelungsmöglichkeit besteht[588]. Die staatliche Reaktion des Strafens legitimiert sich demnach nur, sofern andere Mittel versagen[589]. In der Inzestentscheidung verringerte das BVerfG die Anforderungen des Gesetzgebers für den Erlass von Strafgesetzen[590]. Nunmehr ist es grundsätzlich Sache des Gesetzgebers, den Bereich strafbaren Verhaltens verbindlich festzulegen. Er ist frei bei Entscheidungen, ob er ein bestimmtes Rechtsgut, dessen Schutz ihm wesentlich erscheint, gerade mit den Mitteln des Strafrechts verteidigen und wie er dies gegebenenfalls tun will. Gleichwohl vertritt das BVerfG weiterhin, dass andere staatliche Handlungsinstrumente mit denen einer Kriminalisierung verglichen werden müssen. Daher sind zunächst andere Lösungswege aufzufinden und auf ihre Effektivität hin zu überprüfen[591]. Auf strafrechtliche Normierungen ist im Ergebnis nur zurückzugreifen, sofern Verfassungsgüter nicht auf andere Weise effektiv geschützt werden können.

d) Abwägung Freiheitsbeschränkung mit Freiheitserweiterung

Letztlich ist eine Abwägung durchzuführen. Da strafrechtliche Normen zeitgleich die Freiheit von Opfern erweitern und zulasten von Tätern verkürzen, müssen die Positionen kraft Verfassungsrecht gegeneinander abgewogen werden[592]. Insbesondere ist die Intensität der Grundrechtseingriffe, das Ausmaß drohender Schäden[593] und der Grad der Wahrscheinlichkeit sowie der drohenden Gefahr des

586 BVerfGE 120, 224, 240.
587 BVerfGE 57, 250, 270.
588 BVerfGE 92, 262, 273.
589 Modernes Strafrecht und ultima-ratio-Prinzip-*Kinderhäuser*, S. 29.
590 Dazu und im Folgenden BVerfGE 120, 224, 240.
591 *Günther*, JuS 1978, 8, 12.
592 BVerfGE 120, 224, 241; *Günther*, JuS 1978, 8, 10; *Hefendehl*, JA 2011, 401, 404 f.
593 BVerfGE 92, 277, 327; 20, 150, 159.

Schadenseintrittes bedeutsam[594]. An den sozialen Nutzen einer Kriminalisierung anknüpfend sind Prognosen durchzuführen, wie hoch die Wahrscheinlichkeit des Eintritts sozialer Schäden ist, sofern eine Kriminalisierung unterbleibt[595]. Aufgrund des Schuldprinzips müssen die mit der Strafe belegten Verhaltensweisen und die Rechtsfolgen in einem angemessenen Verhältnis stehen[596].

e) Bestimmtheitsgebot

Zudem enthält das Bestimmtheitsgebot des Art. 103 II GG für den Gesetzgeber die Verpflichtung, wesentliche Fragen der Strafwürdigkeit oder Straffreiheit im demokratisch-parlamentarischen Willensbildungsprozess zu klären und die Voraussetzungen der Strafbarkeit so konkret zu umschreiben, dass Tragweite und Anwendungsbereich der Straftatbestände zu erkennen sind und sich durch Auslegung ermitteln lassen[597]. Der Gesetzgeber muss Rechtsvorschriften so genau fassen, wie dies nach der Eigenart der zu ordnenden Lebenssachverhalte mit Rücksicht auf den Normzweck möglich ist (Grundsatz der Normenklarheit)[598]. Das Bestimmtheitsgebot verlangt, den Wortlaut von Strafnormen dergestalt zu formulieren, dass die Normadressaten im Regelfall bereits anhand des Wortlauts der gesetzlichen Vorschrift voraussehen können, ob ein Verhalten strafbar ist oder nicht[599]. Allerdings dürfen diese Anforderungen nicht überspannt werden, da sonst die Gefahr bestünde, dass Gesetze zu starr und kasuistisch ausgelegt würden und dem Wandel der Verhältnisse und der Besonderheit des Einzelfalls nicht mehr gerecht werden könnten[600]. Daher muss der Gesetzgeber zugleich die Vielgestaltigkeit der Lebensverhältnisse berücksichtigen[601]. Aufgrund dieses Spannungsverhältnisses ist dem Gesetzgeber die Verwendung von wertausfüllungsbedürftigen Begriffen bis hin zur Generalklausel im Strafrecht nicht von vornherein versagt[602].

---

594 BVerfGE 120, 274, 327; 113, 63, 80; *Günther*, JuS 1978, 8, 10; *Kaspar*, Verhältnismäßigkeit und Grundrechtsschutz, S. 178.

595 Dazu und im Folgenden *Amelung*, ZStW 92. (1980), 67, 71.

596 BVerfGE 133, 168, 198; 120, 224, 241; 50, 205, 214 f.; 20, 323, 331.

597 BVerfGE 126, 170, 195; 75, 329, 340 f.

598 BVerfGE 126, 170, 195; 93, 213, 238.

599 BVerfGE 126, 170, 195; 92, 1, 12.

600 BVerfGE 126, 170, 195; 14, 245, 251.

601 BVerfGE 126, 170, 195; 47, 109, 120; 28, 175, 173.

602 BVerfGE 126, 170, 195; 91, 1, 12; 48, 48, 56 f.

f) Stimmiges Gesamtkonzept

Ergänzend ist in der Strafrechtswissenschaft anerkannt, dass sich eine neue Strafnorm wegen des Vertrauensschutzes aus Art. 20 III GG stimmig in das bisherige Gesamtkonzept einfügen muss[603].

Da sich Strafnormen primär durch eine Verbesserung der gesellschaftlichen Situation legitimieren, müssen diese ihrerseits auf möglichst breite gesellschaftliche Akzeptanz stoßen. Aus dem Sinn von Gesetzen als gesellschaftlichen Mehrwert folgt daher das Kriterium der Gesamtstimmigkeit. Ansonsten wird die Rechtsordnung in ihrer Glaubwürdigkeit angegriffen und verliert schleichend an Akzeptanz. Diese wird unter anderem beeinträchtigt, wenn Parallelwertungen Unstimmigkeiten hervorrufen. Daher muss Strafnormen ein stimmiges Gesamtkonzept zugrunde liegen[604]. Normen müssen daher einerseits systematisch stimmig sein und sich andererseits in das geltende Strafrecht einfügen[605].

Ergebnis der Kriterien der Strafgesetzgebungslehre:

Der Staat darf sich zur Erfüllung seiner Schutzaufgaben des Handlungsinstrumentes der Kriminalisierung nur bedienen, wenn folgende Kriterien vorliegen: die Kriminalisierung muss den Zweck verfolgen, verfassungsrechtliche Rechtsgüter zu schützen – Bagatelle und Moralwidrigkeiten dürfen nicht kriminalisiert werden. Die Wertevorstellungen der Gesellschaft müssen auf eine Kriminalisierung des Verhaltens abzielen und die Kriminalisierung muss geeignet und erforderlich sein. Bei der Geeignetheit sollten kriminalpolitische Erkenntnisse bestehen, jedoch reichen Prognosen im Rahmen des vertretbaren Gestaltungsspielraumes des Gesetzgebers aus, sofern kriminalpolitische Erkenntnisse fehlen. Die verfassungsrechtliche Erforderlichkeit muss eingehalten werden – eine Kriminalisierung ist nur ultima-ratio möglich. Schließlich muss die Freiheitserweiterung gegenüber der von einem Straftatbestand ausgehenden

---

603 Dieses Kriterium ist nicht vom BVerfG anerkannt, aber in der Strafrechtswissenschaft unumstritten, s. Modernes Strafrecht und ultima-ratio-Prinzip-*Herzog*, S. 112; *Jäger*, FS Schüler-Springorum, 1993, S. 229, 235; *Vogel*, FS Roxin, 2001, S. 105, 108 f. Der Vollständigkeit halber wird dies hier genannt, aber in den weiteren Überlegungen nicht als zwingend vorausgesetzt. Dazu auch *Appel*, der ein stimmiges Gesamtkonzept bei den verfassungsrechtlichen Anforderungen an Sanktionsnormen diskutiert, aber ein stimmiges Konzept scheinbar auch bereits für den Tatbestand verlangt, *Appel*, Verfassung und Strafe, S. 589.

604 Modernes Strafrecht und ultima-ratio-Prinzip-*Herzog*, S. 112.

605 *Jäger*, FS Schüler-Springorum, 1993, S. 229, 235; *Vogel*, FS Roxin, 2001, S. 105, 108 f.

Freiheitsverkürzung überwiegen. Dabei muss auch berücksichtigt werden, wie wahrscheinlich es ist, dass ohne eine Strafnorm soziale Schäden hervorgerufen werden können. Zudem muss die Norm dem Bestimmtheitsgebot genügen.

2. Für eine Kriminalisierung sprechende Gründe

Die Kriterien der Strafgesetzgebungslehre sind die Richtschnur für eine Wahl des Strafrechts durch die Legislative. Daher verwundert es nicht, dass die folgenden Argumente für bzw. gegen eine Strafnorm bei der Debatte über die Kriminalisierung pränataler Einwirkungen vielfach der Strafgesetzgebungslehre nahestehen. Davon ausgehend wird die Strafbarkeit pränataler Einwirkungen mit postnatalen Folgen teilweise gefordert[606]. Im Folgenden werden die bemühten Argumente für eine Kriminalisierung näher beleuchtet und durch weitere Überlegungen ergänzt.

a) Unvollständigkeit des strafrechtlichen Gesundheitsschutzes

Zunächst wird vorgetragen, der strafrechtliche Gesundheitsschutz „versage krass“[607] ohne eine Kriminalisierung pränataler Einwirkungen mit postnatalen Folgen durch Schwangere. Anderenfalls blieben schwerste, ein Leben lang anhaltende Folgen ansonsten straflos.

Isoliert betrachtet mag die Aussage zutreffen. Dies rechtfertigt jedoch nicht die Schaffung einer Strafnorm, da das Argument ein Zirkelschluss ist. Dass der strafrechtliche Gesundheitsschutz de lege lata strittige Handlungen nicht erfasst, beantwortet nicht die Frage, warum de lege ferenda auf das Strafrecht zurückgegriffen werden soll, da der Gesetzgeber Rechtsgüter auch mit anderen Gestaltungsmitteln schützen kann. Es kann zutreffen, dass der strafrechtliche Gesundheitsschutz versagt, jedoch ist dies alleine kein Argument für eine Kriminalisierung. Das Argument wiederholt vielmehr die Feststellung, dass strittige Handlungen nicht erfasst sind.

---

606 *Hall*, FS Schlick, 2015, S. 507, 515 f.; *Kaufmann*, JZ 1971, 569, 571 f. (bei vorsätzlichen Einwirkungen beschränkt auf schwere Schädigungen, fahrlässige gar nicht); *Lüttger*, FS Heinitz, 1971, S. 359, 370 (bei vorsätzlichen Einwirkungen Schwangerer und Dritter, fahrlässige nur bei Heilbehandelnden); *Robben*, Pränatale Schädigungen mit postnatalen Folgen, S. 183 (Dritte strafbar, Schwangere ab dem 12. Monat); *Roxin*, JA 1981, 542, 549 (bei vorsätzlichen Handeln, jedoch nicht eindeutig, ob nur Schwangere gemeint sind oder auch Dritte); *Sigel*, Pränatale Einwirkungen, S. 153, 168 sowie *Tepperwien*, Pränatale Einwirkungen, S. 145 f., 159 (alle Personen bei vorsätzlichen Handeln erfasst); *Theilig*, Strafbarkeit pränataler Einwirkungen, S. 167 (alle Personen bei vorsätzlichen Handeln erfasst).

607 NK-StGB-*Paeffgen*, § 223 Rz. 5a.

b) *Vergleich des Unwertgehaltes prä- und postnataler Einwirkungen*

Darüber hinaus wird der Unwertgehalt prä- und postnataler Einwirkungen verglichen[608]. Diese entsprächen sich, der Unwert der pränatalen Einwirkung sei eher noch höher. Es bestünde daher keine Veranlassung, Schwangere zu privilegieren, da sich die Opfer in hilfloser Lage befänden und sich nicht aus eigener Kraft wehren könnten.

Der Handlungsunwert zwischen prä- bzw. postnatalen Schädigungen bei Ungeborenen bzw. Neugeborenen in den ersten Lebensjahren wird zutreffend gleich hoch bewertet. Ungeborene sind genauso wehrlos wie Neugeborene, beide sind im gleichen Maß auf den Schutz durch Dritte angewiesen. Der Erfolgsunwert bei pränatalen Schädigungen ist jedoch sogar höher, da erhebliche Folgen entstehen können[609]. Gerade im fortgeschrittenen Alter werden postnatale Einwirkungen durch den Alkoholkonsum geringere Folgen haben als dieselben pränatalen Handlungen[610]. So führt pränataler Alkoholkonsum zu schwersten Schädigungen im Gegensatz zur fast vollständigen Regeneration beim Einflößen von Alkohol bei Lebenden. Daher übersteigt der Erfolgsunwert pränataler Schädigungen den postnataler Schädigungen. Insoweit ist mit *Tepperwien* zu konstatieren, das keine Veranlassung besteht, Schwangere zu privilegieren[611].

c) *Korrekturpflicht gesetzgeberischer Entscheidungen*

Überdies ist die Korrekturpflicht bzw. Reversibilität gesetzgeberischer Entscheidung zu beachten[612]. Sollte sich nach einer Zeit herausstellen, dass die Norm wirkungslos wäre, muss die Kriminalisierung revidiert werden. Den Gesetzgeber trifft eine Überprüfungs- und Korrekturpflicht, sodass er im Fall nicht bestätigter Prognosen nachbessern muss[613]. Gleichzeitig obliegt dem Gesetzgeber

---

608 Dazu und im Folgenden *Tepperwien*, Pränatale Einwirkungen, S. 145 f.

609 Siehe A.I.

610 Dazu und im Folgenden *Wessel/Westermann*, Problematischer Alkoholkonsum, S. 71.

611 *Tepperwien*, Pränatale Einwirkungen, S. 145 f.

612 Ähnlich *Eberbach*, ZRP 1990, 217, 223 zur Strafbarkeit bei der Embryonenforschung.

613 BVerfGE 112, 304, 316 f. (Beobachtungs- und Nachbesserungspflicht bei technischen Entwicklungen zur Verwendung von GPS gem. § 100c I Nr. 1 StPO); 110, 141, 166, 169 (Beobachtungs- und Nachbesserungspflicht zu den Ursachen aggressiven Verhaltens von Hunden zu den Einfuhr- und Verbringungsverbot von bestimmten Hunderassen); 77, 84, 109 (Beobachtungs- und Nachbesserungspflicht beim dem Fehlen wissenschaftlicher Erkenntnisse über die Folgen des Verbotes von Arbeitnehmerüberlassungen gem. § 12a AFG); 65, 1, 55 f. (Beobachtungs- und Nachbesserungspflicht bei fehlenden Daten über die statistische Entwicklung der Bevölkerung

jedoch die momentane Zukunftseinschätzung. Im Fall pränataler Einwirkungen fehlen zum Teil Forschungserkenntnisse[614]. Sollte sich herausstellen, dass der Alkoholkonsum Schwangerer nach einer Kriminalisierung nicht zurückginge, müsste der Gesetzgeber nachbessern. Die Korrekturpflicht gesetzgeberischer Entscheidungen sichert daher die gesetzgeberische Entscheidung für eine Kriminalisierung ab.

d) Ausstrahlungswirkung des Strafrechts

Das Anliegen, Lösungen zu entwickeln, welche zum Rückgang pränataler Einwirkungen mit postnatalen Folgen führen, zwingt zur Prognose, ob eine Strafnorm dies erreichen würde[615]. In einem Rechtsstaat ist von der Befolgung strafrechtlicher Verhaltensgebote auszugehen, da aus der Strafe als Konsequenz eines Verhaltens in der Regel ein Lerneffekt folgt. Die Unerwünschtheit der Sanktion soll den Vernünftigen ein zusätzliches Motiv geben, das Unrecht zu unterlassen[616]. Infolge der Sanktionierung entsteht ein Vertrauenseffekt, da die Sanktionierung von Straftaten allen Normadressaten mitteilt, dass die Erwartungen beibehalten werden müssen[617]. Die Sanktion ist daher grundsätzlich geeignet, zur Aufrechterhaltung der rechtlichen Verhaltensordnung beizutragen[618]. Bei Entscheidungen gegen eine Strafnorm zu verstoßen, spielen einerseits das Bedürfnis, sich rechtstreu zu verhalten und andererseits die eigenen Interessen eine Rolle. Umso höher das Unrechtsbewusstsein ist, umso höher werden die eigenen Interessen sein müssen, um die Schwelle zur Strafbarkeit zu übersteigen. Ohne Strafnormen würde Handelnden nicht eine solche Entscheidung aufgezwungen, sodass die Hemmschwelle der Handlung geringer wäre. Insoweit stellen Strafnormen zusätzliche Hürden dar, welche zur Vermeidung schädigender Handlungen beitragen. Überdies gab es bis

---

der BRD in Volkszählgesetz 1983). Eine Beobachtungs- und Nachbesserungspflicht für strafrechtliche Verhaltensnormen wurde bislang zwar nicht ausdrücklich bejaht, jedoch sind Beobachtungs- und Nachbesserungspflichten außerhalb des Strafrechts anerkannt. Wenn Beobachtungs- und Nachbesserungspflichten jedoch bereits außerhalb des Strafrechts anerkannt sind, dann müssen diese erst Recht im Strafrecht bestehen, da das Strafrecht regelmäßig intensiver in Grundrechte eingreift.

614 Etwa ist unklar, ob geringer Alkoholkonsum unschädlich ist. Zudem fehlen Wahrscheinlichkeitsannahmen, ab welchem Trinkkonsum mit welcher Wahrscheinlichkeit eine Schädigung zwangsläufig zu erwarten ist, s. A.I.

615 *Vogel*, FS Roxin, 2001, S. 105, 114.

616 *Frisch*, NStZ 2016, 16, 17 f.

617 Dazu und im Folgenden *Altbrecht*, Diskurs 1995, 15, 18.

618 *Frisch*, NStZ 2016, 16, 18.

jetzt noch nie eine Strafnorm für pränatale Einwirkungen in Deutschland. Gesetzgebungsprozesse sowie -verkündungen werden oft von allgemeinen Aufklärungsaktionen medial begleitet, um den Gesetzesadressaten die neue Rechtslage zu erklären und diese kritisch zu hinterfragen[619]. Die Einführung einer strafrechtlichen Verbotsnorm für pränatale Einwirkungen würde voraussichtlich ebenso intensiv medial begleitet werden, sodass die Gefahren des Alkoholkonsums einer breiten Öffentlichkeit aufgezeigt würden[620]. Abschreckungseffekte würden in einem ersten Schritt erreicht und Aufklärungsdefiziten entgegengewirkt werden können. Allerdings ist das Argument dem Einwand der Symbolpolitik ausgesetzt. Ein demokratischer Staat weicht langfristig seine rechtsstaatlichen Grundlagen auf, sofern er Gesetze hauptsächlich als Symbolpolitik erlässt. Darüber hinaus müssten daher weitere Argumente für eine Kriminalisierung sprechen. Eine mediale Begleitung ist lediglich ein Begleiteffekt. Das Argument, eine neue strafrechtliche Normierung würde medial begleitet werden und infolgedessen würden Aufklärungseffekte generiert werden, legitimiert für sich alleine jedenfalls nicht die Kriminalisierung einer Handlung. Allerdings würde die angedrohte Strafe mutmaßlich abschreckend wirken und so zur Vermeidung beitragen. Jedoch werden Alkohol- und Drogensüchtige kaum rational abwägen können[621], sodass die Strafnorm sie kaum vom Konsum abhalten kann. Überdies sind die kriminologischen Erkenntnisse der weitgehenden Legalisierung des Schwangerschaftsabbruches heranzuziehen. Dieser ist zwar rechtswidrig, aber faktisch bis zur 12. Schwangerschaftswoche straflos. Seit der Neuregelung 1995 ging die Zahl der Schwangerschaftsabbrüche kontinuierlich zurück. Wurden 1996 noch 130.899 Abbrüche durchgeführt waren es 2015 nur noch 99.237[622]. Die Schwangerschaftsabbrüche sind trotz des Fehlens strafrechtlicher Bestrafungen zurückgegangen. Daraus kann gefolgert werden, dass die Abschaffung einer Strafnorm nicht zum vermehrten Aufkommen des Verhaltens führt. Die Beratungs- und Schutzkonzepte erzeugen scheinbar eine erhebliche Wirkung. Insofern erscheint zweifelhaft, ob alleine eine strafrechtliche Verhaltenspflicht bei pränatalen Einwirkungen auf die Leibesfrucht Erfolg versprechend ist. Jedenfalls kann nicht geschlussfolgert werden, dass eine Strafnorm zeitgleich zum Rückgang strittiger Handlungen führen würde. *Curti*

619 HStR V-*Kirchof*, § 99 Rz. 213.

620 Ebenso *Hall*, FS Schlick, 2015, S. 507, 515.

621 *Spohr*, Das Fetale Alkoholsyndrom, S. 202.

622 https://www.destatis.de/DE/ZahlenFakten/GesellschaftStaat/Gesundheit/Schwangerschaftsabbrueche/Tabellen/RechtlicheBegruendung.html (zuletzt aufgerufen am 22.07.2017); Zahlen von 1996–2007 auf Nachfrage erhalten.

belegte, dass die Erhöhung des Strafmaßes um 1 % zum Rückgang der Kriminalitätsrate von 0,2 % führt[623]. Die Steigerung der Wahrscheinlichkeit der Verurteilung um 1 % führt hingegen zum Rückgang der Kriminalitätsrate um 0,8 %. Daher hat die Verurteilungswahrscheinlichkeit eine viermal so hohe Wirkung wie die Erhöhung der Strafe. Indes verfestigen sich gesellschaftliche Wertvorstellungen durch eine Strafnorm immer weiter, sodass das Unrechtsbewusstsein sukzessive gesteigert wird. Umso höher dieses ist, umso weniger werden die streitigen Handlungen auftreten. Insoweit würde sich eine Kriminalisierung positiv auswirken. Letztlich ist dem BVerfG zuzustimmen, welches dem Strafrecht generell eine über Maßnahmen öffentlicher Fürsorge hinausgehende eigenständige Wirkung in Form einer generalpräventiven und normstabilisierenden Ausstrahlungskraft attestiert[624]. Daher würde die Schaffung einer Strafnorm mutmaßlich zum Rückgang pränataler Einwirkungen mit postnatalen Folgen beitragen.

e) Gesellschaftliche Wertevorstellungen

Für eine Strafnorm könnten entsprechende gesellschaftliche Wertevorstellungen über die Verwerflichkeit pränataler Einwirkungen sprechen. Legislatorische Akte sind durch eine Legitimationskette legitimiert. Das Volk wählt die Abgeordneten und die Abgeordneten repräsentieren und vertreten wiederum das Volk bei legislatorischen Akten. Daher müssen legislatorische Akte gesellschaftliche Wertevorstellungen widerspiegeln sowie von der Allgemeinheit getragen werden[625], um handlungswirksame Motive sozialer Interaktion zu sein[626]. Strafnormen sollten von der Allgemeinheit jedenfalls im Kernstrafrecht als sittlich fundierte politische Gerechtigkeit aufgefasst werden[627]. Mit dem BVerfG müssen Handlungen im groben Maße – d.h. Bagatelle scheiden aus – sozialschädlich

---

623 Dazu und im Folgenden die umfassende Untersuchung von *Curti*, Abschreckung sowie eine Zusammenfassung in *Curti*, ZRP 1999, 234, 236.
Die vorgenannte Darstellung bezieht sich auf Straftaten gegen Personen. Bei Raub und Erpressung führen die Steigerung der Strafhöhe zu Rückgang von 0,2 % und die Steigerung der Verurteilungswahrscheinlichkeit um 0,9 %. Bei Diebstahl und Unterschlag weichen die Werte leicht ab, sodass die Steigerung der Strafhöhe zum Rückgang um 0,5 %. Die Verurteilungswahrscheinlichkeit wirkt sich um 1 % aus.

624 BVerfGE 120, 224, 251 f.; *Amelung*, Rechtsgüterschutz oder Schutz der Gesellschaft, S. 370.

625 *Vogel*, FS Roxin, 2001, S. 105, 113.

626 *Kindhäuser*, Modernes Strafrecht und ultima-ratio-Prinzip, S. 35.

627 *Ebenda*, S. 37. Anders mag dies im Nebenstrafrecht und Wirtschaftsstrafrecht aufgefasst werden.

sein[628]. Dies ist der Fall, sofern ein bestimmtes Verhalten über sein Verbotensein hinaus in besonderer Weise sozialschädlich und für das geordnete Zusammenleben der Menschen unerträglich, seine Verhinderung daher besonders dringlich ist. Sofern gesellschaftliche Wertevorstellungen bestünden, dass pränatale Einwirkungen mit postnatalen Folgen erhebliches Unrecht begründen, dann streitet die legislatorische Legitimation für eine strafrechtliche Berücksichtigung[629]. Vergleichbare Wertevorstellungen sind bereits strafrechtlich normiert. So beinhaltet der Totschlag im Allgemeinen ein erhöhtes Unwerturteil, im Besonderen die Wehrlosigkeit des Opfers beim Mord, die Rücksichtslosigkeit, Neid und Grausamkeit beim Mord, das Ausnutzen des Vertrauens bei § 246 II StGB oder bei § 243 I 2 Nr. 6 Fall 1 StGB. Diese Wertevorstellungen sind übertragbar, da die Opfer pränataler Einwirkungen ebenso wehrlos sind. Überdies sind pränatale Einwirkungen besonders verwerflich, da Schwangere ihre eigenen Bedürfnisse über die der Ungeborenen stellen. Sie agieren egoistisch sowie rücksichtslos und die Folgen treffen Unschuldige. Zugleich wird eine Machtsituation einer gesteigert Verantwortlichen ausgenutzt.

Zudem deuten die zahlreichen Publikationen um den Contergan-Prozess auf ein gesteigertes gesellschaftliches Unwerturteil bei Schädigungen der Leibesfrucht[630]. Ferner zeugen die andauernden Diskussionen über den Schwangerschaftsabbruch von einem gesteigerten Interesse[631]. Die Folgen des Alkoholkonsums Schwangerer sind zwar gesellschaftlich zum Teil nur oberflächlich bekannt, aber trotzdem würde das Verhalten nach einer Aufklärung vermutlich als verwerflich eingestuft werden[632]. Zudem besteht aktuell schon Wissen über die generelle Schädlichkeit. Jedoch wird die verträgliche Menge meist falsch eingeschätzt und der Konsum eines Glases als unschädlich angesehen[633].

---

628 Dazu und im Folgenden BVerfGE 120, 224, 239 f.

629 Vertiefend zum Kriterium „Gesellschaftsgefährlichkeit“ und zur Legitimationsbedürftigkeit dieses Begriffes *Zaczyk*, Modernes Strafrecht und ultima-ratio-Prinzip, S. 113 ff.

630 Siehe für Nachweise A.I.

631 Etwa *Berghäuser*, Ungeborene im Widerspruch; *Büchner*, ZfL 2015, 108 ff.; *Dolderer*, Menschwürde und Spätabbruch; *Eser/Koch*, Schwangerschaftsabbruch im internationalen Vergleich; *Hillenkampf*, FS Amelung, 2009, S. 425 ff.; *Hoerster*, Wie schutzwürdig ist der Embryo?; *Strohner*, Strafbarkeit der schwangeren Frau; w.N. MüKO-StGB-*Gropp*, Vorbem. zu §§ 218 ff.

632 Ebenso *Hall*, FS Schlick, 2015, S. 507, 515.

633 Siehe A.I.

Ferner schlägt sich ein erhebliches Erfolgsunrecht bei dauerhaften Folgen nieder. Das StGB berücksichtigt ein erhöhtes Erfolgsunrecht grundsätzlich strafschärfend. Das gesellschaftliche Unwerturteil bei dauerhaften Folgen zeigt sich etwa in dem erhöhten Strafrahmen der schweren Körperverletzung oder in §§ 239 III, 250 II Nr. 3 StGB. Erstere wird als Verbrechen eingeordnet, obwohl die Tathandlung dieselbe sein kann wie bei einer einfachen Körperverletzung. Das Drücken eines Fingers in das Auge des Opfers verwirklicht § 223 I StGB. Sofern dabei eine Erblindung eintritt, liegt eine schwere Körperverletzung vor, obwohl die Tathandlung exakt dieselbe ist. Insofern zeigt der gesetzgeberische, ergo durch das Volk legitimierte Wille, dass ein erhöhtes Erfolgsunrecht Berücksichtigung findet. Dieses erhöhte Erfolgsunrecht besteht auch bei pränatalen Einwirkungen durch die dauerhaften, irreparablen Folgen für Ungeborene[634]. Das gesetzgeberische Unwerturteil verstärkt sich durch eine erhöhte Belastung der Gesellschaft, indem hohe Mehrkosten für die Sozialkassen entstehen[635]. Die unnötige und vollkommen vermeidbare Beanspruchung der Sozialkassen führt zu weniger finanziellen Ressourcen bei der Behandlung anderer Krankheiten. Gesellschaftlich besteht daher mutmaßlich Einigkeit, dass pränatale Einwirkungen sozial zu missbilligen sind. Im Ergebnis sprechen gesellschaftliche Wertevorstellungen wohl für eine Kriminalisierung[636].

Zwischenergebnis:

Die für eine Kriminalisierung vorgebrachten Argumente treffen nur zum Teil zu. Das Argument des unzureichenden strafrechtlichen Gesundheitsschutzes Ungeborener überzeugt nicht. Allerdings spricht für eine Kriminalisierung, dass keine Veranlassung besteht, Schwangere bei pränatalen Einwirkungen mit postnatalen Schädigungen zu privilegieren, da das Handlungs- und Erfolgsunrecht zumindest gleich hoch ist wie bei strafbaren Einwirkungen auf Neugeborene. Für eine Kriminalisierung streitet ferner die vom BVerfG anerkannte Ausstrahlungswirkung des Strafrechts. Mutmaßlich würde die Schaffung einer Strafnorm zum Rückgang pränataler Einwirkungen mit postnatalen

---

634 Siehe A.I. zu den Folgen.

635 Durch FAS entstehen in NRW jährliche Mehrkosten in Höhe von 32.237 € pro Kind. http://www.fetales-alkoholsyndrom.de/aktuelle_forschung.html (zuletzt aufgerufen am 22.07.2017). Die Zahl ist ein Zwischenergebnis einer noch nicht veröffentlichen medizinischen Dissertationsarbeit. Für andere Schätzungen siehe B.I.3.m. Nach *Spohr*, Das fetale Alkoholsyndrom, Vorwort belastet der pränatale Alkoholkonsum ebenso das Gesundheitssystem und die Gesellschaft als Ganzes.

636 Ebenso *Sigel*, Pränatale Einwirkungen, S. 91.

Folgen beitragen. Dabei können mediale Begleitprozesse eine Kriminalisierung für sich genommen nicht rechtfertigen. Die verfassungsrechtliche Nachbesserungspflicht sichert die Folgen einer Fehleinschätzung ab, sofern sich herausstellen sollte, dass eine Kriminalisierung keinen Rückgang pränataler Einwirkungen bewirkt. Letztlich streiten zudem die mutmaßlichen gesellschaftlichen Wertevorstellungen für eine Kriminalisierung.

3. Gegen eine Kriminalisierung sprechende Gründe

Dem vorgenannten Zwischenergebnis, das durchaus Argumente für eine Kriminalisierung bestehen, wird vehement widersprochen[637]. Die überwiegende Zahl der Strafrechtswissenschaftler lehnt die Möglichkeit einer Kriminalisierung pränataler Einwirkungen mit postnatalen Folgen ab. Nachfolgend werden die dafür bemühten Argumente untersucht und um weitere Überlegungen ergänzt.

a) Formulierung des Straftatbestandes

Gegen eine Kriminalisierung könnte vorgetragen werden, dass erhebliche Probleme bei der konkreten Formulierung eines Straftatbestandes bestünden.

Es stellt sich die Frage, ob ein Erfolgs- oder ein Gefährdungsdelikt geschaffen werden sollte. Ein Gefährdungsdelikt könnte etwa wie folgt formuliert werden:

Variante Gefährdungsdelikt

„Schwangere, die Alkohol, Nikotin oder Cannabis konsumieren und dadurch Leib oder Leben ihres Ungeborenen der Gefahr postnataler Schädigungen aussetzen, werden mit…"

Ein Gefährdungsdelikt hätte bei erstem Hinsehen den Vorteil, dass im Gegensatz zu einem Erfolgsdelikt keine Nachweisprobleme bei der Kausalität zwischen der schädigenden Handlung und der postnatalen Schädigung bestünden[638]. Bei genauerer Betrachtung wäre allerdings die allgemeine Handlungsfreiheit Schwangerer aus Art. 2 I GG stärker berührt als bei einem Erfolgsdelikt. Durch den Verzicht auf den Kausalitätsnachweis würden die Anforderungen der Strafnorm erheblich vermindert. Dies wäre nicht mehr angemessen, da die Grundrechte Schwangerer nur durch die Anknüpfung an das hohe Erfolgsunrecht eingeschränkt werden können (s.o.). Diese Anknüpfung würde bei einem Gefährdungsdelikt aber nicht

---

637 Dazu und im Folgenden *Duncker*, Lebensschutz, S. 366; *Gropp*, GA 2000, 1, 17; *Heinemann*, Frau und Fötus in der Prä- und Perinatalmedizin, S. 195, 341; LP-KO-*Lilie*, Vor § 223 Rz. 7; *Tag*, Körperverletzungstatbestand, S. 128; *Valsamidou*, Schutz der menschlichen Leibesfrucht, S. 247, 249.

638 Vertiefend dazu s.u. Untersuchungspunkt „Wertungswiderspruch".

bestehen, da ein Gefährdungsdelikt im Gegensatz zu einem Erfolgsdelikt gerade auf den Eintritt eines Erfolges verzichtet und nur die Vornahme einer gefährlichen Handlung strafbewehrt ist. Zudem würde ein Erfolgsdelikt nur zum Teil zu Kausalitätsnachweisproblemen führen, die aber gerade nicht entscheidend gegen eine Kriminalisierung sprechen[639]. Im Übrigen wirkt sich der Unterschied zwischen der Formulierung als Gefährdungs- oder Erfolgsdelikt bei keinem der nachfolgenden Argumente für bzw. gegen eine Kriminalisierung mit Ausnahme des Nachweises des Vorsatzes und der Angemessenheit aus.

Zudem bestehen Schwierigkeiten bei der Umgrenzung des Tatbestandes in Bezug auf die schädlichen Handlungen. Bei einem Erfolgsdelikt könnten die Handlungen wie folgt allgemein durch ein alle pränatalen Handlungen erfassendes Verb formuliert werden:

Variante Erfolgsdelikt I

„Schwangere, die auf ihr Ungeborenes einwirken und dadurch postnatale Schädigungen hervorrufen, werden mit...“.

Die schädlichen Handlungen, die eine besonders hohe Schädigungswahrscheinlich aufweisen, könnten aber auch konkret benannt werden. Dies sind der Alkohol-, Nikotin- und Cannabiskonsums, nicht hingegen der Kokain- und Heroinkonsum[640]. Bei dieser Formulierung wären diejenigen Handlungen erfasst, die eine hohe Wahrscheinlichkeit postnataler Schädigungen aufweisen. Einwenden könnte man ggf. dagegen, dass die Handlungen nicht beschränkt werden müssten und eine allgemeine Formulierung ausreiche, da der Kausalitätsnachweis unschädliche Handlungen ohnehin ausschließe. Jedoch wäre dann nicht mehr die verfassungsrechtliche Angemessenheit gewahrt, da dann auch Handlungen erfasst würden, die nur im Einzelfall zu einer Schädigung führen und die die gewöhnliche Lebensführung betreffen. Eine Abgrenzung muss insoweit zu den Handlungen erfolgen, die dem allgemeinen Lebensrisiko unterliegen[641]. Beispielsweise können sich die Ausübung gefährlicher Sportarten, starker Einfluss von Sonnen- oder UV-Strahlen[642], Diabetes[643] oder Fettleibigkeit[644] auch schädlich auf Ungeborene

639 Vertiefend dazu s. den folgenden Untersuchungspunkt „Nachweisprobleme“.

640 *Spohr*, Das fetale Alkoholsyndrom, S. 118 ff. m.w.N. Bei neuartigen Drogen bestehen noch keine gesicherten wissenschaftlichen Erkenntnisse, *edb.*

641 Vertiefend dazu s.u. Untersuchungspunkt „Wertungswiderspruch“.

642 Dazu und im Folgenden *Straus/Janni/Maass*, Gynäkologie und Geburtshilfe, S. 146.

643 Dazu und im Folgenden, *Straus/Janni/Maass*, Gynäkologie und Geburtshilfe, S. 202.

644 Dies begründet eine Risikoschwangerschaft, dazu und im Folgenden *Pschyrembel*, Gynäkologie und Geburtshilfe, S. 367.

auswirken und diese Handlungen wären dann erfasst. Dabei wäre allerdings die verfassungsrechtliche Angemessenheit nicht gewahrt, da die Handlungen eine deutlich geringere Wahrscheinlichkeit postnataler Schädigungen aufweisen und zu einer deutlich weitreichenderen Einschränkung der allgemeinen Handlungsfreiheit Schwangerer führen. Zudem sind die postnatalen Folgen zum Teil nicht so schwerwiegend wie bei den vorgenannten Handlungen. Somit könnten dann nur solche Handlungen erfasst werden, die auch nachweislich mit hoher Wahrscheinlichkeit zu einer Schädigung geführt haben.

Zudem wäre das Bestimmtheitsgebot des Art. 103 II GG durch die konkrete Nennung der Handlungen zweifelsfrei gewahrt im Gegensatz zur zweifelhaften Vereinbarkeit mit dem Bestimmtheitsgebot, sofern eine allgemeine Formulierung gewählt würde. Vorzugswürdig wäre insoweit folgende Formulierung:

Variante Erfolgsdelikt II

„Schwangere, die Alkohol, Nikotin oder Cannabis konsumieren und dadurch postnatale Schädigungen ihres Ungeborenen hervorrufen, werden mit…"

Somit ist im Ergebnis festzuhalten, dass eine konkrete Formulierung eines Straftatbestandes kein unüberwindbares Hindernis darstellen würde und die letztgenannte Formulierung im Falle des Überwiegens der Argumente für eine Kriminalisierung zu wählen wäre.

b) Nachweisprobleme

Vorgetragen wird, es bestünden Schwierigkeiten beim Kausalitätsnachweis gegen eine Strafbarkeit, da der Nachweis vorgeburtlicher Verletzungen häufig schwer zu führen sei[645]. Dies gelte verstärkt in Fällen, in denen pränatale Verletzungen vorgeburtlich ausheilen[646].

Es trifft zu, dass der Kausalitätsnachweis zum Teil schwierig zu erbringen ist, da postnatale Schädigungen auf diversen Ursachen beruhen können[647]. Allerdings beansprucht das Argument beim Alkoholkonsum nur bedingt Geltung. Dieser ruft schwerwiegende Beeinträchtigungen hervor, welche zu einem späteren Zeitpunkt medizinisch feststellbar sind[648]. Insbesondere heilen die Verletzungen

645 *Gropp*, GA 2000, 1, 17.

646 *Robben*, Pränatale Schädigungen mit postnatalen Folgen, S. 125.

647 Etwa Ernährung, Lebensstil, Arzneimittelgebrauch, Drogenkonsum, Rauchgewohnheiten, Inanspruchnahme medizinischer Versorgungssysteme, BZgA, Alkohol in der Schwangerschaft, S. 51.

648 S. etwa die Diagnostikmethoden nach der geltenden S3-Leitlinie Diagnostik FAS.

beim FAS nicht vorgeburtlich aus[649], sodass die medizinischen Möglichkeiten zur Führung des Kausalitätsnachweises bestehen. Zudem ist der Schluss von der Schwierigkeit des Kausalbeweises zur Verneinung einer Kriminalisierung nicht zwingend. Wenn das Verhalten strafwürdig ist, dann sind größtmögliche Anstrengungen zu unternehmen, um den Nachweis zu erbringen. Darüber hinaus ist die Feststellung des Kausalitätsnachweises kein ausschließliches Problem pränataler Einwirkungen. Diese Probleme treten bspw. ebenso im Bereich der postnatalen Körperverletzungen sowie der Tötungsdelikte auf. So sprach der BGH im „Göttinger Leberallokationsskandal" jüngst den Göttinger Arzt Aiman O. frei[650]. Ihm wurde vorgeworfen, sich der versuchten Tötung sowie der Körperverletzung mit Todesfolge strafbar gemacht zu haben, indem er medizinische Daten von Organspendelisten manipuliert habe. Infolgedessen wurde seinen Patienten bevorzugt ein Organ transplantiert, obwohl sie nach objektiven Kriterien gegenüber anderen Spendern nachrangig zu behandeln gewesen wären. Anderen Patienten blieb infolgedessen eine Transplantation verwehrt, sodass diese teilweise verstarben. Das LG Göttingen sah die Manipulation als erwiesen an, jedoch sprach es den Angeklagten in allen Anklagepunkten frei. Begründet wurde dies damit, dass ein Kausalnachweis nicht zu führen sei. Es könne nicht nachgewiesen werden, dass die Manipulationen den nachteilig behandelten Patienten das Leben gekostet habe. Der BGH bestätigte jüngst den Freispruch[651]. Ebenso ist es also bei Tötungsdelikten denkbar, dass Richter zwischen mehreren Todesursachen differenzieren müssen und sich daher Schwierigkeiten bei der Führung des Kausalbeweises ergeben. Das zeigt, dass sich bei anderen Normen ähnliche Probleme stellen, sodass Schwierigkeiten beim Kausalbeweis nicht zwingend gegen die Strafbarkeit sprechen.

Ein ähnlicher Einwand betrifft den Nachweis des Vorsatzes Schwangerer hinsichtlich des Alkoholkonsums bezüglich des Tatbestandsmerkmales ‚Schwangere' sowie der ‚pränatalen Schädigung'. Dieser Vorsatz sei bei pränatalen Einwirkungen mit postnatalen Folgen schwer nachweisbar[652]. Indes ist dies ebenso ein generelles Problem. Die Rechtsprechung lässt das „Erkennen der Möglichkeit des Taterfolges bei billigender Inkaufnahme"[653] für den dolus eventualis als Grundform des Vorsatzes ausreichen. Schwangere, die wissen, dass pränataler

---

649 *Robben*, Pränatale Schädigungen mit postnatalen Folgen, S. 125.

650 Dazu und im Folgenden BGH, 5 StR 20/16. Siehe dazu auch *Kudlich*, NJW 2013, 917, 918 f. kritisch zu den Nachweisproblemen in dem Prozess.

651 S.o.

652 *Valsamidou*, Schutz der menschlichen Leibesfrucht, S. 247.

653 BGH NStZ 2008, 93; BGHSt. 7, 363.

Alkoholkonsum grundsätzlich schädlich ist, nehmen etwa beim Konsum auch nur eines Glases Wein die Schädigung wohl billigend in Kauf, da das Risiko einer postnatalen Schädigung auch bei kleinen Mengen Alkohol besteht[654]. Durch eine Kriminalisierung würden Ärzte mutmaßlich deutlicher auf das Strafbarkeitsrisiko und die Folgen pränataler Einwirkungen hinweisen. Daher müsste die Schädlichkeit künftig bewusst sein. Zudem sind die Anforderungen der Rechtsprechung an den Nachweis des voluntativen Elementes des Vorsatzes nicht so hoch, wie es prima facie scheint. Zwar wird der Vorsatz nach der Rechtsprechung und von Teilen der Literatur in der Kurzformel als das Wissen und Wollen der Tatbestandsverwirklichung definiert[655]. Jedoch ist damit kein Wollen im umgangssprachlichen Sinne gemeint[656]. Es muss kein handlungsleitender Wille vorliegen, vielmehr reicht ein „Billigen" aus[657]. Die Vornahme einer Handlung trotz Kenntnis des Risikos des Erfolgseintrittes begründet die Annahme des voluntativen Vorsatzelementes[658]. Es reicht zudem aus, dass der Täter den Erfolg als möglich voraussieht[659]. Gemessen an diesen Anforderungen wird der Nachweis des voluntativen Vorsatzelementes bei pränatalem Alkoholkonsum wohl möglich sein, da das Risiko einer postnatalen Schädigung auch bei lediglich geringen Mengen Alkohol besteht[660]. Erhöhte Schwierigkeiten an den Vorsatznachweis würden sich indes nicht aus der Rechtsprechung des BGH zur Nachweisbarkeit eines Tötungsdeliktes ergeben. Nach dieser ist zu berücksichtigten, dass eine höhere Hemmschwelle vor einer Tötung als vor einer Gefährdung oder Verletzung bestehe[661]. Diese Rechtsprechung fände jedoch auf pränatale Einwirkungen keine Anwendung, da sie sich auf äußerst gefährliche Gewalthandlungen mit Tötungsvorsatz beschränkt[662], die vorliegend nicht infrage kommen. Andererseits ist der Vorsatznachweis aktuell bei einer gesellschaftlichen Unwissenheit über die Schädlichkeit eines Glases Alkohols von 35 %[663] unter Umständen schwer

654 *Siedentopf/Nagel/Büscher/Dudenhausen*, DÄ 2004, 101, 102; *Spohr*, Das fetale Alkoholsyndrom, S. 110.
655 RGSt. 70, 257, 258; BGHSt. 19, 295, 298; 36, 1, 9 f.; Fischer, § 15 Rn. 3; Lackner/Kühl-*Kühl*, § 13 Rn. 3; Schönke/Schröder-*Sternberg-Lieben/Schuster*, § 13 Rn. 9.
656 *Kindhäuser* AT, § 13 Rn. 3.
657 BGHSt. 36, 1, 9; 7, 363, 368 ff.
658 *Kindhäuser* AT, § 14 Rz. 23.
659 BGHSt. 7, 363, 368 ff.
660 *Siedentopf/Nagel/Büscher/Dudenhausen*, DÄ 2004, 101, 102.
661 BGH NStZ 2012, 151; 2004, 51, 52; 1983, 407.
662 BGH NStZ 2012, 151; 2004, 51, 52; 1983, 407.
663 Drogen- und Suchtbericht 2015, S. 17; BT-Drs. 18/3378, S. 13 Frage 28.

zu führen. Dasselbe gilt angesichts der 44 %[664], die nicht wissen, dass der Alkoholkonsum zu lebenslangen Schädigungen führen kann. Dem Nachweisproblem könnte jedoch durch Einlassungen der Beschuldigten und Zeugenaussagen, bspw. durch Ärzte oder Bekannte entgegengetreten werden. Allerdings würde das Vertrauensverhältnis zwischen Ärzten und Schwangeren geschwächt, indem Schwangere einen Verrat durch Ärzte fürchten. Problematisch erscheint die Beweisführung zudem unter einen weiteren Aspekt. Der Beweis könnte durch Angehörige des Familien- oder Freundeskreises geführt werden. Meist werden diese Zeugen streitiger Einwirkungen, sodass sie in innerliche Konfliktsituationen zwischen dem loyalen Schutz der Angehörigen und der rechtsstaatlichen Wahrheitspflicht bei einer Gerichtsaussage gezogen werden können. Dieses Problem ist jedoch kein Exklusives bei pränatalen Einwirkungen, sondern besteht bei jeder Straftat. Der Gesetzgeber hat der Konfliktsituation durch entsprechende persönliche Zeugnisverweigerungsrechte Rechnung getragen (§§ 53 f. StPO). Überdies ist die Nichtanzeige geplanter Straftaten (§ 138 StGB) strafbewehrt. Daraus folgt der legislatorische Wille, dass loyale Schutzbedürfnisse teilweise hinter Allgemein- und Schutzinteressen zurücktreten. Innere Konfliktsituationen können daher vermieden werden. Allerdings sind Beweisführungen zugleich nicht durch diese Zeugen möglich. Nachweise müssten vielmehr durch Ärzte, Sachverständige, andere Zeugen und durch Einlassungen der Beschuldigten erbracht werden. Vor diesem Hintergrund erscheinen Anklagen geringe Erfolgsaussichten zu haben. Daraus folgen geringere Abschreckungseffekte, welche jedoch Anlass der Überlegungen einer Kriminalisierung sind. Somit bedingt die Nachweisbarkeit weitere Probleme.

Bedenklich könnte zudem der Umstand sein, dass Schwangere teilweise erst nach einigen Wochen von ihrer Schwangerschaft erfahren und bis dahin noch schädliche Mittel konsumieren. Rechtlich relevant würde dieser Umstand erst ab der Einnistung sein, da bei vorherigem Alkoholkonsum in der Regel keine Schädigungen zu befürchten sind[665]. Strafrechtlich wirkt sich dies jedoch nicht negativ für Schwangere aus. Im Falle mangelnder Kenntnis von der Schwangerschaft kann kein Unwerturteil gebildet werden. Daraus folgt die Verneinung des Vorsatzes, sodass Schwangere sich überhaupt nicht strafbar machen. Gleichzeitig

664 Drogen- und Suchtbericht 2015, S. 18, 111.

665 *Spohr*, Das fetale Alkoholsyndrom, S. 111, 116. Nach dem „Alles oder Nichts-Gesetz" können die gesunden die geschädigten Zellen ersetzen, sodass keine Schädigungen entstehen oder es kommt bei einer zu starken toxischen Störung zu einem Frühabort des Zelle.

eröffnet dies indes Verteidigungsmöglichkeiten und Raum für Schutzbehauptungen bei Tatverfolgungen. Die Schwangerschaft wird allerdings fast immer bei Gynäkologen festgestellt[666], sodass der Zeitpunkt der Kenntnis nachweisbar ist und Schutzbehauptungen lediglich geringen Einfluss haben. Der Umstand der späten Kenntnisnahme der Schwangerschaft wirkt sich daher nicht unmittelbar auf den Vorsatz Schwangerer aus, sondern ruft eher Folgeprobleme bei der Beweisführung hervor. Letztlich ist festzuhalten, dass eine Strafnorm für vorsätzliche Schädigungen zu gewissen Nachweisproblemen beim Vorsatz führen würde. Die Nachweisprobleme wiegen umso schwerer, da *Curti* belegte, dass die Verurteilungswahrscheinlichkeit besonders entscheidend für den Rückgang der Kriminalitätsrate ist[667].

c) *Ablehnung von Schwangerschaften*

Eine Kriminalisierung wird überdies verneint, da dies für Frauen ein zusätzliches Argument gegen eine Schwangerschaft sein könnte. Die Gefahr einer Strafbarkeit führe dazu, dass Schwangerschaften unattraktiver erschienen, sodass von diesen Abstand genommen würde. Bereits jetzt lägen Demografieprobleme vor, da zu wenige Kinder geboren würden.

Der Staat versucht das Demografieproblem unter anderem mittels finanzieller Lenkungen zu bewerkstelligen. Etwa treten finanzielle Vorteile durch die Geburt eines Kindes ein[668]. Eine Kriminalisierung würde den staatlichen Anreizen jedoch entgegenwirken, sodass eine Kriminalisierung demnach nicht mit den aktuellen staatlichen Anreizen zur Steigerung der Geburtenrate vereinbar wäre[669].

---

666 Auf S. 5 des Mutterschaftspasses wird das Datum der Feststellung der Schwangerschaft eingetragen, siehe http://www.baby-und-familie.de/Schwangerschaft/Was-im-Mutterpass-alles-drinsteht-125231.html (zuletzt aufgerufen am 22.07.2017). Nach Schätzung des AOK-Bundesverbands nahmen 2014 ca. 99,5 % der bei der AOK versicherten Schwangeren an den Schwangerschaftsuntersuchungen bei Gynäkologen teil, sodass das Datum der Feststellung bei nahezu alle Schwangeren eingetragen würde.

667 Dazu und im Folgenden die umfassende Untersuchung von *Curti*, Abschreckung sowie eine Zusammenfassung in *Curti*, ZRP 1999, 234, 236.
Die vorgenannte Darstellung bezieht sich auf Straftaten gegen Personen. Bei Raub und Erpressung führen die Steigerung der Strafhöhe zu Rückgang von 0,2 % und die Steigerung der Verurteilungswahrscheinlichkeit um 0,9 %. Bei Diebstahl und Unterschlag weichen die Werte leicht ab, sodass die Steigerung der Strafhöhe zum Rückgang um 0,5 %. Die Verurteilungswahrscheinlichkeit wirkt sich um 1 % aus.

668 Bspw. durch eine Elternzeit, eine Erhöhung des Kindesgeldes sowie Steuerentlastungen.

669 *Sigel*, Pränatale Einwirkungen, S. 89.

Die Demografieprobleme unserer Gesellschaft bestehen zweifelsohne[670]. Jedoch darf bezweifelt werden, ob eine entsprechende Strafnorm nicht mit der Lösung des Demografieproblems vereinbar ist. Ziel dieser Politik ist das Erhöhen der Geburtenrate im Allgemeinen und im Besonderen für gesunde Kinder[671], damit diese künftig durch Erwerbstätigkeit die Rente der älteren Generationen finanzieren. Eine Strafnorm, die vorsätzliche pränatale Einwirkungen kriminalisiert, erfüllt die staatliche Schutzpflicht für die Leibesfrucht und könnte die Geburt gesunder Kinder garantieren. Daher stärkt eine Kriminalisierung die staatliche Politik zur Lösung des Demografieproblems letztlich. Fraglich erscheint auch, ob sich potenziell Schwangere durch eine etwaige Strafandrohung von einer bewussten Schwangerschaft abhalten lassen. Das mütterliche Interesse ist naturgemäß auf die Geburt gesunder Kinder gerichtet[672], sodass Schwangere vorsätzliche Handlungen durch sich selbst wohl ausschließen. Dementsprechend gehen sie davon aus, dass sie nicht von der neuen Strafnorm erfasst würden, ergo könnte die Norm sie nicht von der Schwangerschaft abhalten. Infolgedessen würde eine Kriminalisierung kein zusätzliches Argument gegen eine Schwangerschaft sein. Dem Argument ist somit insgesamt zu widersprechen.

d) Negative Auswirkungen auf die Zusammenarbeit mit Ärzten

Teilweise wird vorgetragen, eine Kriminalisierung könne eine effektive Zusammenarbeit mit Ärzten behindern. Ärzte würden in Strafprozessen als Zeugen zum Verhalten der schwangeren Patientin aussagen, sodass das Vertrauensverhältnis zwischen Patientin und Arzt von Beginn belastet sei. Infolgedessen würden Schwangere sich kaum öffnen, sodass eine effiziente Zusammenarbeit zwischen Arzt und Patientin nicht stattfände[673].

---

670 Nach einem aktuellen Bericht des Nachrichtenmagazins Der Spiegel 32/2016, 16, 20 fielen im Jahr 2010 34 Rentner auf 100 Erwerbstätige. Im Jahr 2040 sollen Schätzungen zufolge bereits 58 Rentner auf 100 Erwerbstätige fallen.

671 Anschaulich Spiegel 32/2016, 16 ff.; http://www.sueddeutsche.de/wirtschaft/geburtenrueckgang-keine-kinder-halbe-rente-1.902713 (zuletzt aufgerufen am 22.07.2017).

672 Der erste Grund der Reduzierung des Alkoholkonsums Schwangerer ist die Annahme, dies sei gut für das Baby. 79 % der Befragten nannten dies als ersten Grund vor der Aussage, „es wäre gut für uns beide" (59 %) und „es wäre gut für mich" (49 %). S. BZgA, Alkohol in der Schwangerschaft, S. 59 m.w.N.

673 *Hilde Mattheis*, gesundheitspolitische Sprecherin der SPD-Bundestagsfraktion in FAZ Samstag, 18.04.2015, S. 3; *Valsamidou*, Schutz der menschlichen Leibesfrucht, S. 247.

Es trifft zu, dass die Angst vor Strafbarkeit zum Unterlassen von Arztbesuchen führen kann. Jedoch unterliegen Ärzte der Schweigepflicht, sodass das Vertrauen Schwangerer geschützt wird. Fraglich erscheint dabei, ob Nichtjuristen überhaupt Kenntnis von der Schweigepflicht haben und ob diese darauf vertrauen. Im Zweifel werden sie Ärzten eher misstrauen, insbesondere vor dem Hintergrund der möglichen Entbindung von der Schweigepflicht. Die einschneidenden strafrechtlichen Konsequenzen werden dazu führen, dass Schwangere Angst vor dem Entdecken der Tat haben und diese verheimlichen werden. Frauenärzte werden während der Schwangerschaft überwiegend regelmäßig besucht. Nach Schätzungen des AOK-Bundesverbandes nahmen 2014 ca. 99,5 % der bei der AOK Gesetzlich Versicherten Schwangeren mindestens einmal die EMB-Leistung Nr. 01770 in Anspruch. Dies ist die Abrechnungsziffer für Gesetzlich Versicherte bei der „Betreuung einer Schwangeren gemäß den Richtlinien des Gemeinsamen Bundesausschusses über die ärztliche Betreuung während der Schwangerschaft und nach der Entbindung (Mutterschafts-Richtlinien), welche die Aufklärung über die Schädlichkeit von Alkohol- und Nikotinkonsum u.ä. enthält[674]. Zudem sind sie der erste Ansprechpartner außerhalb des Familien- und Freundeskreises. Insofern ist das Risiko des Entdeckens der Tat durch Gynäkologen durch die regelmäßigen Besuche und der Fachkunde am Höchsten, sodass Schwangere diese mutmaßlich meiden werden. Dem Einwand ist ein erhebliches Gewicht zuzuschreiben, da eine fachkundige Beratungs- und Eingriffsmöglichkeit als erste Hilfe nicht wahrgenommen wird. Damit geht einher, dass aus der exponierten Stellung als Fachkundiger und Vertrauensperson keine positiven Folgen generiert werden können und Einflussmöglichkeiten reduziert werden. Letztlich würde eine Kriminalisierung eine effektive Zusammenarbeit zwischen Schwangeren und Ärzten behindern.

e) Ausreichende zivilrechtliche Haftung

Überdies wird angeführt, die zivilrechtliche Haftung reiche aus, sodass es keiner Kriminalisierung bedürfe[675]. Nach ständiger BGH-Rechtsprechung haben Kinder nach der Geburt Schadensersatzansprüche wegen pränataler Schädigungen durch und gegen Dritte[676]. Ob gegen Schwangere Schadensersatzansprüche bestehen,

---

674 Informationen auf Nachfrage bei Frau *Claudia Schick*, Referentin für Selbsthilfeförderung, Abteilung Prävention, Geschäftsführungseinheit Versorgung des AOK-Bundesverbandes erhalten.

675 LK-*Lilie*, Vor § 223 Rz. 7.

676 BGHZ 58, 48; 93, 351.

sofern sie auf ihren Embryo einwirken, ist noch nie entschieden worden. Die sichere Kenntnis über das Bestehen von Schadensersatzansprüchen, insbesondere bei erheblichen finanziellen Einbußen, könnte womöglich als Abschreckungseffekt ausreichen. Bei Schwangeren ist die Rechtslage aber ungeklärt. Von einer hier vorliegenden unsicheren Rechtslage vermag ein solcher Effekt daher nicht auszugehen. Zudem wären Schadensersatzansprüche der Geborenen gegen die eigene Mutter gerichtet, sodass mutmaßlich persönliche Hemmschwellen zur Geltendmachung bestünden und Abschreckungseffekte infolgedessen verringert würden. Mütter müssten ferner vorerst meistens ohnehin für erhöhte Kosten geschädigter Kinder aufkommen. Die zivilrechtliche Haftung erweist sich daher als stumpfes Schwert, sodass die Gefahr der Haftung alleine nicht ausreicht, um Schwangere zum Verzicht auf schädlichen pränatalen Konsum zu bewegen[677]. Im Ergebnis reicht eine zivilrechtliche Haftung demnach nicht aus.

f) Ausreichende natürliche Bestrafung

Eine Strafbarkeit könnte dem Einwand ausgesetzt sein, dass Schwangere durch die schädlichen Folgen ihres Kindes genug bestraft wären[678].

Das Argument wird dem Schutzzweck des Strafrechts jedoch nicht gerecht, da primär die Vergeltungsfunktion betont wird und generalpräventive Aspekte nicht berücksichtigt werden. Selbstzweifel und Selbstvorwürfe werden für Schwangere wohl die natürlichen Reaktionen auf die Behinderung ihres Kindes sein. Jedoch wirkt sich dies zunächst nur auf diese aus und strahlt kaum auf Dritte ab. Das Motiv der Strafnorm ist nicht der Wunsch nach Bestrafung Schwangerer, sondern dieser ist nur das Mittel zum Zweck zur Vermeidung pränataler Einwirkungen. Von dem eigenen Unwerturteil Schwangerer geht indes keine generalpräventive Wirkung für andere aus. Das eigene Eingestehen eines Fehlers ist Teil der höchstpersönlichen Reue, bleibt meistens intim sowie ungeäußert und hält Dritte daher nicht von den Handlungen ab. Der vom Strafrecht ebenso bezweckte Schutz von Verfassungsgütern würde bei alleiniger natürlicher Bestrafung keine Berücksichtigung finden. Im Ergebnis reicht eine natürliche Bestrafung demnach nicht aus.

---

677 Ebenso *Valsamidou*, Schutz der menschlichen Leibesfrucht, S. 247.

678 Diesen Einwand vorausahnend *Sigel*, Pränatale Einwirkungen, S. 154.

g) Diskriminierung Behinderter

Teils wird argumentiert, die Strafbarkeit Schwangerer würde ein Einfallstor für die Diskriminierung Behinderter öffnen[679].

Dadurch, dass die Abtötung der Leibesfrucht straflos sei, die Schädigung aber nicht, könne der Druck auf Eltern, eine Abtreibung vornehmen zu lassen erhöht werden, wenn ernsthafte Gefahren einer Behinderung bestünden. Dies würde die gesellschaftliche Eingliederung Behinderter gefährden, sodass Strafnormen in diesem Bereich verfehlt seien und stattdessen Aufklärungsarbeit zu leisten sei. Der Ansatzpunkt, dass eine Abtreibung bis zur 12. Schwangerschaftswoche faktisch straflos möglich ist, trifft zu. Angesichts einer möglichen Strafbarkeit wird die Zahl der Abtreibungen faktisch vermutlich steigen. Diese Umgehungsform stellt Schwangeren allerdings eine weitere Handlungsoption zur Verfügung. Rechtlich zulässige Handlungsoptionen sind jedoch nicht gleichbedeutend mit gesellschaftlichen Pflichten, straflose Schwangerschaftsabbrüche durchzuführen. Ob gesellschaftliche Pflichten oder gesellschaftlicher Druck, eine Abtreibung vornehmen zu lassen, entstehen würden, erscheint daher fraglich. Zudem würde die primäre Motivation Schwangerer bei einer Abtreibung in der Erlangung der Straffreiheit und nicht der Umgehung einer Behinderung des Kindes liegen. Eine Diskriminierung Behinderter folgt daher nicht zwingend aus der Abtreibungsmöglichkeit. Die Straffreiheit bereitet eher Folgeprobleme in Bezug auf den Schutz der Leibesfrucht vor einer Abtötung, als er eine Diskriminierung Behinderter bedeutet.

h) Verursachung strafloser Abtreibungen

Dem vorherigen Einwand von *Tag*, eine Kriminalisierung würde ein Einfallstor für die Diskriminierung Behinderter öffnen, da Schwangerschaftsabbrüche der Leibesfrucht straflos seien, Schädigungen aber nicht[680], kann nicht gefolgt werden[681]. Die Straffreiheit von Schwangerschaftsabbrüchen ist jedoch unter einem anderen Gesichtspunkt problematisch. Wenn Schwangere Kenntnisse von der Straffreiheit hätten, werden sie womöglich Abtreibungen durchführen, um Pönalisierungen zu umgehen. Im Angesicht der Konsequenzen ihres Handelns – zumindest Ermittlungsverfahren mit den belastenden Eingriffen und gegebenenfalls die Folgen einer Verurteilung im Gegensatz zur Straffreiheit – liegt es

679 Dazu und im Folgenden *Tag*, Körperverletzungstatbestand, S. 129.
680 *Tag*, Körperverletzungstatbestand, S. 129.
681 Siehe B.V.3.f).

nahe, letztere Option zu wählen. Auch wenn Schwangerschaftsabbrüche weniger schwer wiegen als lebenslange Verletzungen[682], ist es widersprüchlich, dass die Einführung einer Strafnorm zum Schutze der Leibesfrucht gleichzeitig zur Verletzung derselben führen kann. Der Sinn von Strafnormen als Schutz von Verfassungsgütern darf nicht dazu führen, dass das gleiche Rechtsgut zwangsläufig in einer anderen Spielweise verletzt wird. Dies gilt erst Recht bei Schwangerschaftsabbrüchen, da diese faktisch straflos sind, aber trotzdem Unwerturteile beinhalten und rechtswidrig bleiben[683]. Die Ungereimtheit verstärkt sich insbesondere, wenn gegebenenfalls andere Möglichkeiten zur Problemlösung bestehen würden[684].

i) Probleme einer Unterlassungsstrafbarkeit

Problematisch erscheint zudem, dass das Delikt auch durch ein Unterlassen verwirklicht werden könnte. Schwangere als Garantin wären dann wegen unterlassenen gesundheitsfördernden Handlung mit gesundheitsschädlichen Folgen strafbar, sodass ein erheblicher Strafausdehnungseffekt entstünde. Die Argumente gegen eine Kriminalisierung für fahrlässige Einwirkungen[685] treffen analog auf eine Unterlassungstäterschaft zu, sodass diese auszuklammern wäre. Rechtstechnisch wäre dies möglich. Das Delikt könnte von Beginn an als Begehungsdelikt eingeordnet werden oder die Entsprechungsklausel gem. § 13 Hs. 2 StGB verneint werden. Diese Schwierigkeiten sind daher behebbar und sprechen letztlich nicht gegen eine Kriminalisierung.

j) Verjährungsprobleme

Zudem könnten Probleme wegen der Verjährung der Taten bestehen. Postnatale Körperverletzungen verjähren in drei Jahren nach Vollendung, §§ 78 I, III Nr. 5, 223 I StGB. Zum Teil wird der Zeitpunkt der Vollendung bei pränatalen

---

682 Siehe B.III.2c)bb).

683 Schwangerschaftsabbrüche innerhalb der ersten zwölf Wochen sind rechtswidrig, aber z.T. tatbestandslos, s. *Satzger*, JURA 2008, 424, 425.

684 Ausführliche Untersuchung in B.VI.

685 Die Strafbarkeit wäre maßlos, bedeute eine erhebliche Einschränkung sowie Kontrolle der Persönlichkeitsrechte Schwangerer und die physische Belastung einer Strafandrohung würde sich wie ein Damoklesschwert negativ auf die Schwangerschaft und den Kinderwunsch auswirken, ebenso *Günther*, GA 1987, 433, 446; *Lüttger*, JR 1971, 133, 142; *Robben*, Pränatale Schädigungen mit postnatalen Folgen, S. 143, 147; *Roxin*, JA 1981, 542, 548; *Tepperwien*, Pränatale Einwirkungen, S. 154.

Einwirkungen schwer festzustellen sein[686]. Darüber hinaus kann es möglich sein, dass die Tat erst drei Jahre nach der Vollendung entdeckt wird. Die Verjährungsvorschriften müssten möglicherweise gleichzeitig angepasst werden, wenn eine Verurteilung erreicht werden soll. Diese Schwierigkeiten sind indes ebenso behebbar. Der zusätzliche Aufwand streitet nicht gegen eine Strafbarkeit.

k) Gesteigerter Generalverdacht zulasten von Müttern

Problematisch erscheint allerdings, ob auf Müttern ein verstärkter gesellschaftlicher Druck lasten würde. Mit einer Kriminalisierung wird das gesellschaftliche Unwerturteil zur strafrechtlichen Verhaltenspflicht konkretisiert, sodass es mithilfe der normstabilisierenden Kraft des Strafrechts tiefer in das Rechtsbewusstsein der Bevölkerung eindringt. Einerseits dient dies dem angestrebten Zweck der Vermeidung pränataler Einwirkungen. Die Kehrseite könnte andererseits indes ein gesteigertes gesellschaftliches Misstrauen gegenüber Müttern sein, deren Kinder körperliche Einschränkungen oder Verhaltensauffälligkeiten aufweisen. Nicht abzusehen ist, ob diese einem Generalverdacht schädlichen Verhaltens ausgesetzt sind bis ihre Unschuld feststeht. Der Vorverurteilungseffekt könnte sich durch die äußerliche Erkennbarkeit der Behinderung – man denke an die alltägliche Situation eines Spielplatzbesuches durch Mutter und Kind – steigern. Freilich ist der vorzeitige Generalverdacht kein Problem, welches sich nur bei den streitigen Einwirkungen stellt. Aus anderen Strafnormen folgen ebenso gesellschaftliche Unwerturteile und brandmarken mögliche Täter vor deren Verurteilung[687]. Obwohl die Unschuldsvermutung gilt, reicht der Verdacht einer Tat oft schon aus, um gesellschaftliche Negativurteile zu erzeugen. Besonders gravierend zeigt sich der Effekt bei Sexualdelikten, siehe in jüngerer Zeit etwa Kachelmann oder Edathy. Bei den streitigen Handlungen ist die Mutter-Kind-Beziehung äußerlich erkennbar und es besteht die Besonderheit, dass Täterinnen und Opfer nach den pränatalen Einwirkungen zusammen öffentlich auftreten, sodass ein über den allgemeinen gesellschaftlichen Druck hinausgehender Druck bestehen könnte. Jedoch können Behinderungen auf zahlreichen Umständen beruhen, die Schwangere nicht zu beeinflussen vermögen[688]. Dieses Umstandes sind sich insbesondere Schwangere in den meisten Fällen bewusst,

---

686 Zu den Diagnoseschwierigkeiten S3-Leitlinie Diagnostik FAS Kurzfassung.

687 Zu den generellen weiteren Folgen einer Verurteilung neben der staatlich verhängten Strafe *Günther*, JuS 1978, 8, 12.

688 Etwa Nahrungsmittel, Arzneimittel, medizinische Versorgungssysteme, BZgA, Alkohol in der Schwangerschaft, S. 51.

sodass von Schwangeren und Müttern nicht zwangsläufig ein gesteigerter gesellschaftlicher Druck ausgehen würde. Im Falle einer Verurteilung wären sie allerdings stärker gebrandmarkt als ohne Kriminalisierung. Jedoch spricht dies nicht gegen eine Kriminalisierung, da eine Stigmatisierung einer Verurteilung immanent ist und dies auch so gewollt ist (Vereinigungstheorien). Anderenfalls könnte das Strafrecht keine Funktion zum Schutze des friedlichen Zusammenlebens erfüllen. Nach der Rechtsprechung des BVerfG hat eine Strafnorm eine appellative, normstabilisierende und damit generalpräventive Funktion[689].

l) Widersprüchliches Rechtsbewusstsein der Bevölkerung

Gegen eine Kriminalisierung wird vorgetragen, dass eine Kontrolle des Schwangerschaftsverhaltens dem Rechtsbewusstsein der Bevölkerung widerspräche und nicht durchsetzbar sei[690]. Eine Strafnorm würde eine „Instrumentalisierung zur fehlerfrei funktionierenden Gebärmutter" darstellen und widerspräche der Selbstvernunft sowie Menschenwürde"[691].

Die Kritik trifft indes nicht zu. Die gesellschaftlichen Wertevorstellungen streiten wohl eher für eine Kriminalisierung[692]. Es leuchtet nicht ein, was mit einer Kontrolle gemeint ist, da der Erlass einer Strafnorm diskutiert wird und nicht gleichzeitig Untersuchungspflichten auferlegt werden. Eine Kontrolle würde lediglich bestehen, wenn Schwangere zu regelmäßigen Tests, bspw. Alkoholtests, gezwungen würden. Die Norm beinhaltet allerdings nur die strafrechtliche Verhaltenspflicht, nicht schädlich auf die Leibesfrucht einzuwirken.

Im Übrigen würde eine solche Kontrolle wohl dem Rechtsbewusstsein der Bevölkerung entsprächen. Ein erheblicher Eingriff in die allgemeine Handlungsfreiheit durch die Pflicht zur Wahrnehmung von Terminen ist nicht zu bestreiten, jedoch ist mutmaßlich ein gesellschaftliches Bewusstsein gegeben, das Wohl der Leibesfrucht zu schützen. Zugleich würden indes eine Vielzahl der nicht konsumierenden Schwangeren zur Kontrolle gezwungen werden. Vier von fünf Schwangeren konsumieren pränatal keinen Alkohol[693]. Dies löst womöglich das Empfinden einer ungerechten Behandlung aus, sodass eine Kontrolle dem Rechtsbewusstsein der Bevölkerung widersprechen würde.

---

689 BVerfGE 120, 224, 251 f.

690 *Tag*, Körperverletzungstatbestand, S. 128.

691 *Ebenda*.

692 Siehe B.V.2.g).

693 Drogen- und Suchtbericht 2015, S. 111.

Entgegen eingehender Argumentation würde aus einer Kriminalisierung nicht zugleich resultieren, dass Schwangere zu vorgenannter Instrumentalisierung denunziert würden, da nur vorsätzliche Einwirkungen erfasst sein würden. Die Norm verlangt nicht, dass Schwangere zur Vermeidung des allgemeinen Lebensrisikos gezwungen würden und nicht Fehler machen könnten, sondern sie zwingt zur Aufgabe von eklatant schädlichen Verhaltensweisen. Mangels Instrumentalisierung verfängt daher auch der Einwand der Verletzung der Menschenwürde nicht.

m) Impraktikabilität

Gegen das Erfassen pränataler Einwirkungen wird der Einwand einer impraktikablen Lösung angeführt[694].

Inwiefern die Lösung impraktikabel sein soll, wird nicht erläutert. Sofern *Tag* damit auf Nachweisschwierigkeiten des Vorsatzes und auf Schwierigkeiten bei der Beweisführung anspielt, ist ihr nur hinsichtlich des Vorsatznachweises zuzustimmen[695].

n) Sozialadäquates Verhalten der Schwangeren

Gegen eine Strafbarkeit wird zudem vorgetragen, dass die Verwirklichung eines entsprechenden Tatbestandes ohnehin zu verneinen wäre, da die Handlung sozialadäquat sei. Da das Delikt daher nicht verwirklicht werden könne, sollte ein entsprechender Tatbestand nicht normiert werden[696]. Jedoch überschreitet der Alkoholkonsum Schwangerer das sozialadäquate Maß[697], sodass der Einwand nicht zutrifft.

o) Entkriminalisierung des Strafrechts

Ferner wird eine Strafbarkeit aus Gründen der Entkriminalisierung des Strafrechts verneint[698].

Damit wird die verfassungsrechtliche Erforderlichkeit betont. Ein zurückhaltender und behutsamer Einsatz von Strafnormen sichert langfristig die Einhaltung der Grundrechte ab. Jedoch ist der Einsatz des Strafrechts ultima-ratio zum

---

694 *Tag*, Körperverletzungstatbestand, S. 128.
695 Siehe B.V.3.a) f.
696 *Gropp*, GA 2000, 1, 17.
697 Siehe B.III.2.d).
698 LK-*Lilie*, Vor § 223 Rz. 7.

Schutz des friedlichen Zusammenlebens möglich und gegebenenfalls sinnvoll. Dabei obliegt es grundsätzlich dem Gesetzgeber, ob er ein bestimmtes Verfassungsgut, dessen Schutz ihm wesentlich erscheint, gerade mit den Mitteln des Strafrechts verteidigen und wie er dies gegebenenfalls tun will[699]. Warum eine Kriminalisierung im Fall pränataler Einwirkungen problematisch sein soll, wird durch den Vortrag nicht vertieft. Das bloße Verneinen aus Gründen der Entkriminalisierung verfängt.

p) *Mangelnde Verbesserung der Situation eines geschädigten Kindes durch eine Bestrafung der Mutter*

Fraglich erscheint zudem, wie nach möglichen Verurteilungen der Mütter zu verfahren wäre. Sofern Gefängnisstrafen vollzogen werden müssten, wäre Kindern der alltägliche Kontakt zu ihren Müttern untersagt. Kinder verstehen anfangs wahrscheinlich nicht, dass ihre Mütter für ihre Behinderung verantwortlich sind, sodass sie sich nicht von ihren Müttern abwenden würden. Der Wegfall der engen Mutter-Kind-Verbindung durch den Freiheitsentzug schädigt das psychische Kindeswohlergehen erheblich. Zudem würden Kinder keine mögliche mütterliche Reue mehr erfahren können und ihnen blieb eine individuelle mütterliche Förderung versagt. Dem könnte man entgegenhalten, dass Mütter, die pränatal auf ihr Kind eingewirkt haben, mutmaßlich ohnehin das Sorgerecht entzogen würde, jedoch betrifft dies nur Süchtige[700]. Auf den konkreten Einzelfall bezogen hätte eine Strafe für die Opfer keinen Vorteil. Nur im Gesamtgefüge bestünde Nutzen, da Strafe anderer langfristig zur Abschreckung möglicher Täter führen kann (Vereinigungstheorie). Eine Bestrafung der Mutter verbessert letztlich nicht die Situation des geschädigten Kindes. Vielmehr würde sich deren Situation mutmaßlich sogar verschlimmern. Gleichwohl wird dieser Umstand abgeschwächt, da das Strafrecht eine generalpräventive Wirkung erzielt[701]. Immanent ist dem, dass Einzelne keine Vorteile aus einer Bestrafung anderer erlangen, sondern dass sich die Bestrafung auf Dritte auswirkt. Dem entsprechen zudem die Vergeltungstheorien, die den Zweck der Strafe als Reaktion auf die verwirklichte Schuld des Täters begreifen. Die persönliche Strafe

---

699 BVerfGE 120, 224, 240.

700 Drogenkonsum ist nicht reflexartig, aber trotzdem bei dem Entzug des Sorgerechts zu beachten, s. BayOblG BeckRS 2010, 14248.

701 BVerfGE 120, 224, 251 f.

verfestigt als Nebenwirkung die Geltung des Rechts und bewirkt infolgedessen den gesellschaftlichen Mehrwert[702].

q) Wertungswidersprüche bei Parallelwertungen

Eine Strafbarkeit Schwangerer für vorsätzliche pränatale Einwirkungen wäre nicht realisierbar, sofern sie zu Wertungsdiskrepanzen bei Parallelwertungen und zu Abgrenzungsschwierigkeiten führen würde. Ansonsten wird die Rechtsordnung in ihrer Glaubwürdigkeit angegriffen und verliert schleichend an Akzeptanz. Daher folgt aus dem Rechtsstaatsprinzip, dass Strafnormen ein stimmiges Gesamtkonzept zugrunde liegen muss[703].

aa) Wertungswiderspruch zwischen strafbaren Schwangerschaftsabbrüchen und straflosen Verletzungen Ungeborener

Behauptet wird, es bestünde ein Widerspruch, da Schwangere, die eine Leibesfrucht mit Tötungsvorsatz abtöten unter den Umständen der Strafbefreiung des Schwangerschaftsabbruches weniger stark bestraft würden, als Schwangere, die mit Verletzungsvorsatz handeln[704].

Es trifft zu, dass Schwangerschaftsabbrüche zur Straffreiheit führen. Allerdings beinhaltet die Schlussfolgerung einen Erst-Recht-Schluss, wonach das vermeintlich größere Unrecht der Abtötung der Leibesfrucht das kleinere Unrecht der Verletzung umfasse. Dies setzt jedoch voraus, dass Schwangerschaftsabbrüche höheres Unrecht verwirklichen als pränatale Einwirkungen mit postnatalen Folgen. Dies ist jedoch nicht der Fall[705], sodass sich hieraus kein Wertungswiderspruch ergäbe[706].

bb) Vergleich zwischen verschiedenen Handlungen

Darüber hinaus könnte kritisiert werden, dass die Tathandlungen pränataler Einwirkungen grenzenlos seien und Widersprüche in Bezug auf andere pränatale Einwirkungen bestünden[707]. Beispielsweise löst der Nikotin- und Cannabiskonsum

702 *Kubiciel*, Wissenschaft vom Besonderen Teil des Strafrechts, S. 170 ff.

703 Modernes Strafrecht und ultima-ratio-Prinzip-*Herzog*, S. 112.

704 *Günther*, GA 1987, 433, 444 f.

705 Siehe B.III.2.c)bb).

706 Ebenso *Sigel*, Pränatale Einwirkungen, S. 169; *Tepperwien*, Pränatale Einwirkungen, S. 153.

707 So ähnlich *Bubrowski/Schmidt*, FAZ Samstag, 18.04.2015, S. 3.

ähnlich schwerwiegende Folgen wie der Alkoholkonsum aus[708]. Die gemeinsame Einnahme addiert oder potenziert sogar die schädigende Wirkung[709]. Die Handlungen sind vergleichbar, da sie schwerste körperliche und geistige Schäden erzeugen, eine ähnlich hohe Schädigungswahrscheinlichkeit besteht[710] und nur durch Schwangere verursacht werden. Das Erfolgsunrecht ist bei den Handlungen daher gleich. Zudem besteht dasselbe Handlungsunrecht, da Schwangere bei allen Fällen wehrlos sind. Eine Norm, welche nur den Alkoholkonsum Schwangerer kriminalisiert, wäre demnach unvollständig in Bezug auf vorgenannte Handlungen. Nur diese eklatant schädlichen Handlungen müssten auch von der Norm erfasst werden. Kokain- und Heroinkonsum verursachen keine vergleichbaren Auswirkungen wie der Alkoholkonsum[711], sodass diese nicht erfasst würden (s.o.).

Es drängt sich jedoch die Frage auf, ob Wertungswidersprüche zu weiteren schädlichen Einwirkungen bestehen und bei welchen Handlungen die Grenze erreicht ist. Beispielsweise können sich auch die Ausübung gefährlicher Sportarten, starker Einfluss von Sonnen- oder UV-Strahlen[712], Diabetes[713] oder Fettleibigkeit[714] schädlich auf Ungeborene auswirken. Diese Handlungen sind für Ungeborene gleichermaßen Risikofaktoren. Jedoch beinhalten letztere Handlungen eine deutlich geringere Wahrscheinlichkeit postnataler Schädigungen. Zudem sind die postnatalen Folgen zum Teil nicht so schwerwiegend wie bei den vorgenannten Handlungen. Das Ausmaß der drohenden Schäden und die Wahrscheinlichkeit des Erfolgseintrittes sind somit geringer und in der Abwägung nur abgeschwächt zu gewichten. Strafrechtliche Verhaltensgebote in diesen Bereichen würden Schwangere stärker in ihren Persönlichkeitsrechten einschränken, da ihnen nicht nur eklatant schädlicher Konsum verboten würde, sondern generell fast jede möglicherweise schädliche Handlung. Das allgemeine Lebensrisiko würde ungerechtfertigter Weise auf Schwangere verlagert. Somit müsste eine Kriminalisierung auf die eklatant schädlichen Handlungen des Alkohol-, Nikotin- und Cannabiskonsums beschränkt werden. Dies könnte durch folgende Formulierung erreicht werden:

---

708 *Spohr*, Das fetale Alkoholsyndrom, S. 118 ff., 122 ff. m.w.N.; *Stoschek*, DÄ 2000, 1556.
709 *Spohr*, Das fetale Alkoholsyndrom. S. 124 m.w.N.
710 *Spohr*, Das fetale Alkoholsyndrom. S. 118 ff., 122 ff. m.w.N.; *Stoschek*, DÄ 2000, 1556.
711 *Spohr*, Das fetale Alkoholsyndrom, S. 118 ff. m.w.N.
712 Dazu und im Folgenden *Straus/Janni/Maass*, Gynäkologie und Geburtshilfe, S. 146.
713 Dazu und im Folgenden, *Straus/Janni/Maass*, Gynäkologie und Geburtshilfe, S. 202.
714 Dies begründet eine Risikoschwangerschaft, dazu und im Folgenden *Pschyrembel*, Gynäkologie und Geburtshilfe, S. 367.

„Schwangere, die Alkohol, Nikotin oder Cannabis konsumieren und dadurch postnatale Schädigungen ihres Ungeborenen hervorrufen, werden mit…“

Insoweit bestünden keine Abgrenzungsschwierigkeiten oder Wertungswidersprüche zu anderen Handlungen. Folglich wären die Tathandlungen pränataler Einwirkungen nicht grenzenlos und es bestünden keine Widersprüche in Bezug auf andere pränatale Einwirkungen.

cc) Vergleich zwischen Schwangeren und Dritten

Fraglich erscheint, ob aus einer Strafnorm für Schwangere nicht gleichsam folgen müsste, dass auch Dritte einbezogen sein müssten. *Lenckner/Winkelbauer* formulieren etwa: „Es gibt keine Möglichkeit, bestimmte Personengruppen von der Strafbarkeit auszunehmen, ohne dass die Regelung insgesamt unglaubwürdig würde“[715]. Somit ist zu hinterfragen, ob Ärzte, andere Heilbehandelnde[716] oder andere Dritte, die postnatale Schädigungen herbeiführen, nicht ebenfalls erfasst sein müssten. Die Strafbarkeit von Ärzten für vorsätzliche pränatale Einwirkungen mit postnatalen Folgen wird zum Teil vertreten[717]. Im Folgenden wird untersucht, ob Wertungswidersprüche entstünden, sofern Ärzte und Dritte nicht von einer Strafnorm erfasst würden. Zunächst ist auf Aspekte einzugehen, die Ärzte und Dritte betreffen. Anschließend sind Unterschiede zu untersuchen.

aaa) Gemeinsame Aspekte

Das Erfolgsunrecht ist bei den Handlungen von Schwangeren, Ärzten und Dritten identisch, da von allen erhebliche lebenslange Schäden durch pränatale Einwirkungen ausgehen können. Ärzte können schädliche Medikamente ohne Aufklärung der Schwangeren verschreiben oder Untersuchungen fehlerhaft durchführen. Anderen Personen ist es möglich, Schwangeren zwanghaft oder heimlich schädliche Mittel einführen oder Gewalt auf die Leibesfrucht ausüben. Der Handlungsunwert divergiert jedoch, da Schwangere durch die enge körperliche Verbundenheit eine höhere Verantwortung genießen. Durch das natürliche Mutter-Kind-Verhältnis ist das Vertrauen gesteigert, sodass das

715 *Lenckner/Winkelbauer*, Fortpflanzungsmedizin und Humangenetik, S. 220.

716 Zur Vereinfachung wird im Folgenden nur von Ärzten gesprochen. Damit sind jedoch alle beruflich heilbehandelnden Personen gemeint.

717 *Lüttger*, FS Heinitz, 1971, S. 359, 370; *Robben*, Pränatale Schädigungen mit postnatalen Folgen, S. 183; *Sigel*, Pränatale Einwirkungen, S. 175; *Theilig*, Strafbarkeit pränataler Einwirkungen, S. 167; *Tepperwien*, Pränatale Einwirkungen, S. 160; *Valsamidou*, Schutz der menschlichen Leibesfrucht, S. 246.

Ausnutzen durch Schwangere schwerer wiegt. Rechtlich schlägt sich dies in der Garantenstellung Schwangerer nieder. Darüber hinaus können Ärzte und Dritte keine der streitigen Handlungen unmittelbar vergleichbar vornehmen, da keine direkte Verbindung über die Nabelschnur besteht. Bei den meisten Schädigungen sind weitere Handlungsschritte Schwangerer notwendig, bspw. müssen diese ein schädigendes Medikament nach der Verschreibung selbst einnehmen (z.B. Contergan). Eine die objektive Zurechnung ausschließende eigenverantwortliche Entscheidung Schwangerer liegt indes mangels korrekter Aufklärung über die Schädlichkeit der eingenommenen Mittel dabei nicht vor. Die Schutzlosigkeit der Leibesfrucht wird nicht direkt ausgenutzt, sondern Ärzte missbrauchen das Vertrauen Schwangerer in die ärztlichen Fähigkeiten und realisieren so Schädigungen. Strafrechtlich würde dies eine mittelbare Täterschaft gem. der neuen Norm i.V.m. § 25 I Fall 2 StGB verwirklichen. Ob Schwangere durch die vorbezeichneten Handlungen, Ärzte durch Behandlungen oder schädliche Verschreibung von Medikamenten oder Dritte etwa durch Schläge in den Bauch Schädigungen hervorrufen, unmittelbare oder mittelbare Täterschaften vorliegen, ist für den Schutz der Leibesfrucht unbeachtlich. Ferner wäre ein gesteigerter Schutz der Leibesfrucht Sinn einer etwaigen Strafrechtsnorm, um diese vor postnatalen Schädigungen zu bewahren. Der Gesamtschutz ist unabhängig von einzelnen Tätern. Ein gesteigerter Schutz würde vielmehr eine umfassende Kriminalisierung verlangen.

Für die Einbeziehung von Dritten und Ärzten spricht zudem, dass die Argumente gegen die Strafbarkeit Schwangerer nicht auf diese übertragbar sind. So kann die Strafbarkeit Letzterer nicht zu einer ablehnenden Haltung Schwangerer bei der Zusammenarbeit mit Ärzten führen und es stellen sich nicht die Probleme wie bei süchtigen Schwangeren.

bbb) Ärzte

Wertungswidersprüche würden im Ergebnis nicht bestehen, sofern Ärzte von einer Strafnorm nicht erfasst würden, da dies das Ultima-ratio-Prinzip verbietet. Ärzte können sich bei der Ausübung beruflicher Handlungen auf die Berufsfreiheit aus Art. 12 I GG berufen. Eine Kriminalisierung wäre ein strafrechtliches Verhaltensgebot, welches eine Berufsausübungsregel wäre. Diese ist gerechtfertigt, wenn vernünftige Erwägungen des Gemeinwohls vorlägen[718]. Diese liegen hier durch den verfassungsrechtlich notwendigen Schutz Ungeborener vor. Indes ist die Erforderlichkeit aus anderen Gründen zu verneinen. Ein

718 BVerfGE 7, 377, 405 f.; 46, 246, 257; 110, 141, 157; 111, 10, 38.

Mittel ist nämlich nur erforderlich, wenn kein anderes, aber gleich wirksames Mittel zur Verfügung steht, welches das Grundrecht weniger fühlbar beeinträchtigt[719]. Es bestehen aber andere Sanktionsmöglichkeiten mit Abschreckungseffekten, sodass das Ultima-ratio-Prinzip nicht gewahrt wäre. Bei berufswidrigen Verhalten kann etwa die Approbation widerrufen oder ruhend gestellt werden, § 5 Bundesärzteordnung. Bei mangelnden Aufklärungen drohen zudem vertragliche oder deliktische Schadensersatzansprüche[720]. Vorsätzliche, nicht gerechtfertigte[721] Verletzungen der Leibesfrucht laufen dem ärztlichen Heilauftrag zuwider und sind Missachtungen der Regeln der ärztlichen Kunst. Deren Verletzung kann zur Bejahung von zivilrechtlichen Schadensersatzansprüchen und zu berufsrechtlichen Folgen führen[722]. Bei schwerwiegenden Fehlern finden berufliche Karrieren von Ärzten meistens ein abruptes Ende, sodass davon ein erheblicher Abschreckungseffekt ausgeht. Im Gegensatz dazu wirkt sich das Fehlverhalten Schwangerer kaum auf deren berufliche Karriere aus. Somit ist der Einsatz des Strafrechts als ultima-ratio zu verneinen.

Eine Abwägung würde indes zugunsten Schwangerer ausfallen. Eine Strafnorm würde Ärzte zeitlich länger in ihren Grundrechten einschränken als Schwangere, da das Damoklesschwert der Strafbarkeit sie das ganze Berufsleben belastet im Gegensatz zu einer neunmonatigen Beschränkung der Grundrechte Schwangerer. Allerdings verlangen die Grundrechtseingriffe nicht mehr als eine ordnungsgemäße und gewissenhafte Berufsausübung. Bei Schwangeren hingegen wird der private Lebensbereich tangiert im Gegensatz zu einem beruflich ohnehin notwendigen Verhalten, sodass eine Kriminalisierung qualitativ weniger weit eingreifen würde als bei Schwangeren[723].

Im Ergebnis sollten Ärzte aus einer möglichen künftigen Strafnorm ausgeklammert werden. Wertungswidersprüche würden infolgedessen nicht entstehen.

ccc) Dritte

Um Wertungswidersprüche zu vermeiden, müssten Dritte hingegen von einer Strafnorm erfasst werden, da die Argumente gegen eine Kriminalisierung

---

719 BVerfGE 92, 262, 273.

720 *Deutsch/Spickhoff*, Medizinrecht, § 839 Rz. 201. Dies kann zu Abschreckungseffekten führen, s. BGHZ 58, 48; 93, 351.

721 Vertiefend zum Streit zwischen Rspr. und einen Teil der Lehre, ob ordnungsgemäße ärztliche Heileingriffe im Tatbestand oder bei der Rechtfertigung beachtet werden, Handbuch Arztrecht-*Ulsenheimer*, § 138 Rz. 1 ff.

722 BGHZ 58, 48; 93, 351.

723 Ebenso *Lüttger*, FS Heinitz, 1971, S. 359, 369 f.

von Ärzten nicht auf Dritte übertragbar sind. Andere Dritte, bspw. Väter, die Schwangeren in den Bauch schlagen und infolgedessen postnatale Schädigungen herbeiführen, können sich nicht auf die Berufsfreiheit, sondern auf Art. 2 I GG berufen. Über zivilrechtliche Haftungen werden teils Abschreckungseffekte erreicht[724], jedoch bestehen keine beruflichen Sanktionsmöglichkeiten, sodass insgesamt geringere Sanktionsmöglichkeiten bestehen. Daher ist die Erforderlichkeit zu bejahen. Zudem wird das Grundrecht nicht im Ganzen, sondern nur im Randbereich versagt. Mangels beruflicher Einschränkungen sowie der geringeren Grundrechtseingriffe für Dritte überwiegt daher letztlich der Schutz der Leibesfrucht. Mit Ausnahme eines Kindesvaters haben Dritte zwar keine Garantenstellung, welche das Handlungsunrecht nochmals steigert. Jedoch befinden sich Ungeborene auch hier in wehrlosen Situationen, sodass die Handlungen besonders verwerflich sind. Das Handlungsunrecht addiert sich, da Dritte zugleich auf zumeist in ihren Verteidigungsmöglichkeiten eingeschränkte Schwangere einwirken und auf die Leibesfrucht, ergo zwei wehrlose Opfer bestehen. Gründe, warum Dritte privilegiert werden sollen, sind somit nicht ersichtlich. Um Wertungswidersprüche zu vermeiden, müssten Dritte ebenso von einer etwaigen Kriminalisierung erfasst sein.

dd) Vergleich zwischen der Straffreiheit versuchter Schwangerschaftsabbrüche und der Strafbarkeit pränataler Einwirkungen

Vorgetragen wird, eine Kriminalisierung könne zu Widersprüchen wegen der Straffreiheit des Versuchs des Schwangerschaftsabbruchs für Schwangere gem. § 218 IV 2 StGB führen[725]. Die Handlung solle mangels Erfolgseintrittes nicht strafbar sein. Allerdings würde diese über die Strafbarkeit für vorsätzliche Einwirkungen auf die Leibesfrucht doch strafbar sein, sofern postnatale Schädigungen entstehen.

Das Argument verfängt jedoch nicht. Die Straffreiheit der versuchten Abtreibung beruht auf dem ausgebliebenen Erfolgsunrecht der Schwangerschaftsabbrüche und darauf, dass sich Schwangere nach einem missglückten illegalen Abtreibungsversuch ohne Furcht vor Strafe in die ärztliche Behandlung begeben können[726]. Bei postnatalen Schädigungen bleibt das Erfolgsunrecht jedoch nicht

724 BGHZ 58, 48; 93, 351.

725 Dazu und im Folgenden *Lenckner/Winkelbauer*, Fortpflanzungsmedizin und Humangenetik, S. 217.

726 Schönke/Schröder-*Eser*, § 218 Rn. 45.

aus, sodass der Grund der Privilegierung nicht übertragbar ist. Problematisch wird dagegen ebenso die Feststellung des Vorsatzes sein, da die vorsätzliche Abtötung der Leibesfrucht weniger schwer wiegt als die vorsätzliche lebenslange Verletzung[727]. Die Einheitstheorie, wonach der Tötungsvorsatz regelmäßig auch den Körperverletzungsvorsatz umfasst, kann hier nicht angewendet werden. Daher würde der Vorsatz zur Abtötung nicht die lebenslangen Verletzungen einschließen. Der Nachweis wird schwer zu führen sein mit den daraus folgenden Konsequenzen[728]. Zudem bedürfen Dritte keiner ärztlichen Behandlung nach einer durch sie ausgeführten Einwirkung, sodass der Grund der Straffreiheit nicht übertragbar ist. Das Erfolgsunrecht ist durch die lebenslangen Schädigungen bei einer pränatalen Schädigung indes höher zu bewerten. Daher bestünden letztlich keine Wertungswidersprüche.

ee) Vergleich zwischen vorsätzlichen und fahrlässigen Einwirkungen

Im Vergleich zwischen vorsätzlichen und fahrlässigen Einwirkungen bestünden ebenso keine Wertungsdiskrepanzen, da treffende Argumente gegen die Strafbarkeit fahrlässiger Einwirkungen sprechen[729].

ff) Vergleich zwischen zivil- und strafrechtlicher Handhabung

Eine Strafnorm für pränatale Einwirkungen mit postnatalen Folgen könnte einen Widerspruch zur geltenden zivilrechtlichen Rechtslage darstellen. Aus dem Wortlaut des § 823 I BGB ergeben sich nicht unmittelbar etwaige Schadensersatzansprüche des Kindes gegen die Mutter und der BGH hat noch nie darüber entschieden, jedoch würden diese Einwirkungen nun strafrechtlich erfasst. Daraus ergibt sich indes kein Widerspruch, da eine Kriminalisierung zur Angleichung mit der zivilrechtlichen Rechtslage führen würde. Eine etwaige Strafnorm schützt die Leibesfrucht, sodass diese als Schutzgesetz zu Schadensersatzansprüchen gem. § 823 II BGB führen würde.

---

727 Siehe B.III.2.c)bb).

728 Siehe B.V.3.b).

729 Die Strafbarkeit wäre maßlos, bedeute eine erhebliche Einschränkung sowie Kontrolle der Persönlichkeitsrechte Schwangerer und die physische Belastung einer Strafandrohung würde sich wie ein Damoklesschwert negativ auf die Schwangerschaft und den Kinderwunsch auswirken, ebenso *Günther*, GA 1987, 433, 446; *Lüttger*, JR 1971, 133, 142; *Robben*, Pränatale Schädigungen mit postnatalen Folgen, S. 143, 147; *Roxin*, JA 1981, 542, 548; *Tepperwien*, Pränatale Einwirkungen, S. 154.

Ergebnis zu Wertungswidersprüchen:

Im Ergebnis steht fest, dass keine Wertungsdiskrepanzen bei Parallelwertungen bestünden und ein stimmiges Gesamtkonzept vorliegen würde. Voraussetzung dafür wäre indes, dass eine Kriminalisierung die Tathandlungen des Alkohol, Nikotin- und Cannabiskonsums ebenso erfassen würde. Ärzte sollten von einer Kriminalisierung ausgenommen werden. Dritte müssten jedoch ebenso wie Schwangere erfasst werden.

r) Verfassungsrechtliche Einwände

Zur Verneinung einer Kriminalisierung werden auch die klassischen verfassungsrechtlichen Einwände bemüht. Eine etwaige Strafnorm müsste angemessen, geeignet und erforderlich sein.

Zudem müsste sie ein legitimes verfassungsrechtliches Ziel verfolgen. Eine der Inzestentscheidung vergleichbare Problematik über den Schutz eines Verfassungs- bzw. Rechtsguts[730] stellt sich bei pränatalen Einwirkungen nicht, da Ungeborene nach hM dem Schutzbereich des Art. 2 II 1 GG unterfallen. Wenn man der strafrechtlichen Rechtsgutslehre mit dem BVerfG keine Auswirkungen auf die verfassungsrechtliche Prüfung zuschreibt[731], reicht das Abstellen auf Art. 2 II 1 GG aus, um ein legitimes Ziel zu bejahen. Sollten hingegen die aus der strafrechtlichen Rechtsgutslehre folgenden strengeren Anforderungen, etwa von *Hassemer*[732] oder *Roxin*[733], zugrunde gelegt werden, so bestünde bei pränatalen Einwirkungen mit postnatalen Folgen ebenso ein Rechtsgut zu dessen Schutz als legitimes Ziel eingegriffen würde. Dies ist der Fall, da das ungeborene Leben bereits strafrechtlich geschützt wird (§ 218 StGB) und nun lediglich in einer anderen – schwerwiegenderen – Beeinträchtigung betroffen wäre. Somit läge sowohl nach dem BVerfG als auch nach den strengeren Ansichten ein legitimes Ziel vor.

---

730 Kritisch zum Rechtsgut in der Inzestentscheidung etwa Sondervotum *Hassemer*, BVerfGE 120, 224, 255 ff.; *Krauß*, FS Hassemer, 2010, S. 423 ff.; *Paeffgen*, FS Wolter, 2013, S. 125 ff.; *Roxin*, StV 2009, 544, 545 ff.

731 BVerfGE 120, 244, 242.

732 *Hassemer*, BVerfGE 120, 224, 255 ff.

733 Etwa *Roxin*, FS Hassemer, 2010, S. 573 ff.; den Rechtsgutsbegriff hingegen ablehnend, da der Begriff inhaltlichen unkonkret und unbestimmt sei, dem Gesetzgeber einen kaum begrenzbaren Ermessensspielraum biete und der Begriff im Ergebnis konkretisierungs- und ergänzungsbedürftig sei, *Kubiciel*, Wissenschaft vom Besonderen Teil des Strafrechts, S. 51 ff.

aa) Unangemessenheit

Vorgetragen wird, das private Leben Schwangerer würde infolge einer Kriminalisierung unangemessen eingeschränkt[734]. Der Gesetzgeber befände sich schon beim Schwangerschaftsabbruch an der Regelungsgrenze des Möglichen, erst Recht gelte dies bei der Aufoktroyierung von Verhaltensweisen während der Schwangerschaft[735]. Der Einwand trifft jedoch bei einem hier bevorzugten Erfolgsdelikt nicht zu, da die Verhältnismäßigkeit im engeren Sinne gewahrt wäre. Diese wird eingehalten, sofern bei einer Gesamtabwägung zwischen Schwere und Gewicht des Eingriffes sowie der Dringlichkeit der ihn rechtfertigenden Gründe die Grenze der Zumutbarkeit gewahrt wird[736]. Die Abwägung im vorherigen Kapitel zeigte bereits, dass die Grundrechte Schwangerer hinter dem Schutz der Leibesfrucht zurücktreten müssen[737]. Daher überzeugt das Argument eines unangemessenen Grundrechtseingriffes nicht[738].

bb) Geeignetheit

Ferner wäre eine Kriminalisierung nur möglich, wenn die Norm zur Zielerreichung geeignet wäre[739]. Die Geeignetheit ist weit auszulegen und schließt als Korrektiv nur Fälle evidenter Mittelverfehlung aus[740]. Es reicht aus, wenn die Wahrscheinlichkeit der Zielerreichung erhöht, der Erfolg also gefördert wird[741]. Die Möglichkeit der Zielerreichung reicht ebenso aus[742]. Bei der Beurteilung steht dem Gesetzgeber ein weiter Einschätzungs- und Gestaltungsspielraum zu[743]. Fehlen hinreichende wissenschaftliche Erkenntnisse, reicht eine vertretbare Argumentation und Prognose aus[744]. Um die Geeignetheit untersuchen zu können, sind zunächst die Ursachen des pränatalen Alkoholkonsums Schwangerer zu untersuchen. Vorweg ist darauf hinzuweisen, dass keine wissenschaftlichen Erkenntnisse über die genauen Gründe vorliegen. Unklar ist zudem, wie

---

734 *Valsamidou*, Schutz der menschlichen Leibesfrucht, S. 247 f.

735 *Heinemann*, Frau und Fötus in der Prä- und Perinatalmedizin, S. 341.

736 BVerfGE 120, 224, 241.

737 Siehe B.IV.

738 Anders wäre dies jedoch bei einem Gefährdungsdelikt zu beurteilen, s.o.

739 BVerfGE 120, 224, 240.

740 Dreier, GG KO-*Dreier*, Vorb. Rz. 147.

741 BVerfGE 120, 224, 240; 109, 279, 336; Schmidt/Bleibtreu, GG-KO-*Hofmann*, Art. 20 Rz. 74.

742 BVerfGE 120, 224, 240; 96, 10, 23.

743 BVerfGE 109, 279, 336.

744 BVerfGE 30, 250, 263.

hoch die Wahrscheinlichkeit ist, dass ein Glas Alkohol zum FAS führt. Ferner ist unklar, wie hoch die Wahrscheinlichkeit ist an FAS zu erkranken, wenn Schwangere täglich Alkohol konsumieren. Daher können hier lediglich Überlegungen dargestellt werden.

44 % der Schwangeren wissen nicht um die lebenslangen Schäden durch den Alkoholkonsum, sodass andererseits 56 % aufgeklärt sind[745]. Zwischen 1985 und 2005 tranken schätzungsweise 13,5 % der Schwangeren Alkohol[746]. Eine daran anschließende Auswertung für die Jahre 2009, 2010 und 2012 schätze den Alkoholkonsum jeder fünften Schwangeren – also 20 %[747]. Die Studien lassen indes keinen Schluss zu, ob die rund 20 % Konsumierenden den Aufgeklärten oder Unwissenden zuzuordnen sind. Der Grund für den Konsum ist einerseits mutmaßlich eine Alkoholsucht. Immerhin wird der wiederholte wissentliche Alkoholkonsum Schwangerer zwischen 14,4 % und 30,0 % geschätzt[748]. Der wiederholte wissentliche Konsum ist jedoch nicht zwangsläufig gleichbedeutend mit einer Alkoholsucht. Gleichwohl liegt es nahe, dass Süchtige in der Prozentzahl enthalten sind. Andererseits könnte der Konsum jedoch auch womöglich durch egoistisches und undiszipliniertes Verhalten zu begründen sein. Im Ergebnis lassen die Zahlen indes keine genauen Schlüsse zu, welches die Ursachen des pränatalen Alkoholkonsums sind.

Gegen die Geeignetheit wird vorgetragen, dass schwangere Alkoholikerinnen sich nicht mit Strafandrohungen gewinnen lassen könnten. Falls sich sie gewinnen ließen, dann nur durch Hilfsangebote[749]. Eine etwaige Strafnorm würde zutreffend zu Problemen bei Süchtigen führen. Die Alkoholsucht ist eine Krankheit, sodass fraglich ist, ob Strafandrohungen zum Verzicht bewegen würden. Das Konsumverhalten von Schwangeren ist nicht mehr vom freien Willen getragen oder durch rationale Entscheidungen gesteuert[750]. Angesichts der Unkontrollierbarkeit der Sucht, des langen Abstinenzzeitraumes von neun Monaten in der Schwangerschaft und der hohen Rückfallquoten[751] ist die Frage zu verneinen. Dass Alkoholikerinnen sich strafbar machen, ist angesichts der ihnen selbst drohenden

---

745 Drogen- und Suchtbericht 2015, S. 18, 111.

746 Ebenda, S. 18.

747 Ebenda, S. 111.

748 S3-Leitlinie Diagnostik FAS Kurzfassung, S. 12.

749 *Gropp*, GA 2000, 1, 17; *Hubert Hüppe*, CDU/CSU, Mitglied des Ausschusses für Gesundheit in der FAZ Samstag, 18.04.2015 S. 3.

750 *Spohr*, Das Fetale Alkoholsyndrom, S. 201.

751 Die Rückfallquoten schwanken je nach Befragungszeitraum nach einer Entzugstherapie zwischen 43 %–78 %. Nach einem halben Jahr werden rund 43 % rückfällig

Gesundheits- und Gesellschaftsgefahren für diese eine sekundäre Frage. Hilfsprogramme sind angesichts der hohen Rückfallquoten jedoch auch nur beschränkte Wirkungen zu attestieren. Trotzdem wirken diese vermutlich eher als eine als nachrangig empfundene Strafandrohung, sodass der Einwand zutrifft. Generell werden staatliche Informationen über schädliche Verhaltensweisen und die damit verbundenen Gesundheitsgefahren oft eine Gefahr wirksamer abwehren als ein förmliches Verbot[752]. Zu hinterfragen ist, wie gewichtig dieser Einwand ist. Wissenschaftliche Erkenntnisse fehlen, sodass indes nicht eingeschätzt werden kann, wie hoch der Anteil der Süchtigen ist. Daher reicht eine Wahrscheinlichkeitsprognose aus[753]. Alkoholkranke Schwangere stellen mutmaßlich etwa ein Drittel der Konsumierenden dar[754]. Qualitativ geht von Süchtigen eine große Gefahr aus, da der permanente Alkoholkonsum ein hohes Schädigungsrisiko birgt[755]. Bei alkoholkranken Frauen beträgt das Risiko schwerer Gesundheitsschäden Schätzungen zufolge rund 30–40 %[756]. Nach dem BVerfG reicht „eine gewisse Plausibilität schädigender Wirkungen" aus[757]. Nichtsüchtige Schwangere könnten sich hingegen jedoch womöglich durch drohende Bestrafungen gewinnen lassen. Dem Strafrecht obliegt die Aufgabe, Grundlagen des geordneten Gemeinschaftslebens zu schützen[758]. Zum einen würden von einer Kriminalisierung Abschreckungswirkungen ausgehen können und zum anderen würden diese wiederum verbesserte Aufklärungen generieren[759]. Zudem geht von Strafnormen eine normstabilisierende Kraft aus[760], sodass verbesserte Aufklärungen und moralische Einstellungen womöglich langfristig entstehen würden. Daher ist es nicht auszuschließen, dass pränatale Einwirkungen Schwangerer durch die Strafandrohung sinken würden.

---

und innerhalb der nächsten zehn Jahre 78 %, s. *Körkel/Kruse*, Basiswissen: Rückfall bei Alkoholabhängigkeit, S. 33 m.w.N.

752 HStR V-*Kirchof*, § 99 Rz. 212.

753 BVerfGE 30, 250, 263.

754 14,4 % und 30,0 % der Schwangeren konsumieren wiederholt wissentliche Alkohol, S3-Leitlinie Diagnostik FAS Kurzfassung, S. 12; siehe A.I.

755 BZgA, Alkohol in der Schwangerschaft, S. 46 m.w.N., 53. Mit zunehmendem Alkoholkonsum steigt das Risiko von Gesundheitsschäden, ebd. S. 78; *Spohr*, Das fetale Alkoholsyndrom, S. 105.

756 BZgA, Alkohol in der Schwangerschaft, S. 55.

757 BVerfGE 120, 224, 246.

758 BVerfGE 88, 203, 257.

759 Nach der Zusammenfassung von *Curti* in ZRP 1999, 234, 236 gehen von einer Kriminalisierung durchaus Abschreckungseffekte und ein Rückgang der Kriminalitätsrate aus.

760 BVerfGE 120, 224, 251 f.

Es fehlen letztlich wissenschaftliche Erkenntnisse, sodass die Entscheidung umso mehr dem Gestaltungs- und Einschätzungsspielraum des Gesetzgebers unterläge. Vor allem darf der Gesetzgeber eine Maßnahme erproben[761], sodass er nur im Fall stagnierender Zahlen zur Korrektur gezwungen wäre[762]. Für Nichtsüchtige kann die Geeignetheit daher angesichts der abschreckenden und normstabilisierenden Wirkung des Strafrechts nicht verneint werden[763]. Ob Sanktionen oder verbesserte Aufklärungen geeigneter wären, betrifft nicht die Geeignetheit, sondern die Effektivität im Rahmen der Erforderlichkeit. Die neugeschaffene Norm würde zumindest kein evident untaugliches Mittel darstellen.

Dies gilt auch für die Erwägungen *Halls* um den „zahnlosen Tiger" eines Verbotes, sofern Schwangere anfangs nicht um die Schwangerschaft wissen[764]. Die normstabilisierende Wirkung erstreckt sich indes ebenso auf Schwangere, die noch keine Kenntnis von ihrer Schwangerschaft haben. Sie werden womöglich mehr Sorgfalt bei der Feststellung der Schwangerschaft walten lassen. Zudem thematisiert der Einwand *Halls* im Kern eher ein Vorsatznachweisproblem denn eine Verneinung der Geeignetheit.

Im Ergebnis sind die weiten Kriterien der Geeignetheit erfüllt. Die Wahrscheinlichkeit der Zielerreichung[765], also die Förderung des Schutzes des Art. 2 II 1 GG für Ungeborene würde erhöht, der Erfolg also gefördert. Dies reicht aus[766].

cc) Erforderlichkeit

Vorgetragen wird, dass die Erforderlichkeit zu negieren sei, da andere, weniger einschneidende Mittel bestünden[767].

Die Erforderlichkeit wird im Strafrecht besonders konkretisiert und ist mit dem Begriff des Strafbedürfnisses bzw. der Subsidiarität oder des Ultima-ratio-Prinzips gleichzusetzen. Dieses verlangt, dass das Strafrecht das einzige Mittel zur Problemlösung ist[768]. Das Strafrecht darf nur dann eingesetzt werden, sofern keine anderen, weniger einschneidenden Maßnahmen zum Erfolg verhelfen. Der Gesetzgeber ist stets aufgerufen, nach Alternativen zur Kriminalisierung zu

---

761 BVerfGE 78, 249, 288.

762 BVerfGE 110, 141, 158.

763 Ebenso jedoch ohne weitere Erläuterungen *Hall*, FS Schlick, 2015, S. 507, 513.

764 *Hall*, FS Schlick, 2015, S. 507, 514.

765 BVerfGE 120, 224, 240; 109, 279, 336;96, 10, 23; Schmidt/Bleibtreu, GG-KO-*Hofmann*, Art. 20 Rz. 74.

766 BVerfGE 120, 224, 240; 109, 279, 336; 96, 10, 23.

767 *Valsamidou*, Schutz der menschlichen Leibesfrucht, S. 247 f.

768 Dazu und im Folgenden *Günther*, JuS 1978, 8, 11.

suchen, mit denen sozialschädlichem Verhalten ebenso effektiv begegnet werden könnte. Ein Mittel ist daher nur erforderlich, wenn kein anderes, aber gleich wirksames Mittel zur Verfügung steht, welches das Grundrecht weniger fühlbar beeinträchtigt[769]. Der Rückgriff auf das mildere Mittel ist nicht notwendig, wenn es nicht gleich effektiv ist[770]. Bei der Beurteilung steht dem Gesetzgeber ein weiter Beurteilungsspielraum zu[771]. Daher sind die Wirkungen staatlicher Handlungsinstrumente im Rahmen der Gefahrenvorsorge mit einer Kriminalisierung zu vergleichen. Im Rahmen Ersterer sind Alternativen zu entwickeln und zu untersuchen. Zunächst könnten die aktuell bestehenden Maßnahmen ein milderes Mittel darstellen. Dafür streitet eine verminderte fühlbare Beeinträchtigung von Freiheitsrechten. Allerdings bleiben die Maßnahmen weitestgehend wirkungslos[772]. Insoweit ist ihnen nicht die gleiche Effektivität zu bescheinigen wie einer strafrechtlichen Verhaltensnorm. Jedoch könnten andere staatliche Handlungsinstrumente im Rahmen der Gefahrenvorsorge ggf. entwickelt werden und sodann mildere Mittel darstellen. Schädlichen Einwirkungen könnte bspw. durch weitreichende Informationskampagnen entgegengetreten werden. Im Allgemeinen besteht die Auffassung, dass staatliche Informationen über schädliche Verhaltensweisen und die damit verbundenen Gesundheitsgefahren oft eine Gefahr wirksamer abwehren als ein förmliches Verbot[773]. Der BGH bejaht zudem ausdrücklich psychologische Wirkungen bei staatlichen Aufklärungen und Warnungen durch Merkblätter[774]. Die Verteilung von Merkblättern durch den Staat, welche über eine Notwendigkeit einer Tuberkuloseimpfung für Kinder aufklären, erzeuge ein „psychologisches Abfordern" der Impfung[775]. Sie seien geeignet Eltern in eine schwere „Gewissennot" zu versetzen; es bestünde „Gewissenszwang"[776]. Daran anknüpfend könnten durch eine bundesweite Aufklärungskampagne ebenso Gewissenszwänge entstehen. Alternativ könnten Gynäkologen, Hebammen und Schwangerschaftsberatungsstellen eindringlich aufklären oder die Aufklärung könnte bereits zeitlich vorgelagert im Schulunterricht erfolgen. Warnaufkleber

769 BVerfGE 92, 262, 273.
770 BVerfGE 57, 250, 270.
771 BVerfGE 90, 145, 173.
772 Siehe B.II.Erg.
773 HStR V-*Kirchof*, § 99 Rz. 212.
774 Dazu und im Folgenden BGHZ 24, 45 ff.; 31, 187 ff.
775 BGHZ 31, 187, 191.
776 BGHZ 24, 45, 46 f.

auf Alkoholflaschen[777] oder Warnhinweise in Alkoholverkaufsstellen könnten ebenfalls zur Vermeidung dienen. Überdies könnten Sanktionen außerhalb des Strafrechts in Betracht kommen. Der Gesetzgeber ist durch seinen Einschätzungs- und Gestaltungsspielraum jedoch frei, welche Maßnahme er wählt. Er kann Rechtsgüter auch mit Strafnormen verteidigen[778]. Dem Strafrecht lässt sich generell eine über Maßnahmen öffentlicher Fürsorge hinausgehende eigenständige Wirkung nicht absprechen[779]. Für diese streitet die generalpräventive und normstabilisierende Ausstrahlungskraft[780]. Letztlich verlangt die Erforderlichkeit eine umfassende Überprüfung möglicher Alternativen. An dieser Stelle ist der Einwand nicht zu entkräften. Die Erforderlichkeit ist abschließend im Kapitel der staatlichen Maßnahmen im Rahmen der Gefahrenvorsorge zu untersuchen.

dd) Ungleichbehandlung von Föten und Säuglingen

Für eine Kriminalisierung streitet zudem eine Diskrepanz zwischen der Behandlung von Föten und Säuglingen. Einwirkungen auf Säuglinge sind strafbar nach §§ 223 ff. StGB im Gegensatz zu straflosen pränatalen Einwirkungen auf Föten, obwohl diese körperlich und geistig fast gleich weit entwickelt sind[781] und die Überlebensfähigkeit bei Frühgeburten ab der 28. Schwangerschaftswoche bestehen kann[782]. Verfassungsrechtlich unterfallen beide dem Schutzbereich des Art. 2 II 1 GG, sodass eine Ungleichbehandlung gem. Art. 3 I GG vorliegt, welche nur bei einem sachlichen Grund gerechtfertigt wäre[783]. Die Geburt stellt keinen sachlichen Grund dar, da sie biologisch und gesellschaftlich keine entscheidende Rolle spielt[784]. Gesellschaftlich ungleiche Wertevorstellungen bestehen eher nicht[785], sodass letztlich kein Differenzierungsgrund besteht. Daher führt die Diskrepanz zur Unvereinbarkeit mit Art. 3 I GG. Rechtsfolge dessen ist indes nicht, dass die jetzigen §§ 223 ff. StGB verfassungswidrig wären. Eine strafrechtliche

---

777 Seit 1989 wird dies in den USA entsprechend praktiziert, s. *Merzenich/Lang*, Alkohol in der Schwangerschaft, S. 62.

778 BVerfGE 120, 224, 239.

779 BVerfGE 120, 224, 251 f. Mit diesem Argument wurde 2008 die Erforderlichkeit des Inzestverbotes gem. § 173 StGB bejaht.

780 BVerfGE 120, 224, 251 f.

781 Siehe B.I.6.g).

782 BZgA, Alkohol in der Schwangerschaft, S. 52. Jedoch betreffen zwei Drittel der gesamten Säuglingssterblichkeit Frühgeburten, ebd. S. 52 m.w.N.

783 Ähnlich *Gropp*, GA 2000, 1, 8 ff., der einen Verstoß gegen Art. 3 I GG bejaht.

784 Siehe B.II.5.g).

785 Siehe B.V.2.e).

Norm ist nicht deshalb verfassungswidrig, da sie bestimmte besonders gelagerte Sachverhalte, die einen entsprechenden Unrechtsgehalt aufweisen, nicht erfasst[786]. Zudem ergibt sich aus der bedenklichen Nichterfassung Ungeborener im Hinblick auf Art. 3 I GG kein Anspruch auf Kriminalisierung einer bestimmten Handlung. Vielmehr kann das BVerfG nur die Unvereinbarkeit einer Norm wegen eines Gleichheitsverstoßes feststellen und der Gesetzgeber ist frei, wie er den Verstoß beseitigt[787].

ee) Ungleichbehandlung von postnatalen und pränatalen Einwirkungen

Eine Norm nur für vorsätzliche und nicht auch fahrlässige Einwirkungen auf die Leibesfrucht könnte eine ungerechtfertigte Ungleichbehandlung zur Kriminalisierung postnataler Körperverletzungen darstellen. Postnatal sind vorsätzliche und fahrlässige Körperverletzungen strafbar und pränatal wären dagegen nur vorsätzliche Einwirkungen erfasst, sodass wiederum ein sachlicher Differenzierungsgrund vorliegen müsste. Allerdings streiten gewichtige Gründe gegen die Kriminalisierung fahrlässiger Einwirkungen[788], sodass sachliche Gründe vorliegen und Art. 3 I GG nicht verletzt wäre.

Zwischenergebnis zum Strafrecht de lege ferenda zum Schutze Ungeborener:

Im Ergebnis treffen die gegen eine Kriminalisierung bemühten Argumente nur zum Teil zu. Die Formulierung eines konkreten Straftatbestandes wäre möglich. Besondere Schwierigkeiten bei der Führung des Kausalbeweises bestünden nicht, die späte Kenntnis von der Schwangerschaft würde sich nicht auf den Vorsatz auswirken, die Beweisführung durch Angehörige würde keine besonderen Probleme aufwerfen, aus einer Strafnorm in Form eines Erfolgsdelikts würde keine ablehnende Haltung gegenüber Schwangerschaften folgen und es bestünden keine Zweifel an der Angemessenheit. Die Geeignetheit wäre durch den Gestaltungsspielraum des Gesetzgebers gewahrt, Wertungswidersprüche bestünden nicht und die zivilrechtliche Haftung reicht ebenso nicht aus wie eine natürliche Bestrafung Schwangerer. Zudem stünde der Verwirklichung des Tatbestandes nicht der Einwand der Sozialadäquanz entgegen und es bestünde keine Diskriminierung Behinderter. Allerdings lägen Probleme bei dem Nachweis des Vorsatzes vor, welche die Abschreckungswirkungen erheblich reduzieren würden. Zudem würde eine Strafnorm

---

786 BVerfGE 120, 224, 250; 50, 142, 166.

787 BVerfGE 130, 240, 260 f.; 126, 268, 284 f.

788 Siehe B.III.1.Einl.

mutmaßlich zu einer ablehnenden Haltung bei der Zusammenarbeit mit Ärzten führen und eine Strafnorm würde Süchtige nicht von pränatalen Einwirkungen abhalten. Es bestünde keine ungerechtfertigte Ungleichbehandlung zwischen den postnatalen Körperverletzungsdelikten mit einer Strafnorm nur für vorsätzliche pränatale Einwirkungen. Die gesellschaftlichen Wertvorstellungen sprechen eher für eine Strafnorm und es besteht eine zweifelhafte Ungleichbehandlung zwischen Embryonen und Säuglingen. Sollte eine Strafnorm erlassen werden, wäre die gesetzgeberische Entscheidung revisibel. Schwangere würden dabei keinem gesteigerten gesellschaftlichen Generalverdacht ausgesetzt und es lägen weder unlösbare Verjährungsprobleme vor noch Probleme bei einem Unterlassungsdelikt.

Gleichwohl sprechen gewichtige Einwände gegen eine Kriminalisierung. Schwangere könnten anstatt strafbaren Verletzungen der Leibesfrucht straflose Schwangerschaftsabbrüche der Leibesfrucht vornehmen. Eine Kriminalisierung pränataler Einwirkungen, die den Schutz der Leibesfrucht vor irreparablen Schäden bezweckt, würde gleichzeitig zu Verletzungen desselben Grundrechts in Form einer Abtötung führen. Die Bestrafung Schwangerer würde den Geschädigten nicht unmittelbar nützten und würde deren Situation sogar noch verschlimmern. Das vorherige Kapitel diente der Untersuchung, ob eine Kriminalisierung des Alkoholkonsums Schwangerer verfassungsrechtlich möglich wäre. Jedoch kann dies ohne eine Untersuchung, ob alternative Maßnahmen im Rahmen der Gefahrenvorsorge entwickelt werden können, nicht abschließend beantwortet werden. Daher muss hier zunächst offen bleiben, ob ein Rückgriff auf das Strafrecht als schärfstes Schwert kriminalpolitisch sinnvoll ist. Die Erforderlichkeit verlangt eine Untersuchung milderer, alternativer staatlicher Handlungsinstrumente. Dieses darf nur dann eingesetzt werden, sofern keine anderen, weniger einschneidenden und effektiven Maßnahmen zum Erfolg verhelfen. Daher sind zunächst alternative staatliche Maßnahmen im Rahmen der Gefahrenvorsorge zu entwickeln. Unter der Hypothese, dass keine alternativen Maßnahmen im Bereich der Gefahrenvorsorge entwickelt werden könnten, überwiegen jedoch im Ergebnis die Argumente für die Schaffung einer Strafnorm. Diese Hypothese unterstellt, würden die Vertreter der herrschenden Ansicht irren.

VI. Kapitel – Gefahrenvorsorge de lege ferenda zum Schutze Ungeborener?

Das Hauptanliegen der Untersuchung ist das Erarbeiten konkreter Lösungsmöglichkeiten, um einen Rückgang pränataler Einwirkungen mit postnatalen Folgen zu erreichen. Insbesondere soll der Alkoholkonsum Schwangerer minimiert werden. Die rechtliche Grundlage dafür besteht durch eine verfassungsrechtliche

Handlungspflicht zum Schutze des ungeborenen Lebens. Darauf beruhend drängt sich folgend die Untersuchung auf, wie diese umsetzen ist. Der durch das Verfassungsrecht determinierte weite legislative Gestaltungsspielraum eröffnet dem Gesetzgeber die Wahl der Handlungsinstrumente. In Betracht kommen sowohl staatliche Handlungsinstrumente im Rahmen einer Gefahrenvorsorge als auch eine Kriminalisierung des Alkoholkonsums Schwangerer. Das Strafrecht darf jedoch nur eingesetzt werden, sofern keine anderen, weniger einschneidenden, aber zumindest gleich effektiven Maßnahmen zum Erfolg verhelfen. Die Erforderlichkeit verlangt somit eine Untersuchung alternativer und milderer staatlicher Handlungsinstrumente[789]. Das vorherige Kapitel führte zu der vorläufigen Erkenntnis, dass eine Kriminalisierung verfassungsrechtlich möglich wäre. Allerdings gilt dies nur unter der Hypothese, dass keine alternativen und zumindest gleich effektiven Maßnahmen im Rahmen der Gefahrenvorsorge entwickelt werden können. Daher verlangt nicht nur das Verfassungsrecht, sondern auch der vorherige Untersuchungsgang, dass folgend der Versuch unternommen werden muss, alternative staatliche Maßnahmen im Rahmen der Gefahrenvorsorge zu entwickeln. Die Erkenntnisse über die Vor- und Nachteile einzelner staatlicher Maßnahmen in Kapitel I. können nun genutzt werden. Besondere Brisanz erlangt die Untersuchung, da *Hall* jüngst das Bestehen von Alternativen zur Kriminalisierung negierte. Wortwörtlich: „Im Ergebnis geht es nur darum, dass Schwangere keinen Alkohol trinken, und dazu gibt es keine mildere Alternative. Außerdem ist das Verbot darauf angelegt, sofort zu wirken, während die sonstigen Präventionsmaßnahmen noch ganz am Anfang stehen“[790]. Dabei vermengt er die Maßnahmen- und Zielebene. Zum Ziel, den Alkoholkonsum zu senken, gibt es tatsächlich bereits von Verfassungswegen keine Alternative[791], wohl aber in der Wahl der Mittel.

Im Folgenden werden daher einzelne Maßnahmen aus dem Bereich der Gefahrenvorsorge entwickelt, ihre Einflussmöglichkeiten auf Verhaltensweisen in der Schwangerschaft prognostiziert und ihre Vereinbarkeit mit dem geltenden Recht überprüft.

Die Wirksamkeitsprognose gestaltet sich zum Teil schwierig, da es zurzeit keine europäischen Studien zur Wirksamkeit der folgenden Maßnahmen gibt. Die hohe Inzidenzrate von FAS erfordert eine sehr große Studienkollektive zum Wirksamkeitsnachweis von Präventionsmaßnahmen und macht eine wissenschaftliche

---

789 BVerfGE 92, 262, 273.

790 *Hall*, FS Schlick, 2015, S. 507, 513.

791 Siehe B.IV.Ergebnis.

Bewertung daher nahezu unmöglich[792]. Infolgedessen beruhen die Prognosen teilweise auf subjektiven Einschätzungen und Überlegungen. Dies beschränkt aber nicht den Gestaltungsspielraum des Gesetzgebers, da fehlende wissenschaftliche Forschungen die Arbeit des Gesetzgebers zwar erschweren, aber nicht unmöglich machen. Der drohenden gesetzgeberischen Handlungsohnmacht wird insoweit entgegengewirkt, dass ein Wahrscheinlichkeitsurteil und eine vertretbare Argumentation ausreichen[793].

Unzweifelhaft ist an dieser Stelle bereits, dass eine gesamtstimmige Lösung nur durch interdisziplinäre Zusammenarbeit möglich sein wird[794]. Das Zusammenspiel von rechtlichen, medizinischen, psychologischen, soziologischen und politischen Anforderungen zeigt, dass es letztlich entsprechender interdisziplinärer Forschungen zur Wirksamkeit verschiedener Maßnahmen zur Vermeidung des Alkoholkonsums Schwangerer bedarf[795]. Die folgenden Maßnahmen können daher nur als erster Ansatzpunkt dienen, um das Hauptanliegen der Untersuchung, realisieren zu können.

1. Androhung von Sanktionen

Die staatliche Handlungspflicht könnte durch die Androhung von Sanktionen realisiert werden. Möglicherweise könnte die Überlegung tragend sein, Schwangere durch die Androhung von Sanktionen zum Verzicht auf Alkohol während der Schwangerschaft zu bewegen. Die Verhaltenslenkung könnte durch die Furcht vor Sanktionen erreicht werden. In Betracht kommen zweierlei Sanktionsmöglichkeiten.

a) Normierung eines Schadensersatzanspruches des Kindes gegen die Mutter

Es könnten möglicherweise zivilrechtliche Schadensersatzansprüche der geschädigten Kinder gegen die schädigenden Mütter ausdrücklich normiert werden. Bislang gibt es solche Ansprüche nicht. Der Vorschlag fußt auf dem Gedanken, dass Schwangere durch die Androhung von finanziellen Sanktionen

---

792 *Spohr*, Das Fetale Alkoholsyndrom, S. 201.

793 BVerfGE 30, 250, 263; *Jäger*, FS Schüler-Springorum, 1993, S. 229, 234.

794 Ansatzpunkt dafür könnte die aus den Governance-Gedanken folgende interdisziplinäre Zusammenarbeit zwischen Rechts-, Sozial- und Verhaltenswissenschaften sein, ähnlich *Möslein*, Rechtsgestaltung – Rechtskritik – Konkurrenz von Rechtsordnungen, S. 385, 390 f.

795 *Fröschl/Brunner-Ziegler/Wirl*, Prävention des Fetalen Alkoholsyndroms, S. 29 f.

vom Alkoholkonsum abgehalten werden könnten. Zudem wäre das Zivilrecht grundsätzlich das mildere Mittel gegenüber einer Kriminalisierung, da keine Freiheitsstrafen, sondern lediglich finanzielle Einwirkungen drohen. Jedoch sind vorweg die vermeintlichen Ursachen für schädliche pränatale Einwirkungen am Beispiel des Alkoholkonsums zu beachten. Diese sind eher durch mangelnde Aufklärung als durch absichtliche Schädigungen begründbar[796]. 58 % der Schwangeren konsumieren Alkohol und 35 % der Schwangeren meinen, dass ein gelegentliches Glas Sekt nicht schädlich ist[797]. Demnach sind rund ein Drittel der Schwangeren unzureichend über die schädliche Menge aufgeklärt. Zur Vermeidung des pränatalen Alkoholkonsums, sind daher vor allem die Aufklärungsdefizite zu verringern. Im Allgemeinen besteht zwar die Auffassung, dass staatliche Informationen über schädliche Verhaltensweisen und die damit verbundenen Gesundheitsgefahren oft eine Gefahr wirksamer abwehren als ein förmliches Verbot[798]. Gleichwohl bestehen keine psychologischen Forschungen, die die Wirkungsweise der Androhung von Kindesentzug auf die Verhaltenslenkung der Bürger untersuchen. Da wissenschaftliche Erkenntnisse fehlen, unterfällt die Entscheidung umso mehr dem Gestaltungs- und Einschätzungsspielraum des Gesetzgebers. Daraus folgt, dass auf Sanktionen ruhende staatliche Handlungsinstrumentarien grundsätzlich nicht zwangsläufig verfassungsrechtlich unzulässig wären. Jedoch wirken vornehmlich sanktionierende Reglementierungen der Ursache mangelnder Kenntnis über die Schädlichkeit pränataler Einwirkungen nicht entgegen. Verbesserte Aufklärungen würden lediglich mittelbar erfolgen. Sanktionen halten Süchtige zudem kaum von Konsum ab[799]. Somit wäre die verfassungsrechtliche Geeignetheit durch vermeintlich mangelnde Abschreckungseffekte bei Süchtigen nicht gewahrt.

Zudem sprechen praktische Probleme gegen eine Normierung eines Schadensersatzanspruches des Kindes gegen die Mutter. Zum einen würden Kinder in Interessenskollusionen verwickelt, sofern sie Schadensersatzansprüche gegen ihre eigenen Mütter geltend machen sollen. Dies würde mutmaßlich vielfach dazu führen, dass die Ansprüche nicht geltend gemacht werden würden. Daher wäre die Haftung kein effektives Mittel. Ferner müssen Mütter vorerst meistens ohnehin für die erhöhten Kosten der geschädigten Kinder aufkommen. Die zivilrechtliche Haftung erweist sich somit als stumpfes Schwert, sodass die Gefahr

796 *Merzenich/Lang*, Alkohol in der Schwangerschaft, S. 78.
797 Drogen- und Suchtbericht 2015, S. 17; BT- Drs. 18/3378, S. 13 Frage 28.
798 HStR V-*Kirchof*, § 99 Rz. 212.
799 Siehe B.V.3.q)bb).

der Haftung alleine nicht ausreicht, um Schwangere zum Verzicht auf schädlichen pränatalen Konsum zu bewegen[800].

Darüber hinaus würden Aufklärungen nur mithilfe von Abschreckungseffekten erfolgen. Überdies ist fraglich, ob eine gesellschaftliche Kenntnis von den Ansprüchen erreicht werden könnte. Von Laien ist nicht zu erwarten, dass ihnen zivilrechtliche Schadensersatzansprüche bekannt sind, vielmehr ist die Kenntnis von Strafnormen mutmaßlich höher. Die Kenntnis von Sanktionen ist jedoch Voraussetzung für Abschreckungseffekte.

Im Ergebnis ist der Vorschlag prognostisch ungeeignet, da er Süchtige nicht berührt und zu große Probleme bei Nichtsüchtigen in der praktischen Umsetzung bestehen würden.

b) Androhung von Kindesentzug

Pränataler Alkoholkonsum Schwangerer könnte gegebenenfalls durch die Androhungen von Kindesentzug nach der Geburt vermieden werden. Der Grundgedanke dabei ist wiederum, dass die Androhung von Sanktionen das Verhalten Schwangerer beeinflussen soll. Allerdings zeigte die vorherige Untersuchung bereits, dass die Androhungen von Sanktionen nicht das geeignete Handlungsinstrument ist, da sie die Ursachen pränatalen Alkoholkonsums nicht behandeln. Süchtige werden infolgedessen nicht zur Verhaltensänderung motiviert werden können.

Diese Sanktionsmöglichkeit ist zudem bereits gesetzlich normiert. § 1666 I, III Nr. 6 BGB gestattet den Sorgerechtsentzug sowie die Wegnahme des Kindes, jedoch entfaltet diese Sanktionsmöglichkeit scheinbar keine Wirkungen, da die hohe Zahlen Geschädigter fortlaufend besteht[801]. Die zivilrechtliche Rechtsprechung dazu lässt Alkohol- und Drogenkonsum zum Teil als Grund für staatliches Eingreifen ausreichen[802]. Der Grund dafür liegt mutmaßlich darin, dass sich Schwangere dadurch ebenso nicht abschrecken, da Abschreckungen Kenntnisse von Sanktionen voraussetzen, welche von Nichtjuristen nicht zu erwarten sind. Dies gilt umso mehr, da diese schon pränatal vorliegen müssten.

Darüber hinaus ist zu beachten, dass sich die grundrechtlichen Eingriffe durch das Berühren der allgemeinen Handlungsfreiheit und der Elternrechte aus Art. 6 I GG verstärken. Die allgemeine Handlungsfreiheit würde durch die

---

800 Ebenso *Valsamidou*, Schutz der menschlichen Leibesfrucht, S. 247.

801 Siehe A.I.

802 Drogenkonsum ist nicht reflexartig, aber trotzdem bei dem Entzug des Sorgerechts zu beachten, siehe BayOblG BeckRS 2010, 14248.

vorgelagerte Verhaltenspflicht, pränatal keinen Alkohol zu trinken berührt und Art. 6 I GG durch die sanktionierende Auflösung der Mutter-Kind-Verbindung. Dabei mag die Wegnahme von Kindern für die Betroffen in der Regel schwerer wiegen als eine strafrechtliche Verurteilung. Zumindest Geldsanktionen würden wohl nicht so tief greifend empfunden werden wie die Auflösung der natürlichen Mutter-Kind-Verbindung, da sie lediglich finanzielle Einbußen bedeuten würden. Bei Freiheitsstrafen würde das hingegen nicht gelten, da die Mutter-Kind-Verbindung dann ohnehin aufgelöst würde, aber zusätzlich noch die Freiheit weiter eingeschränkt wäre. Trotz der milderen Grundrechtseingriffe bei der Androhung von Kindesentzug gegenüber der Verhängung von Freiheitsstrafen wäre die verfassungsrechtliche Erforderlichkeit zu verneinen. Ein Mittel ist nämlich nur erforderlich, wenn kein anderes, aber gleich wirksames Mittel zur Verfügung steht, welches das Grundrecht weniger fühlbar beeinträchtigt[803]. Bereits zuvor wurde festgestellt, dass die Maßnahme nicht gleich geeignet, sondern ungeeignet wäre, da sie Süchtige nicht berührt und den Ursachen des pränatalen Alkoholkonsums nicht entgegenwirkt[804]. Würde unterstellt, dass die Maßnahme geeignet wäre, dann wäre diese jedoch nicht das relativ mildeste Mittel, da die Auswirkungen tief greifender wären als eine strafrechtliche Geldsanktion. Letztlich ist pränatalen Einwirkungen daher nicht mit der Androhung von Kindesentzug entgegenzuwirken.

2. Regelmäßige verpflichtende Alkoholkontrollen für Schwangere

Nachdem festgestellt wurde, dass die Androhung von Sanktionen womöglich kaum Lenkungseffekte bewirkt, sind Alternativen ohne Sanktionsandrohungen zu entwickeln. So könnten Kontrollmechanismen Verhaltenslenkungen bewirken. So könnten Schwangere möglicherweise etwa zu regelmäßigen Kontrollen zur Überprüfung von Alkohol- Nikotin- und anderen eklatant schädlichen Drogenkonsums verpflichtet werden. Die Grundidee ist wiederum, dass Kontrollen Abschreckungseffekte generieren könnten, sodass Schwangere den Konsum infolgedessen einstellen würden. Die vorherige Untersuchung zeigte jedoch, dass die Ursache des pränatalen Alkoholkonsums primär mangelndes Wissen ist. Daher müssen zuvörderst die Aufklärungsdefizite beseitigt werden. Die Grundidee der Kontrollen – Verhaltenslenkung mithilfe von Abschreckungen durch die Furcht vor dem Entdecken des Konsums – ist jedoch dieselbe wie die der Sanktionsandrohungen – Verhaltenslenkung durch Abschreckung mithilfe

803 BVerfGE 92, 262, 273.

804 Siehe Untersuchungspunkt unmittelbar zuvor.

von Sanktionen. Kontrollen erzeugen die gleichen Wirkungen wie Sanktionen, klären nicht auf, vernachlässigen somit die Ursachen und erfassen nur zeitlich nachgelagerte Fälle.

Ferner ist das Verhalten Süchtiger kaum lenkbar, sodass sie sich nicht durch Kontrollen abschrecken lassen würden[805].

Beachtenswert ist zudem der Umstand, dass regelmäßige Kontrollen stark in die körperliche Unversehrtheit und die allgemeine Handlungsfreiheit eingreifen würden[806]. Zum einen müssten Schwangere Termine wahrnehmen, zum anderen einen Eingriff durch die Behandlung in ihre körperliche Integrität sowie geringe körperliche Schmerzen dulden. Die Grundrechtseingriffe verstärken sich, indem regelmäßige und nicht lediglich einmalige Kontrollen vorgenommen werden würden. Schätzungen zufolge trinken rund 58 % der Schwangeren Alkohol. Im Umkehrschluss trinken somit rund 42 % der Schwangeren keinen Alkohol[807], jedoch würden verpflichtende Kontrollen alle Schwangeren betreffen, sodass in fast der Hälfte der Fälle daher kein Zusammenhang zu dem Vorwurf bestehen würde. Es würde eine Differenzierung zwischen Konsumierenden und Nichtkonsumierenden unterbleiben, sodass eine große Menge Schwangerer die Grundrechtseingriffe hinnehmen müsste, obwohl sie das Problem nicht auslösen. Auch wenn der Schutz Ungeborener die Grundrechte Schwangerer überwiegt[808], wäre die Verhältnismäßigkeit bei regelmäßigen Alkoholkontrollen durch die Einbeziehung der Vielzahl von Schwangeren somit letztlich nicht gewahrt. Ferner würden die Kontrollen mutmaßlich zu einer ablehnenden Haltung im Hinblick auf den Besuch des Frauenarztes führen. Die Kontrollemechanismen bergen die Gefahr einer aus der Furcht vor der Entdeckung resultierenden Abwehrhaltung, sodass sich dies negativ auf die Zusammenarbeit mit Ärzten auswirken würde.

Fraglich ist zudem, wie unterlassene Kontrollen sanktioniert werden könnten. Überdies kann schädlicher Konsum nach der Geburt ohnehin nachgewiesen werden, sodass Abschreckungseffekte auch daher erreicht werden könnten. Es besteht daher das Risiko, dass der Arztbesuch unterlassen würde und Interventionsmöglichkeiten des Arztes somit nicht möglich wären.

Abseits dieser Bedenken fällt darüber hinaus der ökonomische Faktor negativ ins Gewicht, da durch regelmäßige Kontrollen erhebliche Kosten entstehen würden.

---

805 Siehe B.V.3.q)bb).

806 So ähnlich *Heinemann*, Frau und Fötus in der Prä- und Perinatalmedizin, S. 322, 352 wonach eine generelle Behandlungspflicht gegen Art. 2 I, 6 I GG verstoße.

807 Drogen- und Suchtbericht 2015, S. 17; BT- Drs. 18/3378, S. 13 Frage 28.

808 Siehe B.IV.

Ferner könnten Abschreckungseffekte kaum generiert werden, da diese nur erreicht werden können, sofern die Kontrollen positiv wären. Alkohol-, Nikotin- und Drogenkonsum sind jedoch nur teilweise nachweisbar. Beispielsweise baut sich Alkohol innerhalb weniger Stunden ab – mit Ausnahme des chronischen Alkoholismus, der durch bestimmte Leberenzyme auch nach längerer Abstinenz nachgewiesen werden kann[809] –, sodass Schwangere bei Verzicht auf Alkohol kurz vor den Kontrollen negativ getestet würden. Daher würde der Konsum nicht festgestellt werden können, sodass von Kontrollen grundsätzlich keine Abschreckungseffekte ausgehen könnten. Somit kann bereits die Grundidee, dass Schwangere durch Kontrollen insoweit abgeschreckt würden, dass sie den Konsum lieber unterlassen würden, aus diesen Gründen bei Nichtsüchtigen nicht realisiert werden. Bei Süchtigen wären Kontrollen ohne Aufklärungen nicht zur Verhaltenslenkung geeignet, da sich deren Verhalten kaum steuern lässt[810]. Folglich wäre die Maßnahme im Ergebnis nicht nur unverhältnismäßig, sondern auch ungeeignet.

3. Alkoholverkaufsverbote gegenüber Schwangeren

Die staatliche Handlungspflicht könnte gegebenenfalls durch ein Alkoholverkaufsverbot gegenüber Schwangeren umgesetzt werden. Alkohol- und Nikotinverkaufsstätten könnten verpflichtet werden, keinen Alkohol an Schwangere zu verkaufen. Bei Verstößen könnte dies mit den Mitteln der Gewerbeordnung oder dem Ordnungswidrigkeitenrecht sanktioniert werden. Die dahinterstehende Idee ist, Schwangere vor sich selbst zu schützen durch Dritte und die Möglichkeit des pränatalen Alkoholkonsums von Beginn an auszuschließen. Zugleich würde das Problembewusstsein so voraussichtlich gefördert und eine Vielzahl potenziell Betroffener angesprochen. Falls der Erwerb durch Verkaufsverbote tatsächlich unterbunden werden könnte, würde schädlicher Konsum bereits im Keim verhindert werden. Allerdings bestehen zahlreiche Umgehungsmöglichkeiten durch Beschaffung von Alkohol durch Dritte, geschicktes Verbergen der Schwangerschaft, den Konsum auf privaten Veranstaltungen oder durch den Online-Handel. Zudem ist der Erwerb von Drogen teilweise nach dem BtMG verboten, tritt aber trotzdem vehement auf. Dies zeigt, sodass Verkaufsverbote kaum wirksam vom Konsum schädlicher Mittel abhalten können. Überdies stößt eine solche Regelung an praktische Grenzen, da keine Einkäufe mehr

---

809 *Körkel*, Damit Alkohol nicht zur Sucht wird, S. 71; *Wetterling/Kanitz*, Fortschritt Neurologie, Psychiatrie 1997, 337, 337.
810 Siehe B.V.3.q)bb).

durch Schwangere für andere Personen möglich sein würden und Außenstehende Schwangerschaften teils nicht erkennen können. Schwangerschaften sind für Verkäufer nicht kontrollierbar[811], jedoch würden Vertreibende bei einem Verkauf entsprechend sanktioniert werden können. Weiterhin würden solche Verbote in die Berufsfreiheit von Gewerbetreibenden eingreifen, da ihnen die Ausübung des Gewerbes vorgeschrieben, zusätzlich unmittelbare Umsatzeinbußen drohen und entsprechende Sanktionsmöglichkeiten wirtschaftliche Folgen hervorrufen würden. Der Eingriff wäre indes nicht gerechtfertigt. Das Ziel des Schutzes Ungeborener vor Schädigungen ist zwar verfassungsrechtlich legitim und würde die Grundrechtseingriffe der Gewerbetreibenden überwiegen, jedoch wäre ein etwaiges Gesetz ungeeignet, da die Umgehungsmöglichkeiten Schwangere nicht wirksam vom Alkoholkonsum abhalten könnten[812]. Daher wäre der Vorschlag verfassungsrechtlich nicht haltbar.

4. Aufklärungen

Die vorherige Untersuchung gelangte zur Erkenntnis, dass Verhaltenslenkungen Schwangerer primär durch Aufklärungen bewirkt werden können. Unklar ist damit jedoch noch, in welcher Form die Aufklärungen stattfinden sollen. Im Folgenden sind daher mehrere Möglichkeiten von Aufklärungsmaßnahmen zu untersuchen.

a) Aufklärungskampagne

Zunächst könnte eine bundesweite Aufklärungskampagne entwickelt werden. Die bereits bestehen staatlichen Maßnahmen der Gefahrenvorsorge – Flyer, Internetseiten, Integration in den Schulunterricht[813] – könnten ausgebaut, fortentwickelt und in die Kampagne integriert werden. Zusätzlich könnten informierende Plakate an gut sichtbaren Stellen ausgehangen werden, QR-Codes in Gynäkologiepraxen ausliegen, Integration in Radio-, TV-, Kinowerbung sowie Hinweise in den sozialen Medien erfolgen. Die Gestaltung der Kampagne könnte sich analog zu den Kampagnen zur Steigerung der Organspenden[814]

811 Ebenso *Schwarz*, JURA 2011, 379, 381. Er schlussfolgert daraus ebenso die Ungeeignetheit.

812 Ähnlich *Spohr*, Das fetale Alkoholsyndrom, S. 204; ebenso *Schwarz*, JURA 2011, 379, 381.

813 Siehe B.II.

814 https://www.organspende-info.de/ (zuletzt aufgerufen am 22.07.2017).

oder zur generellen Schädlichkeit von Alkoholkonsum („Kenn dein Limit")[815] orientieren.

Durch die Kampagne würden eine Vielzahl von Menschen erreicht[816]. Zusätzlich bestünde der Vorteil, dass die Zielgruppe durch Plakate und Flyer in Gynäkologiepraxen erreicht würde, da Schätzungen zufolge rund 99 % der Schwangeren Gynäkologen besuchen[817]. Überdies könnten die Erfahrungen aus vorherigen Aufklärungskampagnen fruchtbar eingebaut werden. An die BGH-Rechtsprechung zur psychologischen Wirksamkeit von staatlichen Merkblättern[818] anknüpfend, bestünde durch eine solche Aufklärungskampagne ebenso die Möglichkeit Verhaltenslenkungen zu generieren. Die damalige Verteilung von Merkblättern ist mit den Maßnahmen einer Aufklärungskampagne vergleichbar, sodass sie aufklären und das Gewissen anregen würden.

Allerdings bedingt eine solche Kampagne zugleich Nachteile. Es bestünde ein hoher Organisationsaufwand, da zunächst die genaue Ausgestaltung der Kampagne geplant werden müsste. Flyer, Plakate, Videos und Radioaufklärungen müssen zuvor produziert werden. Dabei würden mutmaßlich hohe Kosten für die Herstellung von Informationsfilmen oder ähnlichen entstehen. Darüber hinaus entstünden wegen der Planungen und Entwicklungen zeitliche Verzögerungen.

Ferner ist zweifelhaft, ob Schwangere diese Informationen bewusst wahrnehmen und sich letztlich vom Konsum abhalten lassen würden. Durch die Flut von Informationen und der Freiheit eine Aufklärung wahrzunehmen, drohen Verwässerungseffekte[819]. Etwa werden Schwangere durch Plakate nicht zur unmittelbaren Auseinandersetzung gezwungen und nicht direkt angesprochen, sodass solche Kampagnen mutmaßlich nicht die gleichen Effekte bewirken wie persönliche Gespräche. Verschiedene Studien und Evaluationen lassen darüber hinaus

---

815 http://www.kenn-dein-limit.info/ (zuletzt aufgerufen am 22.07.2017).

816 *Merzenich/Lang*, Alkohol in der Schwangerschaft, S. 62.

817 Nach Schätzung des AOK-Bundesverbands nahmen 2014 ca. 99,5 % der bei der AOK Gesetzlich Versicherten Schwangeren mindestens einmal die EBM-Leistung 01770 in Anspruch. Dies ist die Abrechnungsziffer für „Betreuung einer Schwangeren gemäß den Richtlinien des Gemeinsamen Bundesausschusses über die ärztliche Betreuung während der Schwangerschaft und nach der Entbindung" (Mutterschafts-Richtlinien), welche die Aufklärung über die Schädlichkeit von Alkohol, Nikotin u.ä. enthält.

818 BGHZ 31, 187, 191; 24, 45, 46 f.

819 Ebenso BZgA, Alkohol in der Schwangerschaft, S. 63, die „Abstumpfungseffekte" bemängeln.

den Schluss zu, dass Aufklärungskampagnen keine hohen Präventionseffekte erreichen. Beispielsweise stellte eine Studie aus den USA die positive Wirkung von solchen Aufklärungskampagnen lediglich bei älteren Frauen mit einem höheren Bildungsstand fest[820]. Merkbare Effekte konnten hingegen bei starken Trinkerinnen, jüngeren Frauen und bildungsfernen Frauen nicht festgestellt werden. Derselbe Schluss folgt aus den Evaluationen der Projekte gegen den generellen Alkoholkonsum. Die Evaluation des größten breitflächigen Aufklärungsprojekts in Deutschland, dem Projekt „Alkohol? Kenn dein Limit"[821], ergab, dass von diesen keine präventive Wirkung ausgeht[822]. Bei der Evaluation von anderen breit gefächerten Präventionsprojekten gegen den generellen Alkoholkonsum wurden lediglich geringe Wirkungen festgestellt. Im Ergebnis erzielten nur vier von insgesamt 208 Projekten Wirkungen[823]. Weiterhin zeigten Evaluationen, dass die Informationsvermittlung über Broschüren und Faltblätter in Arztpraxen und Kliniken wirkungslos bleibt, sofern keine praktischen Tipps zur Verhaltensänderung gegeben werden[824]. Im Gegensatz dazu belegen Studien, dass bei der Weitergabe von Informationen in Aufklärungsgesprächen, etwa einer Broschüre, eine größere Wahrscheinlichkeit besteht, dass diese auch gelesen wird als ohne Gespräche[825]. Dem folgend müssen Aufklärungen in Face-to-Face Gesprächen stattfinden, da durch diese höhere Präventionserfolge zu erwarten sind.

Indiziell kann auf die Ergebnisse der Wirksamkeit der analogen Kampagne zur Organspende verwiesen werden. Dem Problem der geringen Bereitschaft zur Organspende in Deutschland wird ebenso durch solche Kampagnen entgegengewirkt. Trotzdem sind die Zahlen der postmortalen Organspende rückläufig[826].

---

820 *Merzenich/Lang*, Alkohol in der Schwangerschaft, S. 62 m.w.N.

821 http://www.kenn-dein-limit.info/ (zuletzt aufgerufen am 22.07.2017).

822 *Korczak*, Föderale Strukturen der Prävention von Alkoholmissbrauch bei Kindern und Jugendlichen, S. 59.

823 *Korczak*, Föderale Strukturen der Prävention von Alkoholmissbrauch bei Kindern und Jugendlichen, S. 63.

824 BZgA, Alkohol in der Schwangerschaft, S. 63 m.w.N.

825 Ebenso *Korczak*, Föderale Strukturen der Prävention von Alkoholmissbrauch bei Kindern und Jugendlichen, S. 205.

826 Von 1998 bis 2014 verringerte sich die Zahl der postmortalen Organspenden in Deutschland von 1.111 auf 864. Seit 2010 ist die Zahl rückläufig, s. http://de.statista.com/statistik/daten/studie/70873/umfrage/anzahl-der-postmortalen-organspender-in-deutschland/ (zuletzt aufgerufen am 22.07.2017). Mit 10,9 Spendern auf 1 Millionen Einwohner rangiert Deutschland europaweit im hinteren Viertel, s. http://de.statista.com/statistik/daten/studie/226978/umfrage/anzahl-postmortaler-organspender-in-ausgewaehlten-laendern/ (zuletzt aufgerufen am 22.07.2017).

Daraus folgt, dass von einer solchen bundesweiten Aufklärungskampagne sehr wahrscheinlich keine ausreichende Aufklärung und somit kaum Effekte zum Schutz der Leibesfrucht ausgehen würden[827]. Eine bundesweite Aufklärungskampagne in der hier angedachten Form vermag die staatliche Handlungspflicht daher nicht zu erfüllen.

b) Warn- und Aufklärungsetiketten auf Konsumgütern

Jedoch könnte die Überlegung, Alkoholflaschen mit Warn- und Aufklärungshinweisen zur Schädlichkeit pränataler Einwirkungen zu bedrucken zielführend sein, um die staatliche Handlungspflicht umzusetzen. Eine Gestaltung könnte analog zu den allgemeinen Warn- und Aufklärungshinweisen auf Zigarettenschachteln erfolgen[828]. Bierdeckel könnten ebenso gedruckt werden. In den USA existieren seit 1989 auf Flaschen entsprechende Warnhinweise[829]. Solche Warn- und Aufklärungshinweise könnten ebenso in allen Alkoholverkaufsstellen ausgehangen werden[830].

Die Überlegung hätte mannigfaltige Vorteile. Von Vorteil wäre zunächst, dass solche Warnhinweise bereits auf Zigarettenschachteln bestehen. Daher könnte auf Erfahrungen bei der Gestaltung zurückgegriffen werden. Zudem wurde die Wirkung dieser bereits in mehreren Studien festgestellt[831]. Darüber hinaus wäre die Entwicklung der Hinweise nicht allzu zeitaufwendig, bedürfe keiner vertieften Planung und die Hinweise könnten recht schnell auf Flaschen gedruckt werden. Psychologisch wäre von Vorteil, dass Schwangere durch die Warnhinweise direkt angesprochen würden[832]. Schwangere, die Alkohol konsumieren möchten, würden durch die Hinweise auf das Problem aufmerksam gemacht, sodass dies zur Bildung eines Problembewusstseins beitragen würde und Aufklärungsdefizite verringert würden.

---

827 Ebenso BZgA, Alkohol in der Schwangerschaft, S. 63.

828 So der Vorschlag von *Hubert Hüppe*, CDU/CSU, Mitglied des Ausschusses für Gesundheit in der FAZ Samstag, 18.04.2015, S. 3 und auf Nachfrage.

829 Siehe die gängige Formulierung in den USA bei *Merzenich/Lang*, Alkohol in der Schwangerschaft, S. 62.

830 So der Vorschlag von *Hubert Hüppe*, CDU, Mitglied des Ausschusses für Gesundheit in der FAZ Samstag, 18.04.2015, S. 3 und auf Nachfrage.

831 Deutsches Krebsforschungszentrum, Wirksamkeit von bildlichen Warnhinweisen auf Zigarettenverpackungen, S. 1 ff. m.w.N.

832 Die direkte Wirkung wird bei Warnhinweisen auf Zigarettenschachteln bejaht, Deutsches Krebsforschungszentrum, Wirksamkeit von bildlichen Warnhinweisen auf Zigarettenverpackungen, S. 2 m.w.N.

Ökonomisch verursachen die Warnhinweise lediglich geringe Kosten für den Staat in der Entwicklung und weitere Kosten durch das Bedrucken der Flaschen könnten auf private Brauereien umgelegt werden.

Des Weiteren wäre der Vorschlag verfassungsrechtlich zulässig. Zwar läge ein Eingriff in die Berufsfreiheit der Brauereien und Vertriebspartner vor, in dem ihnen unmittelbar eine Druckpflicht auferlegt würde und mittelbar Umsatzeinbußen entstehen könnten. Allerdings hätten die Eingriffe ein geringes Gewicht, weil die Druckpflicht keine hohen Kosten verursachen würde[833] und die Kosten für die Entwicklung der Hinweise vom Staat übernommen werden könnten. Dem Staat wäre sogar die Indienstnahme privater Organisations- und Finanzkraft möglich, da nach der Rechtsprechung des BVerfG eine besondere Verantwortlichkeit von Herstellern und Händlern alkoholischer Getränke durch eine besondere Sach- und Verantwortungsnähe erwartet werden kann[834]. Zudem wäre der zusätzliche Zeitaufwand für die Betriebe vermutlich marginal. Ferner ist zweifelhaft, ob die Warnhinweise tatsächlich zu Umsatzeinbußen führen würden, da der Umsatz der Tabakindustrie seit Einführung der Warnhinweise auf Zigarettenschachteln 2002 nicht zurückging[835]. Der Verbrauch pro Einwohner verringerte sich zwar kontinuierlich leicht, doch ist nicht klar, ob Warnhinweise der alleinige Grund sind. So wurden in dieser Zeit permanent Steuern erhöht[836] und ein gesünderer Lebensstil zunehmend propagiert. Überdies würde die Regelung eine Berufsausübungsregel

833 Zu Warnhinweisen auf Zigarettenschachteln so ausdrücklich Deutsches Krebsforschungszentrum, Wirksamkeit von bildlichen Warnhinweisen auf Zigarettenverpackungen, S. 2.

834 BVerfGE 95, 173, 187.

835 Der Verbrauch von Tabakwaren (nur Zigaretten und Zigarillos) pro Einwohner Deutschlands verringerte sich von 2006 von 1.202 (https://www.destatis.de/DE/Publikationen/Thematisch/FinanzenSteuern/Steuern/Verbrauchsteuer/AbsatzTabakJ2140911117004.pdf?__blob=publicationFile S. 15) auf 1.030 in 2015 (https://www.destatis.de/DE/ZahlenFakten/GesellschaftStaat/OeffentlicheFinanzenSteuern/Steuern/Verbrauchsteuern/Tabellen/Tabakwaren.html) (beides zuletzt aufgerufen am 22.07.2017).
Die Einnahmen durch die Tabaksteuer hingegen erhöhten sich. 2002 betrugen diese 13,93 Milliarden (https://www.destatis.de/GPStatistik/servlets/MCRFileNodeServlet/DEHeft_derivate_00007198/2140911037004.pdf, S. 8) und 2014 hingegen 14,57 Milliarden (https://www.destatis.de/GPStatistik/servlets/MCRFileNodeServlet/DEHeft_derivate_00015868/2140911147004.pdf, S. 6) (beides zuletzt aufgerufen am 22.07.2017).

836 Die Tabaksteuer wird seit 2011 jährlich erhöht, § 2 I TabStG. In den Jahren 2002, 2003, 2004, 2005 erfolgten ebenso mehrere Tabaksteuererhöhungen.

darstellen, welche bereits durch vernünftige Erwägungen des Gemeinwohls gerechtfertigt wäre[837]. Eine erhöhte Aufklärung Schwangerer und eine infolgedessen bewirkte selbstständige Information über schädliche Einwirkungen zum Schutze Ungeborener ist ein legitimes Ziel. Dabei kann nicht ausgeschlossen werden, dass die Warnhinweise geeignet wären, da Studien bereits die Wirksamkeit von den vergleichbaren Warnhinweisen auf Zigarettenschachteln belegten[838]. Dass Schwangere sich durch Warnhinweise auf Alkoholflaschen vom Konsum schädlicher Einwirkungen abhalten lassen, liegt nahe. Zwei Studien aus den USA stützen diese These. Bei einer Studie konnte durch Warnhinweise auf alkoholischen Getränken kein präventiver Effekt bei hohem bzw. riskantem Konsum nachgewiesen werden, wohl aber bei nicht gefährdeten Konsumierenden[839]. Eine andere Studie knüpfte an den Intensitätsgrad der Präventionseffekte an und bewertete die kurzfristigen Effekte als nicht sehr hoch. Jedoch könnte die gesellschaftliche Akzeptanz des pränatalen Alkoholkonsums langfristig und bei konsequenter Kennzeichnung reduziert werden[840]. Unabhängig von fehlenden europäischen Studien zur Wirksamkeit von Warnhinweisen auf Alkoholflaschen gestattet der Gestaltungsspielraum der Legislative, dass der Gesetzgeber Maßnahmen ausprobiert, dessen Wirksamkeit nicht verneint werden kann[841]. Dies eröffnet vorliegend die Handlungsoption die Warnhinweise vorzuschreiben. Zudem müssten die geringen Eingriffe der Gewerbetreibenden hinter dem Schutz Ungeborener aus Art. 2 II 1 GG zurücktreten. Die Grundrechte der Gewerbetreibenden würden aufgrund der geringen Eingriffsintensität weniger stark eingeschränkt als die Rechte Schwangerer. Letztere müssten jedoch bereits hinter dem Schutz Ungeborener zurücktreten[842]. Daher würden die Grundrechte Gewerbetreibender erst Recht zurücktreten. Selbiges gilt für die negative Meinungsfreiheit der Gewerbetreibenden. Der Schutzbereich des Art. 5 I 1 Hs. 1. GG ist zwar eröffnet[843], da eine Meinung jedes Werturteil und jede Äußerung, die durch das Element der Stellungnahme, der Beurteilung und des Dafür- und Dagegenhaltens, die Aufschluss über die subjektive Beziehung des sich Äußernden zum Inhalt seiner Aussage gibt, meint[844]. Die Warnhinweise würden

837 BVerfGE 7, 377, 405 f.; 46, 246, 257; 110, 141, 157; 111, 10, 38.

838 Deutsches Krebsforschungszentrum, Wirksamkeit von bildlichen Warnhinweisen auf Zigarettenverpackungen, S. 1 ff. m.w.N.

839 *Merzenich/Lang*, Alkohol in der Schwangerschaft, S. 62 m.w.N.

840 *Spohr*, Das fetale Alkoholsyndrom, S. 204 m.w.N.

841 BVerfGE 77, 170, 214; 88, 203, 254; 92, 26, 46; 96, 54, 64; 125, 39, 78.

842 Siehe B.IV.

843 Ebenso *Schwarz*, JURA 2011, 379, 380.

844 BVerfGE 95, 173, 182; 65, 1, 40.

nicht lediglich eine Tatsache darstellen, sondern eine staatliche Lenkungswirkung gegen den pränatalen Alkoholkonsum Schwangerer bezwecken. Der Gesetzgeber möchte somit die Meinungsbildung unmittelbar beeinflussen. Die den Gewerbetreibenden aufoktroyierte Verhaltenslenkung würde daher in die Freiheit keine oder eine andere Meinung zu haben eingreifen. Allerdings überwiegt wiederum der Schutz Ungeborener[845].

Jedoch birgt der Vorschlag auch Nachteile. Unvollständig sind die Warnhinweise indes, dass Schwangere wiederum nicht persönlich angesprochen und nicht zwangsläufig mit dem Problem konfrontiert werden. Eine kritische Reflexion der eigenen Verhaltensweisen folgt nicht zwangsläufig aus dem Betrachten von Warnhinweisen. Die Möglichkeit, sich der Thematik zu entziehen, bestünde weiterhin – eine zwangsweise Beschäftigung mit dem Thema kann umgangen werden.

Des Weiteren fällt entscheidend ins Gewicht, dass die Chancen eines unmittelbaren Einwirkens durch persönliche Gespräche mit den psychologischen Möglichkeiten, das Gewissen anzuregen, ungenutzt blieben. Die Wirkungen persönlicher Arztgespräche aufgrund des Vertrauensverhältnisses und der Fachkunde übertreffen mutmaßlich rein visuelle Maßnahmen, sodass diese wahrscheinlich effektiver wären. Darüber hinaus bestünde wiederum das Defizit, das reine Aufklärungsmaßnahmen keine konkreten Hilfestellungen bieten[846]. Somit wären Warnhinweise auf Konsumgütern zwar verfassungsrechtlich zulässig, jedoch blieben entscheidende Möglichkeiten weiterhin ungenutzt. Somit sind sie nicht das optimale Instrument zur Vermeidung des Alkoholkonsums Schwangerer, sodass die staatliche Handlungspflicht nicht dergestalt umzusetzen ist.

c) Verstärkte Aufklärungsarbeit im Sexualunterricht

Die staatliche Handlungspflicht könnte durch eine Ausweitung der bereits zum Teil bestehenden Aufklärungsarbeit in Schulen umgesetzt werden. Dabei könnte die bestehende Lücke durch das Unterlassen der Einbeziehung von Gymnasien geschlossen werden. So bestünde die Möglichkeit, frühzeitig bei einer Vielzahl von potenziell Betroffenen Problembewusstsein zu bilden, sodass sich die Vorstellung von der Schädlichkeit des Alkoholkonsums basierend auf einer frühzeitigen Grundlage immer weiter verstärken würde. Durch die frühzeitige Anknüpfung würden erste Aufklärungen bereits weit vor der Schwangerschaft stattfinden. Neben den psychologischen Wirkungen wären

845 Ebenso *Schwarz*, JURA 2011, 379, 383.

846 *Merzenich/Lang*, Alkohol in der Schwangerschaft, S. 63.

die Kosten zur Finanzierung überschaubar, da die ÄGGF bei ihren aktuellen Schulstunden nur geringe Aufwandspauschalen berechnet und bereits über die erforderlichen Strukturen zur Durchführung der Projekte verfügt. Darüber hinaus könnten die Projekte zeitnah umgesetzt werden[847].

Aus psychologischer Sicht ist beachtenswert, dass zur Aufklärung persönliche Gespräche stattfinden würden. Dabei wären ernste Auseinandersetzungen mit dem Problem naheliegender als durch die vorherigen Maßnahmen, da die Einflussmöglichkeiten auf die Verhaltenslenkung durch Gespräche höher ist[848]. Allerdings bestünden weiterhin keine vertraulichen persönlichen Vieraugengespräche, sondern lediglich Aufklärungen, die an die gesamte Schulklasse gerichtet wären. Entscheidende Interventionsmöglichkeiten blieben damit weiterhin ungenutzt.

Problematisch erscheint zudem das geringe Alter der Jugendlichen. Fraglich ist angesichts dessen, ob Aufklärungen dieselben Effekte wie bei Erwachsenen erzielen oder nicht von Jugendlichen verdrängt würden. Eine unmittelbare Nähe zum schädlichen Zeitraum besteht meistens noch nicht[849], sodass die Gefahr der Verdrängung nahe liegt. Die These von den geringen Präventionseffekten wird durch eine Studie über die Wirksamkeit von Präventionsprojekte gegen den generellen Alkoholkonsum in Schulklassen gestützt. Danach könnten lediglich kurzfristige und geringe Präventionseffekte nachgewiesen werden[850].

Verfassungsrechtlich wären verstärkte Aufklärungen im Sexualunterricht indes möglich. Es würde zwar in die Handlungsfreiheiten der Schulen aus Art. 7 I GG eingegriffen. Art. 7 I GG erteilt den Staat den Verfassungsauftrag ein funktionierendes Schulsystem zu gewährleisten[851]. Dabei besteht eine weitreichende Gestaltungsfreiheit des Gesetzgebers wie das Schulsystem auszugestalten ist[852]. Die Gestaltungsfreiheit umfasst auch die Schaffung neuer Unterrichtsfächer und Bildungsinhalte[853]. Die Eingriffe in Schulrecht wären gering, da sie lediglich einzelne

---

847 Die Informationen stammen aus Gesprächen mit einer Vorstandsvorsitzenden der ÄGGF.

848 Siehe VI.4.a).

849 Ebenso *Spohr*, Das Fetale Alkoholsyndrom, S. 203, wonach Präventionen im gebärfähigen Alter vorzuziehen sind.

850 *Korczak*, Föderale Strukturen der Prävention von Alkoholmissbrauch bei Kindern und Jugendlichen, S. 64 i.B.a. die Projekte „Aktion Glasklar“ und „Kribbeln im Bauch“.

851 BVerfGE 98, 218, 244; 93, 1, 21; 47, 46, 71 f.

852 BVerfGE 108, 282, 302; 53, 185, 201.

853 BVerwGE 108, 75, 78 f.

Inhalte des Lehrplanes in einem Fach vorgeben würden. Dies gilt umso mehr, da der Lehrplan die Aufklärung pro Schulkind nur einmal pro Schulleben vorschreiben würde. Die Maßnahme würde den Schutz Ungeborener vor dauerhaften sowie irreparablen Schäden bezwecken, wobei die ohnehin geringen Grundrechtseingriffe aus denselben Gründen wie zuvor bei anderen Grundrechten zurücktreten müssten. Daher wäre eine Einschränkung von Schulrechten verhältnismäßig. Trotz der durchaus bestehenden Vorteile und der verfassungsrechtlichen Zulässigkeit, vermag die Maßnahme nicht im Gesamten zu überzeugen, da die psychologische Wirksamkeit immens zweifelhaft ist und entscheidende Lenkungsmöglichkeiten ungenutzt blieben.

d) Verpflichtende Aufklärungsseminare an Fortbildungsstätten

Eine Modifizierung der vorherigen Überlegung, verstärkt Aufklärungsarbeit im Sexualunterricht zu integrieren, ist die Möglichkeit an Berufs-, Hoch- und Fachhochschulen durch Vorlesungen über schädliche pränatale Einwirkungen aufzuklären[854]. Die Teilnahme könnte verpflichtende Voraussetzung für den erfolgreichen Abschluss von Berufsqualifikationen werden.

Ein Vorteil wäre, dass sich die Betroffenen nun in einem Alter befinden, in dem Schwangerschaften realistisch sind. Im Gegensatz zum vorherigen Vorschlag bestünde eine unmittelbare Nähe zum schädlichen Zeitraum, sodass infolgedessen die Zielgruppe erfasst wäre. Das generelle Problembewusstsein ist im fortgeschrittenen Alter mutmaßlich ausgeprägter als im Jugendalter, sodass von diesen ernsthaftere Auseinandersetzungen zu erwarten sind[855]. Wenn zudem bereits Aufklärungsarbeit im Schulunterricht geleistet würde, dann würde sich das Wissen um die Schädlichkeit pränataler Einwirkungen vertiefen.

Positiv ist zudem, dass nahezu alle Personen der Zielgruppe erfasst wären, da sich nach der Schule bei nahezu jedem eine Berufsqualifikation anschließt.

Überdies könnte das Projekt zeitnah gestartet werden, da die Veranstaltungsräume bereits bestehen und entsprechende Lehrpersonen, bspw. durch die ÄGGF, einsatzbereit sind. Von Nutzen wären zudem die vermutlich geringen Kosten.

Verfassungsrechtlich wäre der Vorschlag im Hinblick auf das Organisationsrecht der Hochschulen aus Art. 5 III Fall 2 GG zulässig. Trotz Eröffnung des Schutzbereiches und eines Eingriffes durch die Aufoktroyierung der Integration

---

854 Solche Projekte bestehen aktuell nicht.

855 Ähnlich *Spohr*, Das Fetale Alkoholsyndrom, S. 203, wonach Präventionen im gebärfähigen Alter vorzuziehen sind.

in das Vorlesungsverzeichnis, wäre das Grundrecht nicht verletzt, da dieses – aus denselben Gründen wie das Recht der Schulen aus Art. 7 I zuvor – letztlich hinter den Schutz der Leibesfrucht zurücktreten müsste. Allerdings wäre die Überlegung nicht mit Art. 3 I GG vereinbar.

Die Verpflichtung männlicher und weiblicher Personen würde dazu führen, dass alle gleich behandelt würden, sodass dafür sachliche Gründe vorliegen müssten. Jedoch wäre rund die Hälfte der Betroffenen männlich, sodass diese ohnehin nicht in der Lage sind, pränatale Schäden durch den Alkoholkonsum zu verursachen. Indes würden sie trotzdem grundrechtlich belastet. Verfassungsrechtlich haltbar wäre der Vorschlag allerdings, sofern lediglich Frauen erfasst würden, da durch den biologischen Unterschied ein sachlicher Grund[856] für die Differenzierung bestehen würde. Unterstellt der Vorschlag wäre in seiner Modifikation verfassungsrechtlich zulässig, streiten jedoch psychologische Effekte gegen die Überlegung. Die Chancen persönlicher Vieraugengespräche mit den Beeinflussungsmöglichkeiten blieben weiterhin ungenutzt, da durch die Vermittlungsform der Vorlesungen keine Einzelpersonen angesprochen würden. Durch die Vielzahl von Personen droht eine Verwässerung. Zudem könnte der Zwang zur Teilnahme an den Seminaren zu einer ablehnenden Haltung gegenüber der Problematik führen. Erst Recht, weil meistens kein unmittelbarer Bezug zum Studium besteht, etwa wenn Ingenieure zunächst Gesundheitsseminare besuchen müssten.

Überdies ist fraglich, ob der Vorschlag nicht uferlos wäre. Wenn dieses gesundheitliche Thema verpflichtend wäre, dann müssten möglicherweise auch andere Themen behandelt werden. Schwerwiegend ist letztlich, dass im Ergebnis nicht zwangsläufig verbesserte Aufklärungen aus der Integration von entsprechenden Gesundheitsseminaren an berufsbegleitenden oder berufsvorbereitenden Schulen folgen. Somit ist die staatliche Handlungspflicht nicht durch verpflichtende Gesundheitsseminare umzusetzen.

e) Verstärkte Aufklärungen durch Frauenärzte, Hebammen und Schwangerschaftsberatungsstellen

Die staatliche Handlungspflicht könnte allerdings durch verstärkte Aufklärungen in persönlichen Face-to-Face-Gesprächen durch Frauenärzte, Hebammen und Schwangerschaftsberatungsstellen umgesetzt werden. Diese Berufsgruppen könnten verpflichtet werden, den Versuch zu unternehmen, mithilfe von persönlichen

856 Differenzierungen wegen des Geschlechtes können nur aufgrund von objektiv biologischen Unterschieden erfolgen, siehe etwa BVerfGE 57, 335, 342 f.; 3, 225, 241.

Gesprächen Verhaltenslenkungen zu motivieren. Aufklärungen lediglich nach der Bejahung des Alkoholkonsums auf Aufnahmefragebögen könnten ebenso untersagt werden wie suggestive Fragen, bspw. „Sie trinken während der Schwangerschaft ja keinen Alkohol?". Im Anschluss an die Gespräche könnten Informationsbroschüren ausgehändigt werden.

Die Vorteile der persönlichen Aufklärungen gerade durch diese Berufsgruppen sind enorm. Eine französische Studie befragte Schwangere, welche Personen sie am ehesten zu einer Verhaltensänderung des Trinkverhaltens motivieren könnten. Überwiegend wurden der Lebenspartner, der Arzt oder die Hebamme genannt[857]. Die Fachkunde und Autorität der Behandelnden unterstreicht die Ernsthaftigkeit der Thematik und würde dazu führen, dass Schwangere sich eher an die Anweisung keinen Alkohol zu trinken halten würden. Die Beratung und Ermutigung durch Ärzte, den Alkoholkonsum einzustellen, hat sich bereits als erfolgreiche Maßnahme erwiesen[858]. Überdies könnten Ärzte schädlichen Einwirkungen sofort entgegenwirken und Schwangere könnten Hilfe in Anspruch nehmen. Letztlich wären diese Berufsgruppen besonders geeignet, da sie durch ihre Fachkunde, das Vertrauensverhältnis und die Vieraugengespräche Schwangere eher effektiv erreichen könnten. Bei Aufklärungen durch diese Berufsgruppen ist es eher als durch vorherige Maßnahmen vorstellbar, dass effektiv Einfluss auf Schwangere ausgeübt werden kann[859]. Bei der Weitergabe von Informationen in Aufklärungsgesprächen, etwa einer Broschüre, besteht eine größere Wahrscheinlichkeit, dass diese auch gelesen wird[860]. Daher müssen die Aufklärungen primär durch die vorbezeichneten Berufsgruppen erfolgen. Obwohl diese Berufsgruppen besonders geeignet sind, besteht exakt an dieser Stelle bisher ein Aufklärungsdefizit. Die Bewertungen der abgeschlossenen Pilotprojekte[861] ergab, dass Gynäkologen bisweilen kaum effektiv aufklären[862].

857 BZgA, Alkohol in der Schwangerschaft, S. 59.

858 BZgA, Alkohol in der Schwangerschaft, S. 70, 73 m.w.N.

859 Zum gleichen Ergebnis kommt die medizinischen Studien von *Fröschl/Brunner-Ziegler/Wirl*, Prävention des Fetalen Alkoholsyndroms, S. 27 ff. m.w.N; BZgA, Alkohol in der Schwangerschaft, S. 63 m.w.N.; *Merzenich/Lang*, Alkohol in der Schwangerschaft, S. 63 m.w.N.

860 Ebenso *Korczak*, Föderale Strukturen der Prävention von Alkoholmissbrauch bei Kindern und Jugendlichen, S. 205.

861 Siehe die unter B.II. genannten Projekte.

862 Bezeichnender Weise schrieb der Verfasser vier Frauenärzte in Bonn an, mit der Bitte um ein kurzes Aufklärungsgespräch über den Ablauf einer Schwangerschaftsberatung und der Darstellung, wie die Thematik pränataler Einwirkungen behandelt wird, von denen alle Anfragen unbeantwortet blieben.

„Die Einbindung von niedergelassenen Ärztinnen und Ärzten, insbesondere der Gynäkologen, zeigte sich als schwierig[863]*."*

„...konnten die Fachärzte für Gynäkologie und Geburtshilfe nicht in gleichem Maße erreicht und sensibilisiert werden. Eigens vorgesehene Sprechstunden bzw. Beratungszeiten für Schwangere in den Praxen bzw. Geburtshilfekliniken (vertraulicher Rahmen, kurze Wege) wurden von diesen nicht gewünscht und im Projektzeitraum auch keine Schwangere zur weiteren Hilfestellung an unser Behandlungszentrum verwiesen. Dies ist umso bedauerlicher, als die GynäkologInnen die Berufsgruppe darstellen, mit der die Schwangeren zwangsläufig im Verlaufe ihrer Gravidität in Kontakt treten und die mit dem Berufsstand einhergehende Autorität der Ärzte durchaus einen Einfluss auf das Verhalten der Schwangeren und ihrer Partner nehmen kann"[864].

„Es hat sich bei allen Vorhaben gezeigt, dass sich ein Zugang zur Zielgruppe über die Gynäkologinnen und Gynäkologen schwierig gestaltet. Dennoch ist eine Aufklärung von Schwangeren und stillenden Müttern zu den Risiken des Suchtmittelkonsums über die Gynäkologinnen und Gynäkologen von immenser Bedeutung. Während erfahrungsgemäß die Schwangeren eher auf die Risiken des Rauchens angesprochen werden, wird das Thema Alkohol ausgespart. Hintergrund ist oftmals auch, dass die Professionellen nicht wissen, wo sie suchtmittelkonsumierende Schwangere hin verweisen können"[865].

„Es zeigte sich, dass bereits die Ansprache von Multiplikatorinnen und Multiplikatoren, welche die suchtmittelkonsumierenden Schwangeren und Stillenden erreichen sollten, eine Herausforderung darstellte und teilweise nur mit Einschränkungen gelang. Dies galt insbesondere bei der Gruppe der Gynäkologinnen bzw. Gynäkologen."[866]

„Jeder zweite Frauenarzt spricht nicht über die Gefahren durch Alkohol"[867].

---

863 http://www.drogenbeauftragte.de/drogen-und-sucht/alkohol/alkohol-und-schwangerschaft/kurz-und-abschlussberichte-der-zweiten-foerderphase-und-der-evaluation-des-foerderschwerpunkts-neue-praeventionsansaetze-zur-vermeidung-von-suchtmittelkonsum-in-schwangerschaft-und-stillzeit.html (zuletzt aufgerufen am 22.07.2017).

864 https://www.bundesgesundheitsministerium.de/fileadmin/dateien/Publikationen/Drogen_Sucht/Kurzbericht/Kurzbericht_Caritasverband_Region_Schaumburg-Blies_Neue_Praeventionsansaetze_zur_Vermeidung_von_Suchtmittelkonsum_in_Schwangerschaft_und_Stillzeit.pdf S. 2 f. (zuletzt aufgerufen am 22.07.2017).

865 https://www.bundesgesundheitsministerium.de/fileadmin/dateien/Publikationen/Drogen_Sucht/Kurzbericht/Kurzbericht_Caritasverband_Region_Schaumburg-Blies_Neue_Praeventionsansaetze_zur_Vermeidung_von_Suchtmittelkonsum_in_Schwangerschaft_und_Stillzeit.pdf S. 3. (zuletzt aufgerufen am 22.07.2017).

866 https://www.bundesgesundheitsministerium.de/fileadmin/dateien/Publikationen/Drogen_Sucht/Kurzbericht/Universitaet_Bielefeld_Kurzbericht_Evaluierung_Foerderschwerpunkt_Schwangerschaft.pdf S. 2 (zuletzt aufgerufen am 22.07.2017).

867 Stichprobe des BMG, FAZ Samstag, 18.04.2015, S. 3.

Obwohl Aufklärungen über diese wirksam erreicht werden könnten, werden die Möglichkeiten zurzeit nicht wahrgenommen. Infolge des Vorschlages würde den Defiziten entgegengewirkt, sodass eine erhöhte Aufklärung zu prognostizieren ist. Auffallend ist das Fehlverhalten der Gynäkologen vor dem Hintergrund, dass bereits zum jetzigen Zeitpunkt einschneidende berufsrechtliche Konsequenzen bei einer Missachtung der Regeln der ärztlichen Kunst drohen. Bei berufswidrigen Verhalten kann etwa die Approbation widerrufen oder ruhend gestellt werden, § 5 Bundesärzteordnung. Bei mangelnden Aufklärungen drohen zudem vertragliche oder deliktische Schadensersatzansprüche[868]. Trotz des scharfen Schwertes besteht ein Defizit in der Aufklärungsarbeit von Gynäkologen. Da das Androhen berufsrechtlicher Konsequenzen nicht flächendeckend Erfolg hat, müssen die behandelnden Berufsgruppen durch eine ausdrückliche gesetzliche Norm zur Aufklärung verpflichtet werden. Eine ausdrückliche gesetzliche Norm würde eine sicherere Rechtsgrundlage für Sanktionen der Ärzte bei unterlassenen Aufklärungen bieten. Infolgedessen könnten Abschreckungseffekte entstehen, sodass Ärzte eher wirksam aufklären würden. Dabei würden verpflichtende Aufklärungen eine Regelung zur Berufsausübung im Rahmen des Art. 12 I GG darstellen, jedoch wäre der Eingriff verfassungsrechtlich gerechtfertigt. Der Eingriff würde nicht schwer wiegen, da zum einen lediglich eine gewissenhafte Berufsausübung verlangt wird, die nach jetziger Rechtslage bereits sanktioniert werden kann. Zum anderen müssten keine zusätzlichen Termine vergeben werden, sondern die Aufklärungen könnten im Rahmen der allgemeinen Vorsorgeuntersuchungen stattfinden. Der Zeit- und Kostenaufwand wäre lediglich gering. Eine Berufsausübungsregel bedarf zu ihrer Rechtfertigung lediglich vernünftiger Erwägungen des Gemeinwohls[869]. Der Schutz Ungeborener vor dauerhaften, irreparablen Schäden aus Art. 2 II 1 GG ist eine solche vernünftige Erwägung des Gemeinwohls. Zudem könnten durch die geringen Grundrechtseingriffe bei Ärzten die Grundrechte Ungeborener weitreichend geschützt werden, sodass der Schutz der Leibesfrucht somit überwiegen würde.

Darüber hinaus wäre von Vorteil, dass infolge dieser Aufklärung die Zielgruppe erfasst wäre[870]. Nach Schätzung des AOK-Bundesverbands nahmen 2014 ca. 99,5 % der bei der AOK Gesetzlich Versicherten Schwangeren mindestens einmal die EBM-Leistung 01770 in Anspruch. Dies ist die Abrechnungsziffer für „Betreuung einer Schwangeren gemäß den Richtlinien des Gemeinsamen

868 *Deutsch/Spickhoff*, Medizinrecht, § 839 BGB Rz. 201.
869 BVerfGE 7, 377, 405 f.; 46, 246, 257; 110, 141, 157; 111, 10, 38.
870 Die BZgA geht ebenso davon aus, dass die Zielgruppe grundsätzlich alle Schwangeren sind, BZgA, Alkohol in der Schwangerschaft, S. 60 f.

Bundesausschusses über die ärztliche Betreuung während der Schwangerschaft und nach der Entbindung (Mutterschafts-Richtlinien)", welche die Aufklärung über die Schädlichkeit von Alkohol und Nikotin enthält. Daraus folgt, dass nahezu alle Schwangeren an den Vorsorgeuntersuchungen teilnehmen, sodass die Zielgruppe bestmöglich erreicht werden würde.

Überdies zeigten Evaluationen, dass Schwangere in der Vergangenheit offen und interessiert auf persönliche Aufklärungsangebote reagierten[871]. Die Evaluationsdaten der bereits durchgeführten Projekte durch die Caritas und den Sozialverband katholischer Frauen[872] belegen etwa, dass Schwangere mehrheitlich offen und interessiert auf das persönliche Interventionsmodell reagierten[873]. Sowohl ein Screening des Konsumverhaltens als auch die psychoedukativen Informationsmaterialien und insbesondere die motivierenden Gespräche wurden offen und interessiert angenommen[874]. Mehrheitlich waren Schwangere, die einen Substanzkonsum in der Schwangerschaft aufwiesen und im Interventionsmodell darauf angesprochen wurden, bereit, ihr Verhalten im Sinne des ungeborenen Kindes zu verändern[875]. Keine der werdenden Mütter hat negativ auf ein empathisches und doch informatives Gespräch reagiert[876]. Die Projekte wurden im Ergebnis als wertvolle Hilfen eingestuft, da sich die „direkte, persönliche und wertschätzende Ansprache der Schwangeren als nachhaltige und treffende Option abzeichnete"[877]. Die positiven Ergebnisse sind wahrscheinlich auch dadurch begründbar, dass die Frauen zu einem besonders sensiblen und empfänglichen Zeitpunkt angesprochen wurden – eine unmittelbare Nähe zum

---

871 Drogen- und Suchtbericht 2015, S. 114.

872 Siehe B.II.3.

873 https://www.bundesgesundheitsministerium.de/fileadmin/dateien/Publikationen/Drogen_Sucht/Kurzbericht/Phase_2Kurzbericht_SkF_Foerderschwerpunkt_Schwangerschaft.pdf, S. 2 (zuletzt aufgerufen am 22.07.2017).

874 https://www.bundesgesundheitsministerium.de/fileadmin/dateien/Publikationen/Drogen_Sucht/Kurzbericht/Phase_2Kurzbericht_SkF_Foerderschwerpunkt_Schwangerschaft.pdf, S. 2 (zuletzt aufgerufen am 22.07.2017).

875 https://www.bundesgesundheitsministerium.de/fileadmin/dateien/Publikationen/Drogen_Sucht/Kurzbericht/Phase_2Kurzbericht_SkF_Foerderschwerpunkt_Schwangerschaft.pdf, S. 2 (zuletzt aufgerufen am 22.07.2017).

876 Abschlussbericht Bundesprojekt Neue Präventionsansätze zur Vermeidung und Reduzierung von Suchtmittelkonsum in der Schwangerschaft und Stillzeit des Caritasverband Schaumberg-Blies e.V., S. 27.

877 Abschlussbericht Bundesprojekt Neue Präventionsansätze zur Vermeidung und Reduzierung von Suchtmittelkonsum in der Schwangerschaft und Stillzeit des Caritasverband Schaumberg-Blies e.V., S. 27.

schädigenden Zeitraum wäre gewährleistet. Es fänden Vieraugengespräche statt, sodass die Wahrscheinlichkeit einer intensiven Auseinandersetzung mit dem Thema gesteigert würde und die Behandelnden höhere Chancen haben, das Gewissen effektiv zu erreichen. Ärztliche Kurzinterventionen bei Nichtsüchtigen mit riskantem Alkoholkonsum – lediglich bezogen auf den postnatalen Alkoholkonsum – haben sich bereits als wirksam erwiesen[878]. Die verhaltenstherapeutische Behandlung in persönlichen Gesprächen zum allgemeinen Alkoholkonsum erwies sich unlängst bei allen Ausprägungen des Schweregrades der Alkoholsucht als wirksam[879]. Im Ergebnis zeigt dies, dass Face-to-Face Gespräche durch die behandelnden Berufsgruppen hohe Aufklärungseffekte erwarten lassen. Dies entspricht im Übrigen der Argumentation des BGH, wonach Merkblätter über Krankheiten psychologische Wirkungen entfalten[880]. Die Verteilung von Merkblättern durch den Staat, welche über eine Notwendigkeit einer Tuberkuloseimpfung für Kinder aufklären, erzeuge ein „psychologisches Abfordern" der Impfung[881]. Sie seien geeignet Eltern in eine schwere „Gewissennot" zu versetzen; es bestünde „Gewissenszwang"[882]. Ein solcher Gewissenszwang kann verstärkt erst Recht durch persönliche Gespräche mit Fachpersonen erreicht werden. Schwangere können sich der Thematik durch das persönliche Gespräch kaum entziehen, sodass lediglich geringste Verwässerungseffekte drohen würden.

Positiv fällt darüber hinaus eine Kosten-Nutzen-Kalkulation ins Gewicht. Für die betroffenen Berufsgruppen würden kaum erhöhte Kosten entstehen, da die Aufklärungen innerhalb weniger Minuten erfolgen könnten, sodass der Zeitaufwand gering wäre[883]. Es wäre ausreichend, sofern Schwangeren die Folgen pränataler Einwirkungen aufgezeigt würden und das Credo „Überhaupt kein Alkohol, Nikotin- und Drogenkonsum während der Schwangerschaft" mehrmals erläutert würde.

Durch die Ärzte wird eine unzureichende Bezahlung der Schwangerschaftsbetreuung vorgetragen[884], sodass der Vorschlag dahin gehend zu prüfen ist, ob sich dieses Argument durch die zusätzlichen Aufklärungen nicht verstärkt. Behauptet wird, die Schwangerschaftsberatung würde noch unwirtschaftlicher, sollte

---

878 *Körkel*, SUCHT 2015, 147, 155.

879 *Ebd.*, 163.

880 Dazu und im Folgenden BGHZ 24, 45 ff.; 31, 187 ff.

881 BGHZ 31, 187, 191.

882 BGHZ 24, 45, 46 f.

883 BZgA, Alkohol in der Schwangerschaft, S. 64; ähnlich *Merzenich/Lang*, Alkohol in der Schwangerschaft, S. 64, 79.

884 FAZ Samstag, 18.04.2015, S. 3.

nun zusätzlich noch effektiver aufgeklärt werden[885]. Die gesamte Betreuung einer Schwangeren, inbegriffen sind mehrere Termine zur Beratung, Ultraschalluntersuchungen und Blutabnahmen, wird mit einem Betrag von 336 € pro Schwangerschaft für Gesetzlich Versicherte[886] und mit Minimum rund 417 € bei Privat Versicherten[887] vergütet. Nach Angaben der Kassenärztlichen Bundesvereinigung[888] beträgt das Honorar von Gynäkologen durch Gesetzlich Versicherte Patienten rund 46.566 € pro Quartal, jährlich somit rund 186.264 €. Der Reinertrag

---

885 FAZ Samstag, 18.04.2015, S. 3.

886 Die Aufklärung kann als EBM-Leistung 01770 abgerechnet werden. Dies ist die Abrechnungsziffer für Gesetzlich Versicherte bei der „Betreuung einer Schwangeren gemäß den Richtlinien des Gemeinsamen Bundesausschusses über die ärztliche Betreuung während der Schwangerschaft und nach der Entbindung (Mutterschafts-Richtlinien)".

887 Die Abrechnung bei Privat Versicherten richtet sich nach der Gebührenordnung der Ärzte (GOÄ). Jede Leistung hat eine Punktzahl, welche mit dem Gebührensatz von 0,582873 € multipliziert wird, § 5 I GOÄ. Dieser Betrag entspricht dem einfachen Gebührensatz. Je nach Schwierigkeit und Zeitaufwand kann der Gebührensatz von Ärzten nach freien Ermessen mit dem einfachen bis 2,3fachen berechnet werden, § 5 II 4 GOÄ. Dem Betrag von 417 € lieget der einfache Gebührensatz zugrunde und setzt sich aus folgenden Leistungen zusammen:
Erste Vorsorgeuntersuchung in der Schwangerschaft mit Bestimmung des Geburtstermins einschließlich Erhebung der Anamnese und Anlegen des Mutterpasses sowie Beratung der Schwangeren über die Mutterschaftsvorsorge, einschließlich Hämoglobinbestimmung gem. GOÄ B.III. Nr. 23 in Höhe von 175 €, Untersuchung im Schwangerschaftsverlauf einschließlich Beratung und Bewertung der Befunde, gegebenenfalls auch im Hinblick auf Schwangerschaftsrisiken gem. GOÄ B.III. Nr. 24 in Höhe von 175 €, einer Ultraschalluntersuchung im Rahmen der Mutterschaftsvorsorge gegebenenfalls einschließlich Biometrie und Beurteilung der Organentwicklung gem. GOÄ C.IV. Nr. 415 in Höhe von 117 €.
Sollte bspw. der höhere Gebührensatz von 2,3 angesetzt werden, ergäbe sich ein abrechenbarer Betrag von 959 €.
Zu den drei Standartleistungen kann noch eine „Eingehende Beratung einer Schwangeren im Konfliktfall über die Erhaltung oder den Abbruch der Schwangerschaft auch einschließlich Beratung über soziale Hilfen, gegebenenfalls auch einschließlich Beurteilung über das Vorliegen einer Indikation für einen nicht rechtswidrigen Schwangerschaftsabbruch" gem. GOÄ B.III. Nr. 22 in Höhe von einfach 175 € und ein Schwangerschaftstest in Höhe von einfach 76–87 € GOÄ M.I. hinzutreten.
Der Betrag von 417 € stellt also das Minimum dar.

888 FAZ Samstag, 18.04.2015, S. 3 und auf Nachfrage vom Pressesprecher der KBV bestätigt.

von Arztpraxen der Frauenheilkunde betrug im Jahr 2011 185.000 €[889]. Demnach wird zwar die gesamte Schwangerschaftsbetreuung bei Gesetzlich Versicherten mit nur 336 € vergütet, jedoch erzielen Gynäkologen immer noch deutlich über dem Durchschnitt liegende Einkommen[890] – erst Recht, da die Zahl nur das Honorar der Gesetzlich Versicherten erfasst und diese ertragsärmer als Privat Versicherte sind, sodass Einsparungen durch verlängerte Aufklärungen nicht zum unwirtschaftlichen Führen von Praxen führen würden. Die Aufklärungen verursachen zudem nur einen geringen Zeitaufwand und zusätzliche Kosten außer der Arbeitszeit entstehen nicht. Daher sind die finanziellen Auswirkungen der rund fünf bis zehnminütigen Aufklärungen kaum messbar. Infolgedessen besteht keine unzureichende Bezahlung der Ärzte. Sofern die Vergütung tatsächlich unzureichend wäre, könnten die Krankenkassen zur Erhöhung des Betrages im Rahmen der Abrechnungsziffer verpflichtet werden.

Im Ergebnis sprechen keine durchgreifenden Argumente gegen den Vorschlag und die Vorteile wären immens. Die Maßnahme würde letztlich mutmaßlich zur Vermeidung pränataler Einwirkungen führen, sodass die staatliche Handlungspflicht durch verstärkte Aufklärungen durch die behandelnden Berufsgruppen umzusetzen ist.

f) Form der Aufklärungen – interaktive Aufklärungen

Da nun konstatiert ist, dass Aufklärungen einerseits am besten durch die behandelnden Berufsgruppen stattfinden sollten, aber andererseits feststeht, dass berufsrechtliche Konsequenzen kaum in der Lage sind, Ärzte zu verbesserten Aufklärungen anzuhalten, lautet die Kardinalfrage, wie Ärzte zu verbesserten Aufklärungen zu bewegen sind. Dies schließt die Frage ein, wie die Aufklärungen konkret ablaufen sollten, damit eine realistische Umsetzung durch die Ärzte erfolgt und Schwangere sich auf die Aufklärungen einlassen. Neben den

---

889 Statistisches Bundesamt, Fachserie 2, Reihe 1.6.1, S. 15. Der Reinertrag stellt nicht den betriebswirtschaftlichen Gewinn dar, da Aufwendungen zur privaten Altersversorgung und Beiträge zu Versorgungseinrichtungen nicht erfasst werden, S. 6. Ansonsten erfasst der Reinertrag die Differenz zwischen Einnahmen und Ausgaben, sodass er zumindest ein Indikator für das bereinigte Einkommen ist. Die Zahlen werden nur alle vier Jahre erhoben. Mit der Auswertung der Zahlen von 2015 ist Mitte 2017 zu rechnen.

890 Das durchschnittliche Jahresbruttoeinkommen betrug 2015 32.267 €, s. http://www.deutsche-rentenversicherung.de/Allgemein/de/Inhalt/5_Services/01_kontakt_und_beratung/02_beratung/07_lexikon/CD/durchschnittseinkommen.html (zuletzt aufgerufen am 22.07.2017).

klassischen persönlichen Arztgesprächen wird hier eine zusätzliche Komponente vorgeschlagen. In der Wartezeit vor dem Beginn eines Termins in Gynäkologiepraxen und Schwangerschaftsberatungsstellen sollten interaktive Aufklärungen stattfinden. Schwangere erhalten ein Tablet, an dem eine fünf- bis zehnminütige Aufklärung über die Schädlichkeit pränataler Einwirkungen stattfindet. Das Aufklärungsprogramm vermittelt visuell sowie auditiv durch Kopfhörer die Gefährlichkeit des Alkohol- und Drogenkonsums und wiederholt mehrmals das Credo „Überhaupt kein Alkohol- oder Rauchkonsum während der Schwangerschaft". Die Aufklärungen können durch Schockbilder bzw. -effekte ergänzt und mit einer Lernkontrolle abgeschlossen werden. Psychologen, Soziologen, Ärzte und Juristen könnten gemeinsam ein effektives Programm entwickeln, durch welches Schwangere zur innerlichen Auseinandersetzung motiviert werden. Um eine Durchführung des Programms sicherzustellen, sollte auf den Tablets nur das Programm und kein Internetzugang oder ähnliches möglich sein. Möglicherweise kann zudem der Kenntnisstand zu Beginn und Ende des Programms abgefragt und dem Arzt dann die Daten übermittelt werden, sodass dieser einschätzen kann, ob ein hoher oder geringer Aufklärungsbedarf besteht. Der Arzt kann davon ausgehend aufklären sowie direkt auf Hilfsangebote verweisen. Um diese Möglichkeit zu erweitern können bereits bewährte Fragebögen zur Erfassung des aktuellen Alkoholkonsums eingebaut werden[891].

Rechtlich umgesetzt werden könnten interaktive Aufklärungen durch eine Normierung in den Sozialgesetzbüchern oder eine Verpflichtung der Bundesärztekammer, eine entsprechende Verpflichtung per Rechtsverordnung zu erlassen.

Der Vorschlag der zusätzlichen interaktiven Aufklärungen hätte den Vorteil, dass die Vorteile der persönlichen Gespräche durch die Fachkunde und Autorität der Behandelnden aufrechterhalten würden, da die Aufklärungen weiterhin im räumlichen Bereich der Ärzte stattfinden und persönliche Aufklärungen

891 In Evaluationsstudien hat sich der TWEAK-Fragebogen bewährt, s. *Merzenich/Lang*, Alkohol in der Schwangerschaft, S. 67 m.w.N. Die Buchstaben stehen für tolerance-worry-eye opener-amnesia-cut down. Aufgebaut ist der Bogen wie folgt:

1. Tolerance: How many drinks can you hold?
2. Worry: Have close friends or relatives worried or complained about your drinking in the past year?
3. Eye opener: Do you sometimes take a drink in the morning when you first get up?
4. Amnesia: Has a friend or family member told you about things you said or did while you were drinking that you could not remember?
5. Cut down: Do you sometimes feel the need to cut down on your drinking?

folgen würden. Die Beibehaltung der ärztlichen Beratungs- und Motivationsgespräche ist besonders wichtig, da medizinische Studien die positiven Effekte von Arztgesprächen bereits belegt haben. Eine Studie aus den USA untersuchte die Unterschiede der Wirksamkeit der Weitergabe von Aufklärungsinformationen ohne Arztgespräche im Verhältnis zur Wirksamkeit der Weitergabe von Aufklärungsinformationen nach Arztgesprächen. Die Effekte bei der Gruppe mit persönlichen Gesprächen waren stärker[892].

Darüber hinaus wäre der Vorschlag verfassungsrechtlich zulässig und birgt den Vorteil, dass die Grundrechtseingriffe für Schwangere und die behandelnden Berufsgruppen gering sind. Die Durchführung interaktiver Aufklärungen greift lediglich gering in die allgemeine Handlungsfreiheit Schwangerer ein, da kaum Zeiteinbußen entstünden. Die Wartezeit ist zumeist ungenutzt und im Übrigen ohnehin zumeist beim Arztbesuch eingeplant. Das Absolvieren des Programms nimmt mit rund zehn Minuten nicht übermäßig Zeit in Anspruch. Zudem liegt eine positive Einstellung Schwangerer nahe, da diese in der Vergangenheit offen und interessiert auf Aufklärungsangebote reagierten[893]. Ferner folgen bei einer Verweigerung keine Konsequenzen für Schwangere. Letztlich überwiegt der Schutz Ungeborener vor irreparablen sowie dauerhaften Schäden die Eingriffe in die Handlungsfreiheit Schwangerer. Selbiges gilt für die Grundrechtseingriffe in die Berufsfreiheit zulasten der Behandelnden. Die Ärzte selbst haben keine Zeiteinbußen, da die interaktiven Aufklärungen in den Wartezeiten der Schwangeren stattfinden. Es fällt allerdings ein gewisser Organisationsaufwand für die Arzthelferinnen an, da sie die Tablets überreichen, entgegennehmen und gegebenenfalls anfallende Nachfragen beantworten müssten. Die Grundrechtseingriffe wären insgesamt nur gering, sodass auch hier der Schutz Ungeborener vor der starken Beeinträchtigung ihres Grundrechtes überwiegen würde.

Überdies wäre der Vorschlag neben der Vereinbarkeit mit dem Verfassungsrecht mit dem einfachgesetzlichen Recht vereinbar. Da Aufklärungen zwar höchstpersönlich zu erbringen und nicht delegierbar sind gem. § 630e BGB[894], könnten rechtliche Probleme bestehen, sofern interaktive Aufklärungen Arztgespräche ersetzen würden. Durch die hiesige Gestaltung der zusätzlichen Aufklärung neben der klassischen bestehen keine etwaigen rechtlichen Probleme.

Der entscheidende Vorteil des Vorschlages ist indes, dass interaktive Aufklärungen hohe Aufklärungseffekte erwarten lassen. Durch die visuelle und

---

892 *Fröschl/Brunner-Ziegler/Wirl*, Prävention des Fetalen Alkoholsyndroms, S. 27 ff. m.w.N.

893 Drogen- und Suchtbericht 2015, S. 114.

894 *Deutsch/Spickhoff*, Medizinrecht, § 630e BGB Rz. 531.

auditive Verknüpfung und der abschließenden Lernkontrolle können psychologische Möglichkeiten der Beeinflussung genutzt werden. Interaktive Aufklärungen mit aktiven Wissensabfragen erzielen mutmaßlich höhere Aufklärungseffekte, da die auditive und visuelle Komponente hinzutritt[895]. In der Lernpsychologie ist anerkannt, dass sich interaktive Gestaltungen motivationsfördernd auswirken, da durch visuelle und akustische Reize das sensorische Gedächtnis angesprochen wird, Klänge und Bilder das Arbeitsgedächtnis reizen und die Verbindung mit Vorwissen die Abspeicherung im Langzeitgedächtnis fördert[896]. Durch die Kombination von interaktiven Aufklärungen mit psychologischen Effekten und den Effekten persönlicher Arztgespräche liegt eine freiwillige Auseinandersetzung Schwangerer nahe. Diese Form der Aufklärung überwiegt in ihrer Wirksamkeit wahrscheinlich die vorbezeichneten Aufklärungsmöglichkeiten.

Weitere Vorteile des Vorschlages liegen in der Möglichkeit, dass bereits ein ähnliches Aufklärungsprogramm – IRIS – online stattfindet[897]. Module, die sich dort als wirksam erweisen, können in die interaktiven Aufklärungen integriert werden. Dies korrespondiert mit einer zeitnahen Einsatzbereitschaft, sobald das Programm entwickelt und die Tablets angeschafft wären.

Problematisch sind jedoch hohe Kosten. Dies mag eine subjektive Schätzung des Verfassers verdeutlichen: Im Jahr 2014 existierten 17.651 Ärzte aus dem Bereich Frauenheilkunde und Geburtshilfe[898], davon 9.965 niedergelassene ambulante Ärzte[899]. Sofern die Anzahl niedergelassener Frauenärzte zugrundegelegt wird und man annimmt, dass eine Praxis jeweils drei Tablets benötigt und diese jeweils 200 € kosten, würden die Anschaffungskosten für die Tablets rund 5,9 Millionen € betragen. Die Kosten der Betreuung einer Gesetzlich Versicherten Schwangeren in Höhe von 336 € würden zu 2/3 in den Kaufpreis eines Tablets fließen. Dazu kämen Kosten für die Entwicklung der Aufklärungen und die Programmierung, wobei teilweise auf Elemente des IRIS-Programms zurückgegriffen werden könnte. Weiterhin ist zu bedenken, dass die Schätzung nur die rund 10.000 niedergelassenen Frauenärzte betrifft und Kosten für den Ersatz eines defekten Tablets nicht einberechnet sind. Zur Finanzierung könnten die

---

895 *Zumbach*, Lernen mit neuen Medien, S. 80 f.

896 *Ebd.*, S. 58.

897 Siehe B.II.3.

898 http://www.bundesaerztekammer.de/fileadmin/user_upload/downloads/pdf-Ordner/Statistik2014/Stat14AbbTab.pdf S. 4 (zuletzt aufgerufen am 22.07.2017).

899 http://www.bundesaerztekammer.de/fileadmin/user_upload/downloads/pdf-Ordner/Statistik2014/Stat14AbbTab.pdf S. 13 (zuletzt aufgerufen am 22.07.2017).

Anschaffungskosten entweder von den Behandelnden selbst zu tragen sein, die Krankenkassen könnten diese übernehmen oder der Staat könnte diese finanzieren. Möglich erscheint auch eine Lösung dergestalt, dass die Kosten gedrittelt würden. Dem Argument der enormen Kostenlast ist allerdings entgegenzuhalten, dass sich die Investitionen wahrscheinlich wirtschaftlich auszahlen werden. Nach verschiedenen Schätzungen sind die Kosten durch einen FAS-Betroffenen enorm. Nach der geringsten Schätzung entstehen jährlich rund 322 Millionen € Mehrkosten durch FAS-Betroffene[900]. Eine andere Schätzung geht von gesamtgesellschaftlichen Kosten in Höhe von jährlich 15 Milliarden € als Untergrenze aus. Ein Betrag von 35 Milliarden € sei realistischer, sofern das Diagnosedefizit beachtet würde[901]. Eine Studie aus den USA schätzte die lebenslangen Mehrkosten für ein geschädigtes Kind auf 2 Millionen Dollar[902]. Sofern die niedrigste Schätzung zugrunde gelegt wird, würde die Senkung der Krankheit um nur zehn Prozent zu Einsparungen von jährlich 32,2 Millionen € führen. Somit würden die Investitionskosten addiert um die Kosten der Gynäkologen in Krankenhäusern, Reparaturen, die Entwicklung und Installation der interaktiven Aufklärungen im Ergebnis immer noch die Ertragskosten unterschreiten. Die Anschaffungskosten von rund 6 Millionen € wären demnach gedeckt, sofern das FAS um 2 % gesenkt würde. Ab diesem Zeitpunkt würden nur noch Vorteile erwirtschaftet. Zudem fallen die Anschaffungskosten lediglich im ersten Jahr an, sodass sich die Kosten zeitnah amortisieren würden. Die Senkung um 2 % ist kein zu hoher Anspruch und erscheint durch die interaktiven Aufklärungen durchaus in zwei bis drei Jahren realisierbar. Überdies besteht die Möglichkeit eines früheren Breaking Points, sofern die jährlichen Mehrkosten zu hoch geschätzt wurden.

Ausgehend von dem Zwischenergebnis der hohen – wenn auch wahrscheinlich zeitnah amortisierenden – Kosten und dem zu erwartenden diesbezüglichen Widerstands der Entscheidungsträger sind ähnliche kostengünstigere Alternativen zu prüfen. Schwangere könnten etwa vor einem Termin per E-Mail, SMS, WhatsApp-Nachricht oder Post eine Nachricht mit Informationen zur Vorbereitung des Termins erhalten. Darin könnten knapp einige Informationen mitgeteilt werden und auf eine weiterführende Internetseite verwiesen werden. Alternativ könnten die Aufklärungen mittels eines Frage- und Aufklärungsbogens durchgeführt werden. Der Vorteil beider Möglichkeiten ist die Vermeidung des erheblichen Kostenfaktors. Jedoch erzielen interaktive Aufklärungen

900 Siehe B.II.3.

901 *Hall*, FS Schlick, S. 507, 511.

902 *Fröschl/Brunner-Ziegler/Wirl*, Prävention des Fetalen Alkoholsyndroms, S. 24 m.w.N.

mit aktiven Wissensabfragen mutmaßlich höhere Aufklärungseffekte, da die auditive und visuelle Komponente hinzutritt[903]. Zudem wirken sich interaktive Gestaltungen motivationsfördernd aus[904]. Ferner werden sich die immensen Kosten langfristig lohnen, sodass sich das Argument der Kostenlast im Laufe der Zeit schleichend entkräftet. Eine weitere die Kosten vermeidende Möglichkeit wäre die vorzeitige Erhebung von Patientendaten. Bei den jährlichen Vorsorgeuntersuchungen vor der Schwangerschaft kann der Alkohol, Nikotin- und Drogenkonsum bereits abgefragt werden und die Daten systematisiert werden. Infolgedessen müsste der Arzt wissen, ob die Schwangerschaft einer Patientin gegebenenfalls problematisch wäre. Sofern vorgenannter Konsum vorher angegeben wurde, wäre der Arzt zu besonders eindringlicher Aufklärung und Anbieten von Hilfe verpflichtet. Der Vorteil läge einerseits in marginalen Kosten und andererseits in womöglich unbefangenen und ehrlichen Antworten der Patientinnen über den tatsächlichen Konsum. Allerdings mündet der Vorschlag nicht in tatsächlich verbesserten Aufklärungen, da keine zusätzlichen Aufklärungen stattfinden würden. Zudem überwiegt wiederum das Argument der Amortisation der Investitionen. Zugleich ist die Erfassung des Alkoholkonsums durch Fragebögen problematisch, da die Antworten der Schwangeren in hohem Maße von Faktoren der „sozialen Erwünschtheit" determiniert werden[905].

Verpflichtende Aufklärungen und Tests im Internet sind ebenfalls eine kostengünstige Variante, allerdings kann kaum eine Kontrolle der Einhaltung erfolgen und zudem bleibt ungelöst, wie mit Durchgefallenen zu verfahren ist.

Letztlich bestehen somit keine kostengünstigeren Möglichkeiten, die dieselben hohe Präventionseffekte erwarten lassen. Im Ergebnis sollte die staatliche Handlungspflicht zum Schutze Ungeborener vor pränatalen Einwirkungen Schwangerer daher mit einer gesetzlichen Verpflichtung zur Durchführung interaktiver Aufklärungen in Gynäkologie- und Schwangerschaftsberatungspraxen umgesetzt werden.

g) Verpflichtende Fortbildungen für Frauenärzte, Hebammen und Mitarbeiter von Schwangerschaftsberatungsstellen

Um die Qualität der Aufklärungen zu gewährleisten und das Problembewusstsein zu aktualisieren könnten die betroffenen Berufsgruppen zusätzlich zur

903 *Zumbach*, Lernen mit neuen Medien, S. 80 f.

904 *Ebd.*, S. 58.

905 BZgA, Alkohol in der Schwangerschaft, S. 48; *Spohr*, Das Fetale Alkoholsyndrom, S. 126.

Teilnahme an Informations- bzw. Fortbildungsveranstaltungen im zwei bis drei Jahresrhythmus verpflichtet werden[906]. Die Teilnahme an solchen Seminaren könnte durch Teilnahmescheine gegenüber der zuständigen Ärztekammer nachgewiesen werden müssen.

Die Fortbildungen würden zur Steigerung des Problembewusstseins bei den behandelnden Multiplikatoren beitragen und eine ordnungsgemäße Aufklärung sicherstellen. Teilweise sind die zurzeit Behandelnden überfordert, sofern suchtmittelkonsumierende Schwangere eine Beratung wünschen[907]. Dies zeigt einen Beratungsbedarf, sodass den Defiziten durch den Vorschlag entgegengewirkt würde. Fortbildungsangebote bestehen bereits, bspw. durch die ÄGGF, sodass die Fortbildungen kostengünstig, schnell und effektiv durchgeführt werden könnten. Die Fortbildungsverpflichtung würde in Art. 12 I GG eingriffen. Der Zeitaufwand würde mehrere Stunden betragen, sodass Grundrechtseingriffe schwerer wiegen würden als durch die interaktiven Aufklärungen. Abgemildert würde der Umstand indes, sofern das Verhältnis zur Jahresarbeitszeit betrachtet würde. Vor diesem Hintergrund wären die Grundrechtseingriffe gering. Das legitime Ziel des Schutzes Ungeborener überwiegt die Grundrechtseingriffe, da die Fortbildungsverpflichtung zur Vermeidung erheblicher dauerhafter, irreparabler Schäden beitragen würde. Allerdings wäre die Neueinführung einer Fortbildungsverpflichtung nicht erforderlich und somit verfassungsrechtlich nicht haltbar, da diese bereits existiert. Gem. § 4 I (Muster-) Berufsordnung der Ärzte müssen sich die in Deutschland tätigen Ärzte und Ärztinnen fortbilden[908]. Nachweise müssen auf Verlangen der Ärztekammern durch ein Fortbildungszertifikat nachgewiesen werden, § 4 II MBO-Ä. Die Ärztekammern üben die Berufsaufsicht über Ärzte aus und kontrollieren die Fortbildungszertifikate, § 2 VI MBO-Ä[909]. Einzelheiten der Fortbildungspflichten regelt die

906 Ähnlich *Fröschl/Brunner-Ziegler/Wirl*, GMS Health Technology Assessment 2013, Vol. 9, Doc. 10, S. 8.

907 „Während erfahrungsgemäß die Schwangeren eher auf die Risiken des Rauchens angesprochen werden, wird das Thema Alkohol ausgespart. Hintergrund ist oftmals auch, dass die Professionellen nicht wissen, wo sie suchtmittelkonsumierende Schwangere hin verweisen können", siehe https://www.bundesgesundheitsministerium.de/fileadmin/dateien/Publikationen/Drogen_Sucht/Kurzbericht/Kurzbericht_Caritasverband_Region_Schaumburg-Blies_Neue_Praeventionsansaetze_zur_Vermeidung_von_Suchtmittelkonsum_in_Schwangerschaft_und_Stillzeit.pdf S. 3. (zuletzt aufgerufen am 22.07.2017).

908 Im Folgenden wird die Kurzform MBO-Ä verwendet.

909 *Deutsch/Spickhoff*, Medizinrecht, § 4 MBO-Ä Rz. 4.

Musterfortbildungsverordnung. Die Ärztekammern können Verstöße gegen die Fortbildungspflicht sanktionieren gem. § 81 V SGB V. Bei nicht oder nicht ordnungsgemäßer Erfüllung der ärztlichen Verpflichtungen können bspw. Verwarnungen, Verweise, Geldbußen oder Anordnungen des Ruhens der Zulassung oder der vertragsärztlichen Beteiligung bis zu zwei Jahren drohen. Das Höchstmaß bei Geldbußen kann bis zu fünfzigtausend Euro betragen. Wegen der bereits bestehen Fortbildungspflichten und Sanktionsmöglichkeiten muss daher nicht nochmals eine Fortbildungspflicht normiert werden. Die Ärztekammern sollten den Nachweis der Fortbildung vielmehr standardisiert einfordern und Verstöße nachhaltig verfolgen.

5. Versagung Lohnansprüche für behandelnde Berufsgruppen ohne Aufklärung

Eine andere Überlegung ist, das Verhalten der Behandelnden zu sanktionieren. Möglicherweise könnten den Behandelnden die Lohnansprüche versagt werden, sofern sie nicht über die Risiken pränataler Einwirkungen aufklären. Nach geltender Rechtslage bestehen Zahlungsansprüche trotz mangelnder Aufklärung, da diese nicht den Vertragsschluss als solchen berühren und somit der Behandlungsvertrag nicht gem. § 134 BGB nichtig ist[910]. Die Grundidee ist, dass die Behandelnden aus Furcht vor wirtschaftlichen Verlusten mutmaßlich wirksamer aufklären würden, sodass der Schutz Ungeborener gesteigert würde.

Besondere Missbrauchsgefahren zulasten der Ärzte würden dabei nicht bestehen. Patienten könnten zwar behaupten nicht oder nicht wirksam aufgeklärt worden zu sein, jedoch können Ärzte sich dagegen durch die Abzeichnung der Aufklärungen wirksam absichern. Die Situation des Missbrauches ist ferner für Ärzte nicht ungewohnt. Angesichts eines Regresses für Behandlungsfehler sind sie bereits nach geltender Rechtslage verpflichtet, den Beweis wirksamer Aufklärungen zu erbringen, §§ 630f II sowie 630e BGB.

Allerdings wäre der Vorschlag ebenso nicht verfassungsrechtlich haltbar. Es bestünden erhebliche Eingriffe in die Berufsfreiheit, da immense wirtschaftliche Einbußen drohen würden. Eine Abwägung zwischen Art. 12 I und Art. 2 II 1 GG fällt zwar zugunsten Letzterer aus, da erhebliche dauerhafte und irreparable Schäden wahrscheinlich sind, jedoch wäre die Versagung der Lohnansprüche nicht erforderlich. Die aktuellen Sanktionsmöglichkeiten der Ärztekammern und die zivilrechtlichen Schadensersatzansprüche sind mildere Mittel. Sie greifen weniger stark in die Grundrechte ein und erzielen mutmaßlich dieselben

910 *Deutsch/Spickhoff*, Medizinrecht, § 611 Rz. 526.

geringen Erfolge wie hiesige Maßnahmen. Die staatliche Handlungspflicht ist daher nicht durch eine Versagung der Lohnansprüche der Behandelnden umzusetzen.

Ergebnis zur Gefahrenvorsorge de lege ferenda zum Schutze Ungeborener:

Das vorliegende Kapitel untersuchte, wie die staatliche Handlungspflicht zum Schutze Ungeborener aus Art. 2 II 1 GG umzusetzen ist. Dabei gelangt die Untersuchung zu der Erkenntnis, dass der Alkoholkonsum Schwangerer zuvörderst durch Aufklärungen zu vermeiden ist, da nur Aufklärungen den vermeintlichen Ursachen des pränatalen Alkoholkonsums entgegenwirken. Die Ursachen dessen sind wahrscheinlich mangelndes Wissen über die genaue Menge der Schädlichkeit. Der Alkoholkonsum beruht mutmaßlich auf Unwissenheit und nicht auf absichtlichen Verhalten. Daraus folgt, dass Maßnahmen zur Verhaltenslenkung primär eine erhöhte Aufklärung erreichen müssen. Sanktionsandrohungen, die nur mittelbar und nicht unmittelbar aufklären sind somit verfehlt. Deswegen ist die ausdrückliche Normierung zivilrechtlicher Schadensersatzansprüche von geschädigten Kindern gegen schädigende Mütter abzulehnen. Aus demselben Grund ist die Androhung des Kindesentzugs ebenso abzulehnen. Der Vorschlag, Schwangere zu regelmäßigen Kontrollen zur Überprüfung des schädlichen Konsums zu verpflichten, wirkt den Ursachen ebenso nicht entgegen und ist verfassungswidrig. Da der Alkoholkonsum am effektivsten durch Aufklärungen zu vermeiden ist, stellte sich die Frage, welche Form der Aufklärung die größten Präventionseffekte erwarten lässt. Von einer solchen bundesweiten Aufklärungskampagne würden mutmaßlich keine ausreichende Aufklärung und somit kaum Effekte zum Schutz der Leibesfrucht ausgehen. Warn- und Aufklärungsetiketten auf Konsumgütern versprechen demgegenüber erhöhte Präventionseffekte, allerdings blieben entscheidende Möglichkeiten der Verhaltenslenkung unberührt. Aufklärungen bereits im Schulunterricht wären zwar verfassungsgemäß, jedoch blieben psychologische Effekte ebenso zum Teil ungenutzt. Verbesserte Aufklärungen folgen ebenso nicht zwangsläufig aus der Integration von verpflichtenden Gesundheitsseminaren an berufsbegleitenden oder berufsvorbereitenden Schulen. Vielmehr ergab die Untersuchung, dass Aufklärungen verstärkt in persönlichen Face-to-Face Gesprächen durch Frauenärzte, Hebammen und Schwangerschaftsberatungsstellen geleistet sollten, da dies die stärksten Aufklärungseffekte verspricht. Zur Umsetzung der staatlichen Handlungspflicht sollte eine gesetzliche Verpflichtung zur Durchführung interaktiver Aufklärungen in Gynäkologie- und Schwangerschaftsberatungspraxen normiert werden. Den Maßnahmen stünden keine durchgreifenden verfassungsrechtlichen Bedenken gegenüber. Zur Absicherung des Informationsniveaus und des Problembewusstseins, sollten die Ärztekammern den Nachweis der Fortbildung über schädliche pränatale Einwirkungen standardisiert einfordern und Verstöße nachhaltig verfolgen. Der Vorschlag Lohnansprüche zu versagen, sofern Ärzte nicht effektiv aufklären, scheidet dagegen aus, da dies verfassungswidrig wäre. Trotz der gewichtigen Argumente für interaktive Aufklärungen mittels Tablets ist festzuhalten, dass eine dreiteilige Kombination zwischen frühzeitiger Einbindung in den Sexualunterricht, bundesweiten Aufklärungskampagnen und interaktiven Aufklärungen nebst den klassischen Aufklärungen durch die berührenden Berufsgruppen mutmaßlich die stärksten Aufklärungseffekte versprechen würde. Breitangelegte Aufklärungen über mehrere staatliche Handlungsinstrumente sind notwendig, damit das Problem möglichst zeitnah in das Problembewusstsein eindringt und das FAS in absehbarer Zeit merklich abnimmt.

Als rechtliche Grundlage zur Realisierung des Vorschlages dient die staatliche Handlungspflicht zum Schutze Ungeborener aus Art. 2 II 1 GG. Der Vorschlag stellt im Gegensatz zu einer Kriminalisierung ein kriminalpolitisch sinnvolleres Mittel dar, da somit den Ursachen des pränatalen Alkoholkonsums Schwangerer entgegengewirkt würde.

Endergebnis zum Strafrecht de lege ferenda zum Schutz Ungeborener:

Eine staatliche Handlungspflicht zum Schutze des ungeborenen Lebens aus Art. 2 II 1 GG zwingt zur Untersuchung, wie diese umzusetzen ist. In Betracht kommen sowohl Maßnahmen im Rahmen einer Gefahrenvorsorge als auch eine Kriminalisierung des Alkoholkonsums Schwangerer. Der Einsatz des Strafrechts ist aber nur zu empfehlen, wenn eine Strafnorm verfassungsrechtlich möglich und kriminalpolitisch sinnvoll wäre. In Kapitel V. wurde festgestellt, dass die Argumente für eine Kriminalisierung des Alkoholkonsums Schwangerer aus verfassungsrechtlicher Sicht nur überwiegen, wenn keine alternativen, aber zumindest gleich effektiven Maßnahmen entwickelt werden können. Die Untersuchung ergibt, dass interaktive Aufklärungen Schwangerer durch Tablets in Gynäkologie- und Schwangerschaftsberatungspraxen mutmaßlich effektiv sind und sogar höhere Präventionseffekte erwarten lassen. Allerdings führt dies nicht zur Verfassungswidrigkeit, da die verfassungsrechtliche Erforderlichkeit vom BVerfG weit ausgelegt wird. Soweit ersichtlich hat das BVerfG eine Norm des materiellen Strafrechts noch nie für nicht erforderlich erklärt. Dies liegt wohl an dem vom BVerfG stets betonten weiten Gestaltungsspielraum des Gesetzgebers als auch an der Ausstrahlungswirkung des Strafrechts. Zudem ist entscheidend, dass den entwickelten Maßnahmen im Rahmen der lege ferenda keine gesicherten wissenschaftlichen Erkenntnisse über deren effektive Wirkungsweise vorliegen, sodass sich die Argumente des weiten Gestaltungsspielraums und der Ausstrahlungswirkung des Strafrechts noch verstärken. Das vorherige Kapitel zeigte aber auch, dass eine Kriminalisierung kriminalpolitisch nicht sinnvoll wäre, da den Ursachen in der Regel nicht entgegengewirkt würde, sodass eine Strafnorm aus diesen Gründen abzulehnen ist.

Das Hauptanliegen der Untersuchung ist das Erarbeiten konkreter Lösungsmöglichkeiten, um eine Reduktion des Alkoholkonsums zu erreichen. Die konkrete Lösung lautet, interaktive Aufklärungen Schwangerer durch Tablets in Gynäkologie- und Schwangerschaftsberatungspraxen einzuführen. Diese werden vermutlich einen Rückgang realisieren können.

Zu Beginn der Untersuchung drängte sich die Frage auf, ob eine gegebenenfalls bestehende staatliche Handlungspflicht zum Schutze des ungeborenen Lebens zu einer staatlichen Pflicht zur Kriminalisierung verengt werden kann. Anhand der vorstehenden Kapitel ist diese Frage zu verneinen. Da Maßnahmen im Bereich der Gefahrenvorsorge de lege ferenda entwickelt werden konnten und diese dazu führten, dass eine Kriminalisierung kriminalpolitisch nicht sinnvoll wäre, besteht infolgedessen auch keine strafrechtliche Handlungspflicht des Staates aus Art. 2 II 1 GG zur Kriminalisierung des Alkoholkonsums Schwangerer bestehen.

C. Zusammenfassung

Das Hauptanliegen der Untersuchung ist das Erarbeiten verfassungsrechtlicher und rechtspolitischer Rahmenbedingungen zur Entwicklung konkreter Lösungsmöglichkeiten, um einen Rückgang pränataler Einwirkungen mit postnatalen Folgen zu erreichen. Insbesondere soll der Alkoholkonsum Schwangerer minimiert werden, damit die verheerenden Folgen für Ungeborene künftig reduziert werden können. Gegenstand der Untersuchung ist zunächst die Frage, ob eine staatliche Handlungspflicht zum Schutze Ungeborener aus der Verfassung abgeleitet werden kann. Da dies zu bejahen ist, müssen rechtliche Handlungsoptionen zum Schließen der Schutzlücke de lege ferenda entwickelt werden. Die *wesentlichen* Ergebnisse werden folgend in zehn Thesen zusammengefasst.

I. Eine staatliche Handlungspflicht zum Schutze Ungeborener gegen pränatale Einwirkungen Schwangerer aus Art. 2 II 1 GG besteht. Art. 2 II 1 GG verpflichtet den Staat zum aktiven Schutz, sofern kumulativ drei Voraussetzungen vorliegen. Nach der Rechtsprechung des BVerfG muss erstens ein schützenswertes Grundrecht vorliegen, zweitens als Untergrenze kein angemessener Schutz eines schützenswerten Grundrechts bestehen und drittens müssen die Belange einer etwaigen Schutzposition kollidierende Schutzpositionen überwiegen. Die Voraussetzungen sind bei dem pränatalen Alkoholkonsum Schwangerer erfüllt.

II. Nach der Rechtsprechung des BVerfG beginnt der Schutz des Artikels 2 II 1 GG ab der Einnistung der Eizelle in die Gebärmutter, sog. Nidation. Nach der hier vertretenen Auffassung unterstehen Ungeborene jedoch erst ab dem zeitlich späteren 16. Tag nach der Befruchtung dem Lebensschutz des Art. 2 II 1 GG. Dies ist damit zu begründen, dass die auf dem Wortlaut, der Historie des Art. 2 II 1 GG sowie das Kontinuitäts-, Identitäts- und Potenzialitätsargument gestützte Argumentation des BVerfG nicht überzeugt. Die klassischen Auslegungsmethoden lassen nicht auf einen Zeitpunkt für den Beginn des Lebensschutzes schließen. Vielmehr ist teleologisch-historisch zu argumentieren und der Charakter der Grundrechte zum Schutze von Individuen zu beachten. Da Grundrechte zuvörderst Individuen schützen, beginnt der Lebensschutz, sofern ein Individuum zweifelsfrei vorliegt. Daher zwingt das Argument zum Abstellen auf den Zeitpunkt des Ausschlusses des Entstehens eineiiger Zwillinge, da ab dann zweifelsfrei ein Individuum vorliegt. Nach dem 16. Tag nach

der Befruchtung wurde biologisch noch nie eine Teilung beobachtet, mit der Folge, dass dieser Zeitpunkt maßgebend ist.
Sowohl nach der hier vertretenen engeren Auffassung als auch nach der Auffassung des BVerfG unterfallen Ungeborene dem Lebensschutz. Daher liegt die erste Voraussetzung einer staatlichen Handlungspflicht unabhängig von der Konstruktion vor.

III. Die aktuellen staatlichen Maßnahmen im Rahmen der präventiven Gefahrenvorsorge gewähren keinen angemessenen Schutz Ungeborener.

IV. Schwangere machen sich durch pränatale Einwirkungen mit postnatalen Folgen – insbesondere durch den Alkoholkonsum – de lege lata nicht strafbar. Folglich gewährt auch das Strafrecht de lege lata keinen angemessenen Schutz Ungeborener. Somit ist die zweite Voraussetzung einer staatlichen Handlungspflicht erfüllt.

V. Der verfassungsrechtliche Schutz Ungeborener überwiegt die Schutzpositionen von Schwangeren aufgrund der zeitlichen geringeren Eingriffe und dem Entstehen irreparabler Schäden, sodass die dritte Voraussetzung ebenso erfüllt ist.

VI. Dem Gesetzgeber steht es frei zu entscheiden, mit welchen Mitteln er eine Schutzlücke schließt.

VII. Das Strafrecht de lege ferenda kann die Schutzlücke zum Schutze Ungeborener nicht schließen. Eine Kriminalisierung wäre aufgrund des weiten Gestaltungsspielraums des Gesetzgebers und der Ausstrahlungswirkung des Strafrechts zwar nicht verfassungswidrig, aber kriminalpolitisch nicht sinnvoll, da Maßnahmen der Gefahrenvorsorge den Ursachen des Alkoholkonsums Schwangerer in der Regel wohl besser entgegenwirken würden. Diese Maßnahmen wären mutmaßlich auch effektiver, jedoch kann dies mangels wissenschaftlicher Studien zur Wirksamkeit nicht objektiv belegt werden. Da der Gesetzgeber einen Gestaltungsspielraum bei der Erforderlichkeit hat und Studien fehlen, wäre eine Kriminalisierung verfassungsgemäß. Kriminalpolitisch wäre sie jedoch nicht sinnvoll.

VIII. Die Schutzlücke ist de lege ferenda durch eine gesetzliche Verpflichtung zur Durchführung interaktiver Aufklärungen in Gynäkologie- und Schwangerschaftsberatungspraxen zu schließen, da sie die höchsten Präventionseffekte erwarten lässt. Diese Maßnahme ist der oben genannte konkrete Lösungsvorschlag.

IX. Trotz der gewichtigen Argumente für interaktive Aufklärungen mittels Tablets ist festzuhalten, dass eine dreiteilige Kombination zwischen frühzeitiger Einbindung in den Sexualunterricht, bundesweiten Aufklärungskampagnen und interaktiven Aufklärungen nebst den klassischen Aufklärungen durch die berührenden Berufsgruppen mutmaßlich die stärksten Aufklärungseffekte versprechen würde.

X. Die staatliche Handlungspflicht zum Schutze Ungeborener führt nicht zu einer staatlichen Handlungspflicht zur Kriminalisierung.

Literaturverzeichnis[911]

Albrecht, Hans-Jörg: Strafe und Prävention. Eine Herausforderung für Rechtswissenschaft und Justiz, Diskurs 1995, S. 15 ff.

Alexy, Robert: Theorie der Grundrechte, 2. Auflage, Frankfurt a.M. 1994

Amelung, Knut: Strafrechtswissenschaft und Strafgesetzgebung, ZStW 92. (1980), S. 67 ff.

–: Rechtsgüterschutz oder Schutz der Gesellschaft, Frankfurt a.M. 1972

Appel, Ivo: Verfassung und Staat, Freiburg 1998

Belling, Claus: Die Rechtsfertigungsproblematik beim Schwangerschaftsabbruch nach dem 2. Fristenlösungsurteil des Bundesverfassungsgerichtes, MedR1995, S. 184 ff.

Berghäuser, Gloria: Das Ungeborene im Widerspruch – Der symbolische Schutz des menschlichen Lebens in vivo und sein Fortwirken in einer autopoietischen Strafgesetzgebung und Strafrechtswissenschaft, Passau 2013

Bergmann, Martin/Fanghänel, Jochen/Petzoldt, Ulrich/Seitz, Jürgen/Sinowatz, Fred: Embryologie des Menschen, Kurzlehrbuch, Köln 1999

Bommas-Ebert, Ulrike/Teubner, Philipp/Voß, Rainer: Kurzlehrbuch Anatomie und Embryologie, 3. Auflage, Stuttgart 2011

Bröhm, Winfried: Forum: Humanbiotechnik, Eigentum und Menschenwürde, JuS 1998, S. 197 ff.

Bubrowski, Helene/Schmidt, Lucia: Nikotinbaby, FAZ 2015, S. 3.

Büchner, Bernward: Zum Stand der Erkenntnis über die „Pille danach“, ZfL 2015, S. 108 ff.

Bundeszentrale für gesundheitliche Aufklärung (BZgA): Alkohol in der Schwangerschaft – ein kritisches Resümee, Köln 2002.

Coester-Waljten, Dagmar: Befruchtungs- und Gentechnologie bei Menschen – rechtliche Probleme von morgen? FamRZ 1984, S. 230 ff.

Curti, Hennig: Abschreckung durch Strafe – Eine ökonomische Analyse der Kriminalität, Hamburg 1998

---

911 Titel von Monografien und Beiträge in Sammelwerken werden im Text mit dem ersten Hauptwort bzw. den ersten Hauptwörtern ihres Titels, Beiträge in Zeitschriften und Festschriften werden – wie üblich – mit Verweis auf den Zeitschriftenband oder die Festschrift zitiert. Lehrbücher werden mit dem Autor und Titel, Kommentare mit Titel-Bearbeiter zitiert.

–: Strafe und Generalprävention, ZRP 1999, S. 234 ff.

Dammann, Illmer: Der Kernbereich der privaten Lebensgestaltung, Bielefeld 2011

Damschken, Georg/Schönecker, Dieter: Der moralische Status menschlicher Embryonen, Berlin, New York 2003

Dederer, Hans-Georg: Menschenwürde des Embryos in vitro?, AöR 2002, S. 1 ff.

Deutsches Krebsforschungszentrum: Wirksamkeit von bildlichen Warnhinweisen auf Zigarettenverpackungen, Heidelberg 2013

Deutsch, Erwin/Spickhoff, Andreas: Medizinrecht, 7. Auflage, Heidelberg 2014

Deutsch, Erwin: Der Diskussionsentwurf eines Gesetzes zum Schutze von Embryonen (ESchG), ZRP 1986

Dolderer, Anja-Beatrice: Menschenwürde und Spätabbruch, Berlin 2012

Dreier, Horst: Grundgesetz Kommentar, 3. Auflage, Tübingen 2013, Band I, Art. 1–19

–: Grenzen des Tötungsverbotes – Teil I, JZ 2007, S. 261 ff.

–: Stufungen des vorgeburtlichen Lebensschutzes, ZRP 2002, S. 377 ff.

Duncker, Martin Andreas: Strafrechtlicher Lebensschutz in vivo – Das ungeborene menschliche Leben als Schutzgut des Strafgesetzbuches – eine medizinstrafrechtliche Untersuchung, Zürich 2006

Erichsen, Hans-Uwe/Kollhosser, Helmut/Welp, Jürgen: Recht der Persönlichkeit, Berlin 1996

Eser, Albin/Koch, Hans-Georg: Schwangerschaftsabbruch im internationalen Vergleich, Freiburg 2000

Fischer, Thomas: Strafgesetzbuch Kommentar, 64. Auflage, München 2017

Frisch, Wolfgang: Voraussetzungen und Grenzen staatlichen Strafens, NStZ 2016, S. 16 ff.

Fröschl, Babara/Brunner-Ziegler, Sophie/Wirl, Charlotte: Prävention des Fetalen Alkoholsyndroms, 1. Auflage, Köln 2013

Geiger, Willi: Der Schwangerschaftsabbruch, in: Festschrift für Herbert Tröndle, Berlin 1989, S. 647 ff.

Giwer, Elisabeth: Rechtsfragen der Präimplantationsdiagnostik, Köln 2001

Gropp, Walter: Der Embryo als Mensch: Überlegungen zum pränatalen Schutz des Lebens und der körperlichen Unversehrtheit, GA 2000, S. 1 ff.

Günter, Düring: Grundgesetz Kommentar, Band I, München 2016

Günther, Hans-Ludwig: Der Diskussionsentwurf eines Gesetzes zum Schutz vom Embryonen, GA 1987, S. 433 ff.

–: Die Genese eines Straftatbestandes – Eine Einführung in Fragen der Strafgesetzgebungslehre, JuS 1978, S. 8 ff.

Hall, Reiner: Plädoyer für ein Alkoholverbot für Schwangere, in: Festschrift für Wolfgang Schlick, Köln 2015, S. 507 ff.

Hassemer, Winfried: Symbolisches Strafrecht und Rechtsgüterschutz, NStZ 1989, S. 553 ff.

Haßmann, Holger: Embryonenschutz im Spannungsfeld internationaler Menschenrechte, staatlicher Grundrechte und nationaler Regelungsmodelle zur Embryonenforschung, Mannheim 2002

Hefendehl, Roland: Kollektive Rechtsgüter im Strafrecht, München 1998

–: Der fragmentarische Charakter des Strafrechts, JA 2011, S. 401 ff.

Heinemann, Nicola: Frau und Fötus in der Prä- und Perinatalmedizin aus strafrechtlicher Sicht, Freiburg 1997

Heintschel-Heinegg, Bernd v.: Strafgesetzbuch Kommentar, 2. Auflage, München 2015

Herdegen, Matthias: Die Menschenwürde im Fluss des bioethischen Diskurses, JZ 2001, S. 773 ff.

Hesse, Konrad: Grundzüge des Verfassungsrechts der Bundesrepublik Deutschland, 2. Auflage, Heidelberg 1999

–: Die verfassungsgerichtliche Kontrolle der Wahrnehmung grundrechtlicher Schutzpflichten des Gesetzgebers, in: Festschrift für Ernst Gottfried Mahrenholz, Baden-Baden 1994, S. 551 ff.

Hettinger, Michael: Zur Rationalität heutiger Strafgesetzgebung im Hinblick auf die Rechtsfolgenbestimmung Goldmanns Archiv für Strafrecht, GA 1995, S. 399 ff.

Heun, Werner: Embryonenforschung und Verfassung- Lebensrecht und Menschenwürde des Embryos, JZ 2002, S. 517 ff.

Hilgendorf, Eric: Scheinargumente in der Abtreibungsdiskussion – am Beispiel des Erlanger Schwangerschaftsfalls, NJW 1996, S. 759 ff.

Hillenkamp, Thomas: Zum Schwangerschaftsabbruch nach Pränataldiagnostik, in: Festschrift Kurt Amelung, Berlin 2009, S. 425 ff.

Hinrichsen, Klaus: Humanembryologie, Berlin, Heidelberg 1990

Hoerster, Norbert: Ein „verringertes" Lebensrecht zur Legitimation der Fristenregelung?, NJW 1997, S. 773 ff.

–: Neugeborene und das Recht auf Leben, Frankfurt a.M. 1995

–: Abtreibung im säkularen Staat, 2. Auflage, Frankfurt a.M. 1995

–: Wie schutzwürdig ist der Embryo? Zu Abtreibung, PID und Embryonenforschung, Weilerswist 2013

Hofmann, Hasso: Biotechnik, Gentherapie, Genmanipulation-Wissenschaft im rechtsfreien Raum?, JZ 1986, S. 253 ff.

Hofmann, Hans/Henneke, Hans-Günter: Kommentar zum Grundgesetz, 13. Auflage, Köln 2014

Hübner, Christoph: Die Entwicklung der objektiven Zurechnung, Berlin 2004

Hufen, Friedhelm: Erosion der Menschenwürde? JZ 2004, S. 313 ff.

–: Präimplantationsdiagnostik aus verfassungsrechtlicher Sicht, MedR 2001, S. 401 ff.

Ipsen, Jörn: Der „verfassungsrechtliche Status“ des Embryos in vitro, JZ 1001, S. 989 ff.

Isensee, Josef/Paul, Kirchhof: Handbuch des Staatsrechtes, IV. Band, Aufgaben des Staates, 3. Aufl. Heidelberg 2006, V. Band, Rechtsquellen, Organisation, Finanzen, 3. Aufl. Heidelberg 2007, VII. Band, Freiheitsrechte, 3. Aufl., Heidelberg 2009, VIII. Band, Grundrechte: Wirtschaft, Verfahren, Gleichheit, 3. Aufl., Heidelberg 2010 VII. Band, Allgemeine Grundrechtslehren, 3. Auflage, Heidelberg 2009, IX. Band Freiheitsrechte, 3. Auflage, Heidelberg 2011

Isensee, Josef: Die alten Grundrechte und die biotechnische Revolution, in: Festschrift für Alexander Hollerbach, Berlin 2001, S. 243 ff.

Jäger, Heribert: Irrationale Kriminalpolitik, in: Festschrift für Horst Schüler-Springorum, Berlin 1993, S. 229 ff.

Jarass, Hans/Pieroth, Bodo: Grundgesetz für die Bundesrepublik Deutschland Kommentar, 14. Auflage, München 2016

Jerouscheck, Günter: Vom Wert und Unwert der pränatalen Menschenwürde, JZ 1989, S. 279 ff.

Joecks, Wolfgang/Miebach, Klaus: Münchener Kommentar zum Strafgesetzbuch Band 1 §§ 1–37 StGB, 2. Auflage, München 2011, Band 4 §§ 185–262 StGB, 2. Auflage, München 2012

Joerden, Jan C.: Noch einmal: Wer macht Kompromisse beim Lebensrechtsschutz? – Eine Antwort auf *Hoerster*, JuS 2003, 529, JuS 2003, S. 1051 ff.

Jung, Heike: Anmerkung zur OLG Karlsruhe, Beschluss vom 25.04.1984 – 1 Ws 261/ 83, NStZ 1985, S. 314 ff.

Kaspar, Johannes: Verhältnismäßigkeit und Grundrechtsschutz im Präventionsstrafrecht, Augsburg 2011

Kaufmann, Armin: Tatbestandsmäßigkeit und Verursachung im Contergan-Verfahren, JZ 1971, S. 569 ff.

Kindhäuser, Urs: Strafgesetzbuch Lehr- und Praxiskommentar, 6. Auflage, Baden-Baden 2015

–: Strafrecht Allgemeiner Teil, 7. Auflage, Baden-Baden 2015

Kindhäuser, Urs/Neumann, Ulfrid/Paeffgen, Ullrich: Strafgesetzbuch Kommentar, 4. Auflage, Band 2, Baden-Baden 2013

Kloepfer, Michael: Verfassungsrecht, Band II – Grundrechte, München 2010

Körkel, Joachim: Kontrolliertes Trinken bei Alkoholkonsumstörungen: Eine systematische Übersicht, SUCHT 2015, S. 147 ff.

–: Damit Alkohol nicht zur Sucht wird – kontrolliert trinken, Heidelberg 2007

Körkel, Joachim/Kruse, Gunther: Basiswissen: Rückfall bei Alkoholabhängigkeit, Bonn 2005

Korczak, Dieter: Föderale Strukturen der Prävention von Alkoholmissbrauch bei Kindern und Jugendlichen, 1. Aufl., Köln 2012

Krauß, Detlef: Rechtsgut und kein Ende, in: Festschrift für Winfried Hassemer, Heidelberg 2010, S. 423 ff.

Krey, Volker/Esser, Robert: Deutsches Strafrecht Allgemeiner Teil, 6. Auflage, Stuttgart 2016

Kubiciel, Michael: Die Wissenschaft vom Besonderen Teil des Strafrechts, Regensburg 2012

–: Grund und Grenzen des Verbots der Präimplantationsdiagnostik, NStZ 2013, S. 382 ff.

Kubiciel, Michael/Winter, Thomas: Globalisierungsfluten und Strafbarkeitsinseln – Ein Plädoyer für die Abschaffung des strafrechtlichen Ehrenschutzes, ZStW 113. (2001), S. 305 ff.

Kudlich, Hans: Die Relevanz der Rechtsgutstheorie im modernen Verfassungsstaat, ZStW 126. (2015), S. 635 ff.

–: Die strafrechtliche Aufarbeitung des „Organspende-Skandals“, NJW 2013, S. 917 ff.

Kunig, Philip: Grundrechtlicher Schutz des Lebens, JURA 1991, S. 415 ff.

–: Grundgesetz Kommentar, Band 1: Präambel bis Art. 69, 6. Auflage, München 2012

Kühl, Kristian/Heger, Martin: Strafgesetzbuch Kommentar, 28. Auflage, München 2014

Küper, Wilfried: Mensch oder Embryo? Der Anfang des „Menschseins“ nach neuem Strafrecht, GA 2001, S. 515 ff.

Laber, Jörg: Der Schutz des Lebens im Strafrecht, Köln 1997

Lagodny, Otto: Strafrecht vor den Schranken der Grundrechte, Freiburg 1996

Landgraf, Mirjam/Heinen, Florian: S3-Leitlinie, Diagnostik des Fetalen Alkoholsyndroms (Kurzfassung), München 2012

Landgraf, Mirjam/Nothacker, Monika/Kopp, Ina/Heinen, Florian: Diagnose des Fetalen Alkoholsyndroms, DÄ, 2013, S. 703 ff.

Lang, Peter/Merzenich, Hiltrud: Alkohol in der Schwangerschaft – Ein kritisches Resümee, Köln 2002

Landau, Herbert: Die jüngere Rechtsprechung des Bundesverfassungsgerichts zu Strafrecht und Strafverfahrensrecht, NStZ 2015, S. 665 ff.

Laufhütte, Heinrich Wilhelm, Rissing v. Saan, Ruth, Tiedemann, Klaus: Strafgesetzbuch Leipziger Kommentar Großkommentar, 1. Band Einl. §§ 1–31, 12. Auflage, Berlin 2006, 6. Band, §§ 146–210, 12. Auflage, Berlin 2009, 6. Band, §§ 223–263a, 11. Auflage Berlin 2001

Laufs, Adolf/Kern, Bernd-Rüdiger: Handbuch des Arztrechts, 4. Auflage, München, 2010

Lenckner, Theodor/Winkelbauer, Wolfgang: Die pränatale Embryonenschädigung mit postnatalen Folgen – Würdigung des § 1 Diskussionsentwurf eines Embryonenschutzgesetzes, in: Fortpflanzungsmedizin und Humangenetik – Strafrechtliche Schranken? Tübingen 1987

Lüdersen, Klaus/Nestler-Tremel/Cornelius, Weigend, Ewa: Modernes Strafrecht und ultima-ratio-Prinzip, Frankfurt a.M. 1990

Lüttger, Hans: Geburtsbeginn und pränatale Einwirkungen mit postnatalen Folgen, Bemerkung zu BGH – 3 StR 25/83 vom 22.04.1983, NStZ 1983, S. 481 ff.

–: Geburtshilfe und Menschwerdung in strafrechtlicher Sicht, in: Festschrift für Ernst Heinitz, Berlin 1972, S. 359 ff.

–: Der Beginn der Geburt und das Strafrecht JR 1971, S. 133 ff.

Markl, Hubert: Schöner neuer Mensch? München 2002

Merkel, Reinhard: Forschungsobjekt Embryo, Verfassungsrechtliche und ethische Grundlagen der Forschung an menschlichen und embryonalen Stammzellen, München 2002

–: Grundrechte für frühe Embryonen?, in: Festschrift für Heinz Müller-Dietz, München 2001, S. 493 ff.

–: Früheuthanasie – Rechtsethische und strafrechtliche Grundlagen ärztlicher Entscheidungen über Leben und Tod in der Neonatalmedizin, Baden-Baden 2001

Möslein, Florian: Governance in der rechtswissenschaftlichen Ausbildung: Schlüsselqualifikation für Regelsetzung, Wirkungsanalyse und interdisziplinären Austausch, S. 385 ff.

Mortler, Marlene: Die Fetale Alkoholspektrum-Störung, Informationsbroschüre der Drogenbeauftragten der Bundesregierung, Berlin 2014

–: Drogen- und Suchtbericht, Berlin 2015

Müller-Terpitz, Ralf: Der Schutz des pränatalen Lebens, Tübingen 2007

Neidert, Rudolf: Zunehmendes Lebensrecht – Genetische Untersuchungen am Embryo in vitro im medizinischen und juristischen Kontext, DÄ 2000, S. 50 ff.

Nüsslein-Vollhard, Christiane: Das Werden des Lebens, München 2004

Oehmichen, Manfred/Staak, Michael: Die rechtliche Stellung des Neugeborenen 1986, S. 71 ff.

Paeffgen, Hans-Ullrich: Das „Rechtsgut" – ein obsoleter Begriff? in: Festschrift für Jürgen Wolter, Berlin 2013

Palandt, Otto (Begr.): Kommentar zum Bürgerlichen Gesetzbuch, 74. Auflage, München 2015

Rehage, Ruben/Schmergal, Cornelia: Das 600-Milliarden-Ding, Spiegel 2016, S. 16 ff.

Reimer, Franz: Juristische Methodenlehre, 1. Auflage, Baden-Baden 2016

Rengier, Rudolf: Strafrecht Allgemeiner Teil, 6. Auflage, München 2014

Richter, Thomas: Inhalt und Grenzen strafrechtlicher Legislativgewalt – Ein Beitrag zur Strafgesetzgebungslehre, JuS-L1990, S. 89 ff.

Robben, Christine: Pränatale Schädigungen mit postnatalen Folgen, Überlegungen zu einem neuen Schutz- und Haftungskonzept unter Berücksichtigung der US- amerikanischen Rechtslage, Göttingen 2014

Römer, Thomas/Schleußner, Ekkehard/Straube, Wolfgang: Pschyrembel, Gynäkologie und Geburtshilfe, 3. Auflage, Berlin 2012

Rössner, Dieter: Gesamtes Strafrecht Handkommentar, 4. Auflage, Baden-Baden 2017

Roxin, Claus: Zur neueren Entwicklung der Rechtsgutsdebatte, in: Festschrift für Winfried Hassemer, Heidelberg 2010

–: Zur Strafbarkeit des Geschwisterinzests – Zur verfassungsrechtlichen Überprüfung materiellrechtlicher Strafvorschriften – StV 2009, 544 ff.

–: Probleme beim strafrechtlichen Schutz des werdenden Lebens, JA 1981, S. 542 ff.

Rüpke, Giselher: Persönlichkeitsrecht und Schwangerschaftsunterbrechung, ZRP 1974, S. 73 ff.

Sachs, Michael: Grundgesetz Kommentar, 7. Auflage, München 2014

Sadler, Thomas W.: Medizinische Embryologie, 11. Auflage, Stuttgart 2008

Sass, Hans Martin: Medizin und Ethik, Stuttgart 1989

Satzger, Helmut: Der Schwangerschaftsabbruch (§§ 218 ff. StGB), JURA 2008, S. 424 ff.

Schiefer, Frank: Strukturen der Erfolgszurechnung im Strafrecht und im zivilen Deliktsrecht, Düsseldorf 2001

Schmehl, Arndt: Symbolische Gesetzgebung, ZRP 1991, S. 251 ff.

Schöch, Hans-Dieter: Entkriminalisierung, Entpönalsierung, Reduktionismus – Quantitative Prinzipien der Kriminalpolitik, in: Festschrift für Horst Schüler-Springorum, Berlin 1993, S. 245 ff.

Schönke, Adolf/Schröder, Horst: Strafgesetzbuch Kommentar, 29. Auflage, München 2014

Schroth, Ulrich: Forschung mit embryonalen Stammzellen und Präimplantationsdiagnostik im Lichte des Rechts, JZ 2002, S. 170 ff.

Schwarz, Michael: Alkohol in der Schwangerschaft?, JURA 2011, S. 379 ff.

Siedentopf, Jan-Peter/Nagel, Manuela/Büscher, Ullrich/Dudenhausen, Joachim Wolfram: Alkohol konsumierende Schwangere in der Schwangerschaftsberatung: Prospektive, anonymisierte Reihenuntersuchung zur Abschätzung der Prävalenz DÄ 2004, S. 101 ff.

Sigel, Peter: Strafbarkeit pränataler Einwirkungen auf die Leibesfrucht über §§ 218 ff. StGB hinaus, Tübingen 1987

Singer, Peter: Praktische Ethik, 2. Auflage, Stuttgart 1994

Spickhoff, Andreas: Die Entwicklung des Arztrechts 2002/2003, NJW 2003, S. 1701 ff.

Spohr, Hans-Ludwig: Das fetale Alkoholsyndrom, Berlin 2014

Spohr, Hans-Ludwig/Steinhausen, Hans-Christoph: Fetale Alkohol-Spektrum-Störung, DÄ 2008, S. 693 ff.

Stächelin, Gregor: Strafgesetzgebung im Verfassungsstaat: normative und empirische Materielle und prozedurale Aspekte der Legitimation unter Berücksichtigung neuerer Strafgesetzgebungspraxis, Berlin 1998

Stark, Christian: Kommentar zum Grundgesetz, 6. Auflage, München 2010, Band I, Art. 1–19

Steinberg, Georg: Liberale Potenziale des strafrechtlichen Rechtsgutskonzepts – Überlegungen zur „Inzest-Entscheidung“ des BVerfG vom 26.02.2008 – 2 BvR 392/07, in: Festschrift für Hinrich Rüping, München 2008

Steinhausen, Hans-Christoph/Spickhoff, Andreas: Medizinrecht Kommentar, 2. Auflage, München 2014

Stern, Klaus/Sachs, Michael/Dietlein, Johannes: Das Staatsrecht der Bundesrepublik Deutschland, Band IV/I, Die einzelnen Grundrechte, München 2006

Sternberg-Lieben, Detlev: Fortpflanzungsmedizin und Strafrecht, NStZ 1988, S. 1 ff.

Stoschek, Jürgen: Alkohol und Nikotin sollten tabu sein, DÄ 2000, S. 1556

Strauss, Alexander/Janni, Wolfgang/Maass, Nicolai: Gynäkologie und Geburtshilfe, Heidelberg 2009

Strohner, Sandra: Die Strafbarkeit der schwangeren Frau beim Schwangerschaftsabbruch, München 2013

Tag, Brigitte: Der Körperverletzungstatbestand im Spannungsfeld zwischen Patientenautonomie und Lex artis, Heidelberg 2000

Taupitz, Jochen: Der rechtliche Rahmen des Klonens zu therapeutischen Zwecken, NJW 2001, S. 3433 ff.

Theilig, Susanne: Die Strafbarkeit pränataler Einwirkungen auf die menschliche Leibesfrucht unter besonderer Berücksichtigung der Möglichkeiten der pränatalen medizinischen Diagnostik, Bonn 1995

Tepperwien, Ingeborg: Pränatale Einwirkungen als Tötung oder Körperverletzung, Tübingen 1973

Valsamidou, Angeliki: Der strafrechtliche Schutz der menschlichen Leibesfrucht nach deutschem und griechischem Recht, Heidelberg 2011

Vitzthum, Wolfgang Graf: Gentechnologie und Menschenwürde, MedR 1985, S. 249 ff.

Vogel, Joachim: Strafgesetzgebung und Strafrechtswissenschaft – Überlegungen zu einer diskurstheoretischen Strafgesetzgebungslehre, in: Festschrift für Claus Roxin zum 70. Geburtstag, Berlin 2001, S. 105 ff.

Voß, Monika: Symbolische Gesetzgebung: Fragen zur Rationalität von Strafgesetzgebungsakten, München 1987

Wagner-Westerhausen, Katja: Gradualistische Konzepte und Alternativen in der Embryonendebatte, ZFME 2008, S. 6 ff.

Weiß, Axel: Zur Strafbarkeit der Körperverletzung und Tötung Ungeborener, vor und nach der Nidation, GA 1995, S. 373 ff.

Wendtland, Carsten: Die Forschung mit menschlichen embryonalen Stammzellen als Gegenstand der Rechtsetzung, Frankfurt a.M. 2004

Weschka, Marion: Präimplantationsdiagnostik, Stammzellenforschung und therapeutisches Klonen: Status und Schutz des menschlichen Embryos vor den Herausforderungen der modernen Biomedizin, Speyer 2008

Wessel, Theo/Westermann, Heinz: Problematischer Alkoholkonsum, Entstehungsdynamik und Ansätze für ein psychoedukatives Schulungsprogramm, Bielefeld 2001

Wetterling, Tilmann/Kanitz, R.D.: Der neue „Alkoholmarker" carbohydratdefizients Transferrin, Fortschritt Neurologie, Psychiatrie 1997, S. 337 ff.

Wissenschaftlicher Beirat der Bundesärztekammer: Stellungnahme: Pränatale und perinatale Schmerzempfindung, DÄ 1991, S. 4157 ff.

Wolter, Jürgen: Systematischer Kommentar zum Strafgesetzbuch, Band I §§ 1–45b, 8. Aufl. 2014, Band IV §§ 212–266b, 8. Auflage, Köln 2014

Zumbach, Jörg: Lernen mit neuen Medien, 1. Auflage, Stuttgart 2010

Anhang

WG: Kontaktanfrage zum Themenbereich Sonstiges
1 Nachricht

Wilfried Kunstmann <Wilfried.Kunstmann@baek.de> 25. Februar 2016 um 18:23

An: lwionzeck@gmail.com

Sehr geehrter Herr Wionzeck,
Ihr geplantes Projekt zur besseren Aufklärung Schwangerer zu den Gefahren des Alkoholkonsums ist sehr zu begrüßen.
Die Bundesärztekammer hat sich wiederholt für eine Stärkung der ärztlichen Prävention ausgesprochen (s. auch entsprechende Entschließungen der Deutschen Ärztetage).
Die Frage nach einer Finanzierungsmöglichkeit der von Ihnen angedachten Beratungstools (Tablet-basiert) durch eine Koppelung an eine Beratungsziffer ist eine Frage, die durch die KBV beantwortet werden sollte. Möglicherweise gibt es bereits ähnliche Überlegungen oder gar Modelle für andere praxisrelevante Themen. Generell stellt sich die Frage, ob eine solche Anschaffung nicht mit einem umfassenderen Präventionstool gekoppelt werden sollte, das sich nicht auf die Frage des Alkoholkonsums beschränkt – z.B.allg. Beratungsbedarf zu Schwangerschaft, Entbindung und Nachsorge, einschl. des Bedarfs an unterstützenden frühen Hilfen o.ä.
Mit freundlichen Grüße
i. A. Dr. rer. medic. W. Kunstmann
Bereichsleiter im Dezernat 1

Bundesärztekammer
Herbert-Lewin-Platz 1
10623 Berlin
Fon +49 30 400 456 – 413
Fax +49 30 400 456 – 429
wilfried.kunstmann@baek.de
http://www.bundesaerztekammer.de
----- Weitergeleitet von Esther Freese/Bundesaerztekammer/DE am 02.02.2016 09:29 -----

Von: Bundesärztekammer <info@baek.de>
An: info@baek.de,
Datum: 02.02.2016 09:13
Betreff: Kontaktanfrage zum Themenbereich Sonstiges

Sehr geehrte Damen und Herren, mein Name ist Lukas Wionzeck und ich promoviere zurzeit in Rechtswissenschaften. Die Untersuchung möchte Lösungen zur Vermeidung des Alkoholkonsums Schwangerer finden. Dabei wäre ich um Ihre Meinung zu einen von mir erarbeiteten Konzept dankbar. Halten Sie interaktive Aufklärungen in Gynäkologiepraxen für sinnvoll? Die Wartezeiten könnten insofern genutzt werden, dass Schwangere ein Tablet bekommen und an diesen aufgeklärt werden. Ärzte könnten zusammen mit Psychologen, Soziologen und Datenrechtlern eine fünf- bis zehnminütige Aufklärung entwickeln, die visuell und akkutisch die Parole „Null Alkohol in der Schwangerschaft" vermittelt. Um den Wissensstand der Patientin einschätzen zu können, wird dieser vor der eigentlichen Aufklärung abgefragt. Anschließend könnten Kontrollfragen gestellt werden und bei falscher Antwort müssten Ärzte nochmals persönlich vertieft aufklären. Der Abrechnungsbetrag für die Vorsorgeuntersuchungen Schwangerer (aktuell 336,00€ insgesamt bei gesetzlich Versicherten) könnte leicht erhöht werden, um erhöhte Organisationskosten der Ärzte zu decken. Folgende Argumente sprechen meines Erachtens für die Idee: 1. Schätzungen zufolge nehmen rund 99 % der Schwangeren an den Vorsorgeuntersucherungen in solchen Praxen teil, sodass die Zielgruppe erreicht wäre. 2. Die oft ungenutzte Zeit im Wartezimmer würde genutzt. Zeitverluste würden für Schwangere nicht eintreten. Der Zeitverlust für Ärzte wäre überschaubar. 3. Die Grundrechtseingriffe für Schwangere und Ärzte wären nur sehr gering. 4. Der Rahmen innerhalb der Arztpraxen ist besonders geeignet, da erhöhte Aufklärungschancen durch die Autorität, Fachkunde und das Vertrauensverhältnis zu Ärzten bestehen. 5. Ärzte könnten bei Problemen sofort intervenieren. 6. Schwangere suchen nach den Aufklärungen möglicherweise selbst nochmal das Gespräch mit dem Arzt. 7. Die Behandlungskosten für die FAS-Geschädigten in Deutschland betragen Schätzungen zufolge ca. 303 Millionen Euro. Durch verbesserte Aufklärung erzielte Erfolge in der Verringerung der Krankheit sind wirtschaftlich sinnvoll. Als problematisch sehe ich die Kosten an. Zum einen müssten die Anschaffungskosten für die Tablets gedeckt werden und zum anderen müssen die Entwickler bezahlt werden. Zudem muss ein Softwareunternehmen das Konzept auf dem PC umsetzen. Nimmt man an, dass es in Deutschland 2014 9.965 niedergelassene ambulante Ärzte gibt (http://www.bundesaerztekammer.de/fileadmin/user_upload/downloads/pdf-Ordner/Statistik2014/Stat14AbbTab.pdf S. 13.) und jede Praxis jeweils drei Tablets benötigt und diese jeweils 200,00 € kosten, würden

die Anschaffungskosten für die Tablets alleine 5,9 Millionen Euro betragen. Diese könnten entweder von den Krankenkassen, die Ärzten oder dem Bund getragen werden. Wie beurteilen Sie die Idee? Fallen Ihnen weitere Argumente dafür und dagegen ein? Wie beurteilen Sie die Kostenproblematik? Bestünde überhaupt die Möglichkeit solch hohe Kosten zu investieren? Ich danke Ihnen vorab vielmals! Sie können mich jederzeit unter dieser E-Mail-Adresse erreichen oder persönlich unter 01573-1349452. Mit freundlichen Grüßen
Sehr geehrter Herr Wionzeck,

vielen Dank für Ihre Zuschrift vom 1. Februar 2016, auf die wir nachfolgend gerne eingehen. Die späte Rückmeldung bitten wir zu entschuldigen. Dies ist einem derzeit sehr hohen Arbeitsaufwand in Kombination mit jahreszeitlich bedingten Krankheitsausfällen geschuldet.

Grundsätzlich hält unser Haus präventive Aufklärungskampagnen, die u.a. auch auf die Alkoholprävention bei Schwangeren abzielen, für sinnvoll und wichtig. Doch stellen Aufklärungskampagnen keine Leistung der GKV auf Basis des Präventionsgesetz dar und sind damit über den § 20 SGB V seitens der GKV nicht finanzierbar. Zuständig für Aufklärungskampagnen, wie z.B. auch die Aidsaufklärung, ist der Staat.

Wir bedauern daher, Ihnen hier keine Rückmeldung in Ihrem Sinn zu geben, wünschen Ihnen aber in Ihrer Sache ein gutes Gelingen.

Mit freundlichen Grüßen

Mandy Handschuch

Referat Leistungsrecht/Rehabilitation/Prävention/Selbsthilfe

GKV-Spitzenverband
Reinhardtstraße 28
10117 Berlin

Tel.: 030 206288 - 3112
Fax: 030 206288 - 83112
mandy.handschuch@gkv-spitzenverband.de
www.gkv-spitzenverband.de
-----Ursprüngliche Nachricht-----
Von: GKV-SV Kontaktformular [mailto:kontakt@gkv-spitzenverband.de]
Gesendet: Montag, 1. Februar 2016 10:39
An: praevention
Betreff: Externe Anfrage: „Praevention“

Es ist eine neue Anfrage über das Online-Kontaktformular für Sie eingetroffen.

Anfragesteller

Herr Lukas Wionzeck
Universität zu Köln
E-Mail: lwionzeck@gmail.com
Telefon: 015731349452

Anfrage

Sehr geehrte Damen und Herren,

Ich wäre um Ihre Meinung zu einem Vorschlag zur Vermeidung des Alkoholkonsums Schwangerer dankbar. Im Rahmen einer juristischen Dissertation suche ich Lösungen zur Vermeidung obigen Problemes.

Halten Sie interaktive Aufklärungen in Gynäkologiepraxen für sinnvoll? Die Wartezeiten könnten insofern genutzt werden, dass Schwangere ein Tablet bekommen und an diesen aufgeklärt werden. Ärzte könnten zusammen mit Psychologen, Soziologen und Datenrechtlern eine fünf- bis zehnminütige Aufklärung entwickeln, die visuell und akkutisch die Parole „Null Alkohol in der Schwangerschaft" vermittelt. Um den Wissensstand der Patientin einschätzen zu können, wird dieser vor der eigentlichen Aufklärung abgefragt. Anschließend könnten Kontrollfragen gestellt werden und bei falscher Antwort müssten Ärzte nochmals persönlich vertieft aufklären. Der Abrechnungsbetrag für die Vorsorgeuntersuchungen Schwangerer (aktuell 336,00€ insgesamt bei gesetzlich Versicherten) könnte leicht erhöht werden, um erhöhte Organisationskosten der Ärzte zu decken.

Folgende Argumente sprechen meines Erachtens für die Idee:

1. Schätzungen zufolge nehmen rund 99 % der Schwangeren an den Vorsorgeuntersucherungen in solchen Praxen teil, sodass die Zielgruppe erreicht wäre.
2. Die oft ungenutzte Zeit im Wartezimmer würde genutzt. Zeitverluste würden für Schwangere nicht eintreten. Der Zeitverlust für Ärzte wäre überschaubar.
3. Die Grundrechtseingriffe für Schwangere und Ärzte wären nur sehr gering.
4. Der Rahmen innerhalb der Arztpraxen ist besonders geeignet, da erhöhte Aufklärungschancen durch die Autorität, Fachkunde und das Vertrauensverhältnis zu Ärzten bestehen.
5. Ärzte könnten bei Problemen sofort intervenieren.
6. Schwangere suchen nach den Aufklärungen möglicherweise selbst nochmal das Gespräch mit dem Arzt.

7. Die Behandlungskosten für die FAS-Geschädigten in Deutschland betragen Schätzungen zufolge ca. 303 Millionen Euro. Durch verbesserte Aufklärung erzielte Erfolge in der Verringerung der Krankheit sind wirtschaftlich sinnvoll.

Als problematisch sehe ich die Kosten an. Zum einen müssten die Anschaffungskosten für die Tablets gedeckt werden und zum anderen müssen die Entwickler bezahlt werden. Zudem muss ein Softwareunternehmen das Konzept auf dem PC umsetzen.

Nimmt man an, dass es in Deutschland 2014 9.965 niedergelassene ambulante Ärzte gibt (http://www.bundesaerztekammer.de/fileadmin/user_upload/downloads/pdf-Ordner/Statistik2014/Stat14AbbTab.pdf S. 13.) und jede Praxis jeweils drei Tablets benötigt und diese jeweils 200,00 € kosten, würden die Anschaffungskosten für die Tablets alleine 5,9 Millionen Euro betragen. Diese könnten entweder von den Krankenkassen, die Ärzten oder dem Bund getragen werden.

Wie beurteilen Sie die Idee? Fallen Ihnen weitere Argumente dafür und dagegen ein? Wie beurteilen Sie die Kostenproblematik? Bestünde überhaupt die Möglichkeit solch hohe Kosten zu investieren? Würden Sie die Kosten bei einem konkreten Gesetzesvorhaben so errechnen, gibt es Richtlinien dafür?

Ich danke Ihnen vorab vielmals!
Sie können mich jederzeit unter dieser E-Mail-Adresse erreichen oder persönlich unter 01573-1349452.

Herzliche Grüße
Lukas Wionzeck

www.ingramcontent.com/pod-product-compliance
Ingram Content Group UK Ltd.
Pitfield, Milton Keynes, MK11 3LW, UK
UKHW021904290926
8980IPUK00015B/1055

9 783631 743799